金融前沿

Introduction to
**Financial
Econometrics**

# 金融计量学导论

倪宣明　编著

企业管理出版社
ENTERPRISE MANAGEMENT PUBLISHING HOUSE

图书在版编目（CIP）数据

金融计量学导论 / 倪宣明编著 . —北京：企业管理出版社，2020.3
ISBN 978-7-5164-2127-7

Ⅰ.①金… Ⅱ.①倪… Ⅲ.①金融学－计量经济学－高等学校－教材 Ⅳ.① F830

中国版本图书馆 CIP 数据核字（2020）第 047960 号

| | |
|---|---|
| 书　　名： | 金融计量学导论 |
| 作　　者： | 倪宣明 |
| 责任编辑： | 尚元经　李　坚 |
| 书　　号： | ISBN 978-7-5164-2127-7 |
| 出版发行： | 企业管理出版社 |
| 地　　址： | 北京市海淀区紫竹院南路17号　　邮编：100048 |
| 网　　址： | http：//www.emph.cn |
| 电　　话： | 编辑部（010）68414643　发行部（010）68701816 |
| 电子信箱： | qiguan1961@163.com |
| 印　　刷： | 北京明恒达印务有限公司 |
| 经　　销： | 新华书店 |
| 规　　格： | 160毫米×235毫米　16开本　14印张　160千字 |
| 版　　次： | 2020年3月第1版　2020年3月第1次印刷 |
| 定　　价： | 58.00元 |

版权所有　翻印必究·印装错误　负责调换

# 前　言

金融计量学源于计量经济学，二者与金融科技一样，均属学科交叉领域。执教之初，笔者一直想为金融科技专业的研究生编写一本适用于该领域的金融计量学教材。

计量经济学创始人弗里希（Ragnar Frisch）是1969年第一届诺贝尔经济学奖得主，他在《计量经济学》（*Econometrica*）期刊的创刊词中，曾为计量经济学这样下过定义："经验表明，统计学、经济学和数学，这三者对于真正理解经济生活中的定量关系而言，都是必要条件而非充分条件。这三者的统一，构成了计量经济学。"这一定义在他1926年发表的论文《经济理论、数学和统计学的统一》中已具雏形。他使用"econometrics"一词来代表计量经济学，这种构词法借鉴了英国统计学家皮尔逊（Karl Pearson）创办的《生物统计》（*Biometrika*）期刊的刊名。计量经济学的早期发展，面临两个基本问题：第一，经济关系是大量个体的加总，难以完全用数据去证明理论；第二，经济中的数据不像自然科学实验中的数据那样具有可控性。弗里希的学生，1989年诺贝尔经济学奖得主，挪威经济学家哈维尔莫（Trygve Haavelmo）在1941年的博士论文《计量经济学中的概率方法》中，借助概率统计理论系统地解决了这两个问题，为计量经济学建立了严密的统计学基础。哈维尔莫指出统计理论可以估计经济理论的参数，进而检验经济理论并进行预测，该文于1944年发表在《计量经济学》期刊上。在吸收统计学和数学研究成果后，计量经济学的方法论逐渐发展完善。

如果说计量经济学是统计理论、经济理论与数学理论的交叉应用，那么金融计量学就是统计理论、经济理论与数学理论在金融领域的交叉应用。从狭义上看，金融计量学与美国经济学家恩格尔（Robert Engle）1982年在《计量经济学》期刊发表的论文中提到的自回归条件异方差模型（autoregressive conditional heteroskedasticity model，ARCH）联系紧密，因为金融学理论经常使用收益率的方差或标准差（波动率）来度量风险。恩格尔还与英国经济学家格兰杰（Clive Granger）一起提出了著名的恩格尔—格兰杰因果检验，共同获得了2003年的诺贝尔经济学奖。不过，与恩格尔不同，格兰杰更关注期望。显然，期望与方差都是金融学、统计学与计量经济学的基本概念。以金融学为例，马科维茨（Harry Markowitz）1952年提出的投资组合理论，便是在均值—方差的框架下建立的。因此从广义上看，很难界定金融计量学与计量经济学的边界，金融学本身就是经济学的分支之一。本书对金融计量学与计量经济学二者的差异不加以明确界定，在分析中则偏重金融学理论背景。

大数据（big data）时代的到来，为数据分析带来了新的方法论，也带来了应用上的挑战，在催生了金融科技（Fintech）这一概念的同时，为金融计量学增添了一个交叉领域：计算机科学。计算机科学领域的各类算法在金融科技中的使用，是对经典金融计量学的强有力补充。金融计量学与算法密不可分，金融计量学中最常用的最小二乘法（ordinary least squares，OLS）本身就是一种算法。1805年，法国数学家勒让德（Adrien-Marie Legendre）在《计算彗星轨迹的新方法》一文的附录中，首次使用了最小二乘法。样本的个数多于待估参数个数，例如天文观测的数据远多于彗星轨迹所需要估计的参数。参数如何进行估计，困扰了包括欧拉在内的许多学者。勒让德另辟蹊径，他假设存在一个理论值，用观测值与理论值之差的平方和最小来估计参数，此时对待估参数求导，就可以得到与参数个数相同的方程个数，从而求解出参数估计量。在计算估计量时，最小二乘法并不依赖于样本的分布，勒让德也仅仅将最小二乘法视为处理数据的一个算法。最小二乘法仅依赖于数据的便捷性，奠定了它在金融计量中的重要地位。

算术平均数是最小二乘法一个应用的特例，即最小二乘法包含了平均数思想，而真正为这种算法建立误差分析基础并展示其优越性的，是被誉为"数学王子"的德国数学家高斯。高斯声称自己1799年之后就开始使用这种方法，由此引起了最小二乘法的发明权之争，这是继牛顿和莱布尼兹的微积分发明权之争后，又一大影响深远的争论。高斯1809年之后的系列工作，将最小二乘法建立在正态误差理论基础之上，其中一个里程碑式的贡献就是高斯—马尔可夫定理，只要样本满足一定的假设，最小二乘估计量就会是最佳线性无偏估计量（best liner unbiased estimator，BLUE）。这表明，在参数的所有线性无偏估计中，最小二乘估计量精度最高，即估计量具有无偏性（unbiasedness）和有效性（efficiency）。他在研究误差时从另一个角度推导出了正态分布，因此正态分布又称为高斯分布，德国10马克纸币上就印着高斯的头像和正态分布曲线，以纪念他的贡献。在对随机误差项引入正态分布假设之后，可以对参数关系进行检验。一种算法，只要能够与数理统计建立某种联系,就能够对参数进行检验,就能爆发出惊人的生命力,最小二乘法就是其中的典型例子。

有最小二乘法也就有最小一乘法(least absolute deviation, LAD)。事实上,最小一乘法的出现比最小二乘法更早。1760年,意大利天文学家和数学家博斯科维奇(Ruggero Boscovich)在研究子午线长度问题时就是用该方法,比勒让德和高斯的最小二乘法早了约40年。最小二乘法是寻求一条拟合直线,使得各个样本点距离该拟合直线形成的残差的平方和最小。但是如果存在偏离拟合直线很远的异常样本点,该样本点的残差平方就会很大,为了降低残差平方和,就需要调整拟合曲线来"将就"这个点。显然,如果用残差的绝对值相加,异常样本点带来的影响就会小很多。算法受异常值的影响程度被称为稳健性(robustness)。寻求拟合直线使残差绝对值之和最小,就是最小一乘法。如果说最小二乘法蕴含了算术平均数思想,最小一乘法就蕴含了中位数思想,只是计算过程较为复杂而已,但稳健性要强于最小二乘法。

在高斯建立了正态分布基础后,英国统计学家高尔顿(Francis Galton)又引入了回归(regression)与相关两个概念。作为以《物种起源》闻名于世的生物学家达尔文的表弟,高尔顿的研究领域涉及气象学、力学、心理学、遗传学等诸多领域,而回归与相关,正是他在研究遗传学中发现的。在亲子两代的实验研究中,他发现亲子两代人的各自身高服从相同的正态分布,即具有均值回归性。如果父亲比较高,则孩子往往比父亲矮;如果父亲比较矮,孩子往往就会比父亲高,自然界的力量使得人类的身高远离极端值,向平均值靠拢,这就是均值回归性。金融计量学里讲回归,基本思想源于算平均数。为了去除实验数据量纲的影响,高尔顿还引入了相关系数（correlation coefficient）。此后，他的学生皮尔逊逐步发展并完善了这些概念。

皮尔逊因为他的论文使用了过多的数学，难以在生物学期刊上发表，由此创办了《生物统计》期刊并担任主编，统计学中的t分布就发表在该期刊上。1899年，也就是高斯声称自己开始使用最小二乘法的100年之后，英国统计学家哥塞特（William Gosset）当时还名不见经传，在爱尔兰的一家酿酒厂上班。他在分析数据时发现，如果总体服从正态分布，样本均值的分布虽然在样本量很大时接近正态分布，但样本量很小时，又和正态分布不太一样。例如，OLS下的参数估计量服从正态分布，其方差与随机误差项的方差相关，但后者却是未知的，这时候使用样本估计量进行替代，就不再是标准正态分布统计量。随后哥塞特与皮尔逊及英国的另一位统计学家费歇尔（Ronald Fisher）取得联系并展开讨论，最终的研究成果《均值的或然误差》于1908年发表在《生物统计》期刊上。在正态分布一统江湖的时代里，哥塞特以笔名"Student"谦虚地提出了新的分布，因此这种分布又被称为学生t分布或t分布。哥塞特的这种自谦，使得他与皮尔逊、费歇尔两人长期保持良好的关系。

t分布的出现，使得统计学出现了大样本与小样本之分。小样本的理论与方法出现在大样本理论之后，命名却在大样本理论前。小样本，顾名思义，样本数量有限，可以推导出参数估计量的精确分布，以哥塞特和费歇尔为代表；大样本，指样本数量趋近于无穷时的情形，此时可以推导参数估计量的渐近分布，以皮尔逊为代表。F分布的字母F，就是用来纪念费歇尔功绩的，而卡方分布尽管不是皮尔逊最先发现的，但与1900年皮尔逊的卡方拟合优度检验紧密联系在一起。一般而言，小样本以t分布和F分布的统计量为核心，例如在OLS中，检验单个系数是否显著，就会构造t统计量，而要检验估计量是否满足一组约束关系，就会构造F统计量；大样本则以标准正态分布和卡方分布为核心。标准正态分布是t分布的渐近分布，而F分布以卡方分布为基础，在样本量趋近于无穷时，F分布可以转化为卡方分布。t分布、F分布与卡方分布是统计学上所谓的"三大分布"，与正态分布一起，贯穿于本书始终。

在最小二乘法之后，皮尔逊与费歇尔分别发展出了矩估计方法（method of moments，MM）和最大似然估计方法（maximum likelihood estimation，MLE）。与勒让德和高斯的最小二乘法发明权之争类似，皮尔逊与费歇尔再次掀起了论战。在哲学层面，皮尔逊认为统计分布是实际数据集合的描述，但费歇尔则认为统计分布是抽象的数学公式，数据只能用于估计真实分布中的参数。在方法论上，皮尔逊在19世纪90年代发表的系列论文中提出了矩估计理论。在样本量趋近于无穷，即大样本的前提下，经验分布可以收敛至真实分布，此时从经验分布出发，基于矩条件构建的一组方程可以用来进行参数估计。但是，它不需要任何分布信息，也不使用总体矩之外的任何信息，而且因为使用的矩条件不同，得到的参数估计量也不同，这些是矩估计被攻击的根本原因。如果知道总体分布，最大似然估计一定是最佳选择。1912年，费歇尔发表了学术生涯的第一篇论文《关于频率曲线拟合的一个绝对准则》，重新发掘100年前高斯误差理论的相关研究工作，在此基础上提出了参数估计的最大似然估计方法。如果总体分布已知，最大似然估计量容易具备渐近有效性（asymptotic efficiency）和渐近正态性（asymptotic normality），大样本性质极佳。但是，对于一个随机变量，如果知道了它的分布，也就等于知道了这个随机变量的全部信息。因此，最大似然估计在某种程度上是一种循环论证，进行参数估计前就需要知晓总体分布的要求极为苛刻，这也是最大似然估计被攻击的原因。费歇尔对统计学的贡献还有很多，比如金融计量回归中常用的显著性检验。结合哥塞特的研究工作，费歇尔创立了在检验中最常用的t检验与F检验，这样就可以在样本量很小的情况，检验所关心的某项效应，即检验参数是否满足某种关系，这与皮尔逊的处理不同，后者受高尔顿的影响，习惯处理通过自然观测收集的大量数据。在皮尔逊、费歇尔和哥塞特等人研究的基础上，奈曼（Jerzy Neyman）与皮尔逊的儿子小皮尔逊（Egon Pearson）一起合作，建立似然比检验、无偏检验、置信区间等理论，形成并完善了当前经常使用的假设检验理论体系。

OLS、MM和MLE这三大算法，可以说都是根源于算平均数的思想，有时也被称为频率学派。与之对应的是贝叶斯学派的贝叶斯估计法（Bayesian estimation，BE），它也是数据处理中的常用算法。OLS、MM和MLE这三大算法，都将样本视为随机而待估参数视为固定，着眼点在样本空间，参数的分布基于样本的分布推导；贝叶斯估计法则完全相反，将待估参数视为随机而将样本视为固定，着眼点在待估参数的空间，在计算中虽然也用到样本分布，但这种使用是技术性的，仅是为了获得后验分布。这就使得对前三大算法而言，参数估计的精度与所利用的样本无关，例如OLS中，样本只要满足一定的假设，参数估计量就会是最佳线性无偏估计量。但是BE的精度是后验的，取决于所选用的样本，这在现实应用中显然更容易被接受。

这四大算法是金融计量学的四大支柱，相互取长补短，在发展的长河中交相辉映。除了OLS一枝独秀外，MM在20世纪上半世纪基本处于被MLE压制的状态，但在广义矩估计法（generalized method of moments，GMM）兴起后，矩估计量具备了唯一性和渐近有效性，又焕发起了新的生命力。BE虽然长期被频率学派压制，但在人工智能和机器学习等兴起后，又呈现出压制前三大算法的趋势。本书作为金融计量学的导论，则主要分析OLS，兼论各个算法的优劣。

笔者参照统计学及计量经济学的经典教材，结合金融科技的特点，编写了本教材。本教材具有以下几个方面的特点。

**第一，以线性模型为基础**。这主要源于金融理论背景，如果将国际金融领域归为宏观经济学，金融理论于1990年第一次获得诺贝尔经济学奖，获得者分别是马科维茨、夏普（William Shape）与米勒（Merton Miller）。作为马科维茨的学生，夏普基于马科维茨的投资组合理论发展出了资本资产定价模型（capital asset pricing model，CAPM），米勒则与莫迪利安尼（Franco Modigliani）共同提出了资本结构与公司价值的无关性定理，即以二人名字首字母命名的MM定理，由此经典的金融理论也就分为资产定价与公司金融两个主领域。

以资产定价领域为例，CAPM模型中，市场中任意资产的期望收益率是市场组合收益率的线性方程，这种精确定价模型对应于金融计量学里的单变量线性回归模型，即本书的第一章。但是，CAPM模型成立的前提假设极为严格，金融学家罗斯（Stephen Ross）放宽假设，构建了近似定价模型，即套利定价理论（arbitrage pricing theory，APT），也被称为线性多因子定价模型，这对应于金融计量学的多变量线性回归模型，即本书的第二章和第三章。在此基础上，对金融时间序列的常见模型进行基本解构，这构成了本书的第四章。

以线性模型为基础的另一个理由是便于预测。有规律且便于预测的最常用的曲线就是直线与正弦函数，以后者为基础的预测就是谱分析（spectrum analysis），但弱在可解释性上。以直线为基础的OLS兼备了解释性与预测性的两大优点，而且非线性情形也可以转化为线性模型进行分析。

**第二，以样本数据假设为核心。** 本书从经典的单变量线性回归模型展开，基于最小二乘法，在参数估计及其分布的推导过程中，逐步引入变异性、同方差、无自相关等假设，使读者能够知晓该假设用于何处。而对随机项是否存在正态分布的假设，又是区分小样本和大样本的关键假设。

随机误差项如果给出分布假设，例如服从正态分布，就称之为小样本理论，核心结论归结为经典的高斯—马尔可夫定理：在参数所有的线性无偏估计量中，最小二乘法下的参数估计量方差最小。这表明，OLS下的估计量的精度最高，即估计量具有有效性，这也是OLS的优越性所在，它不同于MM中依赖于经验分布的矩条件，不同于MLE中依赖于总体分布函数，也不同于BE所需要的先验分布，仅基于数据就可以计算出参数估计量，而且一定条件下，参数估计量满足诸多优良的性质。那最佳线性无偏估计量中的"线性"能否放宽呢？为放宽线性假设，引入了费歇尔信息量，证明了最小二乘法下的参数估计量不仅在线性无偏估计量中方差最小，而且还在所有无偏估计量中方差最小。基于随机项的正态分布，可以构造相应的t统计量与F统计量来对参数进行假设检验。这也是本书第二章的核心。在算法中，也经常使用均方误差（mean-square error，MSE）来度量估计量的精度。在估计量满足无偏性的前提下，均方误差就与估计量的方差一样，但如果放宽估计量无偏性的要求，均方误差可能比最小二乘估计量的方差更低，针对这一问题，第二章也进行了相关分析。

如果随机误差项的分布假设没有给出，不存在正态分布假设，则称之为大样本理论。尽管最小二乘法可以估出参数，但是无法构建以正态分布为基础的t统计量和F统计量来对参数进行检验。此时大数定理（law of large numbers，LLN）和中心极限定理（central limit theory，CLT）就有了用武之地。大数定理是指，在一定条件下，随着样本量的无限增加，样本平均值就会收敛到总体平均值，即样本矩在一定条件下收敛至总体矩（期望）。估计量如果收敛至真实值本身，就具有一致性。如果参数估计量不具有一致性，就被称为存在内生性。也就是说，无论样本容量有多大，参数估计量都无法收敛至真实值本身，这时候从统计逻辑讲，回归分析就没有意义。因此，控制内生性是任何一个计量模型都首先需要考虑的问题。中心极限定理是指，样本平均值渐近服从正态分布，这也被称为渐近正态性。一旦存在渐近的正态分布，就可以构建标准正态分布与卡方分布的统计量进行检验。这也是第三章与第二章的核心区别。

事实上，**所有的数据都可以根据相依性、异质性和矩条件进行分类**。例如，经常假设数据样本满足独立同分布，在这一简单情形中，矩条件要求稍弱，有时仅需要矩存在且有限就可以，但时间序列里面，数据彼此之间经常具有相关性，这时候就需要增强矩条件的限制，以保证可以使用大数定理和中心极限定理。

可以说，**一致性是大数定理的应用，渐近正态性是中心极限

**定理的应用，渐近有效性是费歇尔信息量的应用。** 参数估计量要想具备一致性、渐近正态性与渐近有效性，本质上就是要将样本空间限制到能够使用大数定理、中心极限定理和费歇尔信息量的前提假设条件上。

第三，以"实证六步"为主线。本书始终按"设模型、估参数、论性质、推分布、做检验、做预测"的六个核心步骤展开，这也是进行金融计量实证分析的基本流程。包括选择模型在内，首先需要对样本进行一定的假设，以估计参数。OLS、MM、MLE和BE的假设出发点都不同，OLS从误差项平方和最小化出发，MM从矩条件出发，MLE从似然函数出发，BE从先验分布出发，模型选择不同，估参数的流程也不同。

在估出参数之后，需要讨论参数满足何种性质，如是否满足无偏性、有效性等，这同时表明，OLS等经典算法的参数精确度独立于样本之外。在此基础上，推导出参数相应的分布，再基于分布构建统计量就可以对参数关系进行检验。第二章的小样本分析中，以t统计量和F统计量为核心，而大样本则以标准正态分布统计量和卡方统计量为核心。

基于要研究的金融问题或金融现象，收集相应的数据，构建金融计量模型并检验该模型的有效性，最终目的是为了对金融问题进行解释并做出有效的预测。单纯的预测问题，是数学或统计学研究的问题，这时候预测过程只需要服从**数学逻辑或统计逻辑**即可。但是，金融计量学从金融理论和金融数据出发，除了需要统计逻辑，更需要**金融逻辑**，构建金融计量模型，除了需要对金融现象的发展前景进行预测，更需要对金融现象进行解释。一个好的金融计量模型，一定是统计逻辑与金融逻辑一致，模型既具备金融理论基础，又可以通过统计上的显著性检验，从而实现对所研究问题的解释和预测。但是，如果不满足统计逻辑，或者模型的显著性没有通过检验，也不能直接否认模型中蕴含的金融逻辑。金融逻辑与统计逻辑并不必然一致，这就是金融计量学与统计学的核心区别所在。

从金融逻辑出发，由数学逻辑完善，再经过统计逻辑检验，最后回到金融逻辑去解释和预测，这就是完整的金融计量学链条。

**第四，以逻辑证明为切口。**本书一个鲜明的特点是以逻辑证明为主，除了使读者知其然，更侧重使之知其所以然。第一章从简单的单变量线性回归模型出发，给出"实证六步"的完整证明，假设的严谨性也在证明过程中逐步加深。在对单变量线性回归模型建立直观理解的基础上，第二章直接引入矩阵，从矩阵代数的相关知识出发，给出OLS参数分布的完整推导，包括高斯—马尔可夫定理的证明。对于统计量的构建及其分布的推导，也给出了完整证明。从第二章可以看出，随机误差项是否服从正态分布，对于小样本分析而言，至关重要。放宽正态分布假设后，就进入了大样本理论分析的领域。

第三章首先介绍了大样本理论基础的两大基石，即大数定理和中心极限定理。一致性和渐近正态性就是这两大定理的直接应用。本书随后给出了违反一致性而产生内生性的三大常见情形：联立性偏误、缺失相关解释变量和解释变量存在测量误差。对为克服内生性而形成的工具变量法等方法也做了简要介绍。同时，本章也依据相依性与异质性对数据进行了分类并简要讨论。如果数据不满足独立、同分布，则可以使用遍历性与平稳性来进行近似替代，同时加强对矩条件的限制。在此基础上，第四章对平稳时间序列、非平稳时间序列和条件异方差时间序列的基本模型进行了简要解构。当然，作为导论，本书并没有给出所有结论的证明，更强调它们所表达的含义与应用。

本书是笔者在讲授金融计量学课程中形成的，感谢我的研究生钱龙和沈佳瑜对本书的辛苦整理工作，感谢我的研究生王顺龙、张俊超、商同泽、沈心如、沈鑫圆、王江伟、张悦宁对本书的校稿工作，感谢他们加速了本书的成稿。感谢中国科学院数学与系统科学研究院李琳博士和武晨博士、中山大学赵慧敏副教授和张俊玉副教授、中央财经大学孙会霞副教授在本书成稿过程中有益的完善建议。由衷感谢我的导师黄嵩副教授，他的鼓励是我编写这本教材的动力。最后，最需要感谢的是我的家人，感谢他们在成书过程中对我的支持与照顾。

本书适用于金融计量相关专业的高年级本科生和研究生，也可以作为从事金融计量研究的同行的参考书。由于笔者的水平有限，书中错误在所难免，恳请同行专家与读者批评指正。

倪宣明

2020年3月

# 目 录

## 第一章　金融计量学的一般步骤 ………………………………… 1
### 第一节　金融计量学与计量经济学的关系 ……………………… 1
### 第二节　金融计量学的六个核心步骤 …………………………… 5
　　一、设模型 …………………………………………………… 5
　　二、估参数 …………………………………………………… 8
　　三、论性质 …………………………………………………… 10
　　四、推分布 …………………………………………………… 11
　　五、做检验 …………………………………………………… 12
　　六、做预测 …………………………………………………… 12
### 第三节　设模型 …………………………………………………… 13
　　一、对模型整体的假设 ……………………………………… 13
　　二、对解释变量的假设 ……………………………………… 14
　　三、对随机误差项的假设 …………………………………… 14
### 第四节　估参数 …………………………………………………… 15
　　一、最小二乘法 ……………………………………………… 15
　　二、最小一乘法 ……………………………………………… 20
　　三、矩估计法 ………………………………………………… 23

四、最大似然估计法与贝叶斯估计法 …………………… 24

第五节　论性质 …………………………………………………… 25
　　一、小样本性质：无偏性与有效性 ……………………… 25
　　二、大样本性质：一致性与渐近有效性 ………………… 33

第六节　推分布 …………………………………………………… 35
　　一、小样本：精确分布 …………………………………… 35
　　二、大样本：渐近分布 …………………………………… 37

第七节　做检验 …………………………………………………… 39
　　一、零假设和备择假设 …………………………………… 39
　　二、统计量构造 …………………………………………… 40
　　三、显著性水平和临界值 ………………………………… 41
　　四、推断 …………………………………………………… 42
　　五、$p$值 …………………………………………………… 44
　　六、其他统计量 …………………………………………… 44

第八节　做预测 …………………………………………………… 45

第九节　区间估计 ………………………………………………… 47

本章小结 …………………………………………………………… 49

本章练习题 ………………………………………………………… 50

# 第二章　多元线性回归的小样本分析 …………………… 52
第一节　什么是小样本 …………………………………………… 52
第二节　多元线性回归模型的矩阵表达 ………………………… 54
　　一、多元线性回归模型 …………………………………… 54

二、矩阵表达……………………………………………………… 55

第三节　设模型……………………………………………………………… 56
　　一、数据生成过程假设…………………………………………… 56
　　二、解释变量的秩条件假设……………………………………… 57
　　三、随机误差项的条件期望假设………………………………… 59
　　四、随机误差项的条件球形扰动假设…………………………… 60
　　五、随机误差项的条件正态分布假设…………………………… 61

第四节　估参数……………………………………………………………… 61
　　一、参数估计……………………………………………………… 61
　　二、投影矩阵与几何含义………………………………………… 63
　　三、决定系数……………………………………………………… 66

第五节　论性质……………………………………………………………… 68
　　一、无偏性………………………………………………………… 68
　　二、有效性………………………………………………………… 69
　　三、均方误差……………………………………………………… 72
　　四、方差估计量…………………………………………………… 73

第六节　推分布……………………………………………………………… 75

第七节　做检验……………………………………………………………… 76
　　一、单线性约束检验……………………………………………… 76
　　二、多线性约束检验……………………………………………… 79

第八节　做预测与区间估计………………………………………………… 83
　　一、做预测………………………………………………………… 83
　　二、区间估计……………………………………………………… 84

### 第九节　对高斯—马尔可夫定理的拓展 ········· 85
一、线性无偏估计量中的线性 ············· 85
二、最大似然估计法 ··················· 86
三、克莱默—劳下界 ··················· 87
四、最佳无偏估计 ···················· 93

### 第十节　模型假设的放宽 ················ 97
一、秩条件假设的放宽 ················· 97
二、球形扰动假设的放宽 ··············· 104
三、分布假设的放宽 ·················· 104

### 本章小结 ························· 105
### 本章练习题 ······················· 106
### 本章附录 ························· 108

## 第三章　多元线性回归的大样本分析 ········· 116
### 第一节　什么是大样本 ················ 116
一、金融计量学中的三类逻辑 ············ 116
二、为何需要大样本分析 ··············· 118

### 第二节　大数定理与中心极限定理 ·········· 120
一、大样本分析与小样本分析 ············ 120
二、大数定理 ······················ 121
三、中心极限定理 ··················· 122
四、定理的三类假设条件 ··············· 126

### 第三节　独立同分布与遍历平稳 ············ 128

  一、不独立随机变量 …………………………………… 128

  二、遍历性与独立性 …………………………………… 129

  三、平稳性与同分布 …………………………………… 130

  四、遍历平稳下的一致性 ……………………………… 133

**第四节 一致性和内生性** …………………………………… **135**

  一、一致性 ……………………………………………… 135

  二、内生性 ……………………………………………… 138

  三、克服内生性的方法 ………………………………… 141

**第五节 推分布：渐近正态性** ……………………………… **143**

  一、独立同分布情形 …………………………………… 143

  二、遍历平稳情形 ……………………………………… 144

**第六节 做检验** ……………………………………………… **145**

  一、渐近方差的估计 …………………………………… 145

  二、假设检验 …………………………………………… 148

**本章小结** …………………………………………………… **150**

**本章练习题** ………………………………………………… **151**

**本章附录** …………………………………………………… **152**


# 第四章 时间序列模型初步 …………………………… **155**

**第一节 时间序列模型简介** ………………………………… **155**

**第二节 平稳时间序列** ……………………………………… **157**

  一、基本概念 …………………………………………… 157

  二、移动平均模型 ……………………………………… 159

　　　　三、自回归模型 ································································ 164
　　　　四、自回归移动平均模型 ······················································ 173
　　　　五、参数估计 ···································································· 175
　第三节　条件异方差时间序列 ··········································· 182
　　　　一、自回归条件异方差模型 ·················································· 182
　　　　二、广义自回归条件异方差模型 ············································ 187
本章小结 ······································································· 194
本章练习题 ···································································· 195

参考文献 ········································································ 197

# 第一章
# 金融计量学的一般步骤

## 第一节 金融计量学与计量经济学的关系

一般地，计量经济学是一门利用数理统计等工具阐释经济关系、检验经济理论，以及评估经济政策、做出预测的学科。

世界计量经济学学会的创始人、1969年第一届诺贝尔经济学奖得主弗里希（Ragnar Frisch）1933年在《计量经济学》（*Econometrica*）创刊号中指出：经济学中的数量方法有几个方面,不应该将其中任何一个单方面与计量经济学相混淆。计量经济学与经济统计学绝非一码事；它也不同于我们所说的一般经济理论，尽管经济理论具有明显的数量特征；计量经济学也不应被看成是数学在经济学中的应用。经验表明，统计学、经济学和数学，这三者对于真正理解经济生活中的定量关系而言，都是必要条件而非充分条件。这三者的统一，构成了计量经济学。

正如弗里希所说，作为经济学的分支，计量经济学由经济学、统计学、数学三部分结合而成。经济学建立在以理性人假设为基础的研究范式上。在理性人假设下，所有的经济主体在其面临的约束条件下做出最有利的选择。以微积分、最优化理论为代表的数学工具便被引入到经济学中，相比于自然语言的模糊性、歧义性，数学语言的精确性、无矛盾性使人们能够借助数学工具可靠地完成复杂的逻辑推理。数学的引入，意味着对一个包含若干假设、经过数学演绎得到的经济学命题，只要承认前提假设，就必然会承认这个命题。例如，1954年德布鲁（Gerard Debreu）的论文《价值理论》，基于严谨的数学公理化体系，描述消费者的偏好关系和企业的生产技术，对一般均衡理论给予了严谨证明。5年之后，德布鲁又对其论文的技术细节进行了完善，这种证明展现了数学在经济学中的完美运用。又过了10年，诺贝尔经济学奖得以设立，数学工具在经济学里的完美运用，显然是重要的推动因素。数学工具被引入到经济学，使得不同理论观点之间的交流成为可能。不同经济学流派之间的争论最终可以归结为前提假设的不同。

计量经济学也不应被看成统计学在经济学中的简单应用。经济理论是对现实的描述和抽象，在对经济运行观察的基础上，进行归纳与演绎，力图从数据上对归纳出的经济学理论进行证明。但是，经济数据面临两个基本问题：第一，经济关系是大量复杂个体关系的加总，完全用数据去证明理论，几乎是一个不可能的任务；第二，经济中的数据，不像自然科学实验中的数据那样，可以控制实验的初始条件。弗里希的学生、1989年诺贝尔经济学奖获得者哈维尔莫（Trygve Haavelmo）在其1941年的博士论文《计量经济学中的概率方法》中系统地说明了利用概率统计理论处理经济数据的方法，指出统计理论可以估计经济理论的参数，进而检验经济理论并进行预测，从而为计量经济学建立了严密的统计学基础。之后，计量经济学的方法论在哈维尔莫等人的研究基础上不断发展和完善，逐步形成了一门独立的经济学科。

金融学可以视为经济学的一个分支。当代金融学在巴施里耶（Louis Bachelier）、马科维茨（Harry Markowitz）等人的推动下逐步发展成为一门独立的经济学科。马科维茨发表在《金融学期刊》（*The Journal of Finance*）上的15页论文经常被视为当代金融学的开端。在该论文中，他为金融学引入两个重要指标：度量收益的期望收益率与度量风险的方差或标准差，从数学的角度表达了"高风险、高收益"这一理念。马科维茨（Harry Markowitz）与夏普（William Shape）、米勒（Merton Miller）一起分享了1990年的诺贝尔经济学奖，后两位的研究贡献则分别与资产定价（asset pricing）、公司金融（corporate finance）联系在一起，这也是金融学理论的两大主流领域。

同样，金融计量学也可以视为计量经济学的一个分支，是金融学、数学和统计学三者的统一。金融计量学从狭义上看，与2003年诺贝尔经济学奖得主恩格尔（Robert Engle）1982年在《计量经济学》期刊发表的论文中提到的自回归条件异方差模型（autoregressive conditional heteroskedasticity model，ARCH）联系在一起。收益率的方差或标准差（波动率），在经典的金融模型中至关重要，如资本资产定价模型（capital asset pricing model，CAPM）、布莱克—斯科尔斯—莫顿期权定价模型（Black-Scholes-Merton model，BSM）。因此，狭义上看，金融计量学是以方差或标准差为核心、对金融数据这一时间序列进行的建模与分析。但是，从广义上看，金融计量学是计量经济学的一个分支，计量经济学的基本理论都可以用于金融计量学。因此，本书对二者的区别不加以界定，仅在本书最后，对金融计量中常用的时间序列模型进行了简要解构。

对于金融学、数学与统计学在金融计量学中的关系，可以简要地这么来看：从金融理论出发，对要研究的金融问题或金融现象，收集整理相应的数据，构建金融计量实证模型并检验该实证模型的有效性，最后，在该实证模型有效的基础上，对所研究的金融问题或金融现象进行解释，修正并推进金融理论的发展。一言以蔽之：两头是金融学，中间是数学和统计学。因此，金融计量学既需要服从数学和统计逻辑，更需要服从金融逻辑。离开了金融逻辑的金融计量学，只是数学和统计学的方法论研究与应用，并不能称之为金融计量学。对金融逻辑的内在要求，是金融计量学与统计学的根本区别。金融学的基本理论是金融相关专业其他课程的核心内容，本书在金融理论的基础上，聚焦于金融计量学中的方法论解剖，即"轻两头、重中间"。

本章从金融理论出发，以"设模型、估参数、论性质、推分布、做检验、做预测"这六个核心步骤为主线，即以"实证六步"为主线，以最小二乘法为方法论基础，借助单变量回归模型，使读者对于金融计量建模拥有一般性了解。

## 第二节　金融计量学的六个核心步骤

### 一、设模型

在严格的数学逻辑体系上形成的金融理论，是进行金融计量实证分析的出发点。这里不妨以资本资产定价模型（CAPM）和套利定价理论（arbitrage pricing theory，APT）为例，进行说明。

CAPM模型有诸多推导方法，这里以投资组合理论（均值—方差模型）为基础。在马科维茨引入期望收益率与方差（标准差）来分别度量收益和风险之后，投资者不应再单纯追求高收益而忽略风险，应在收益与风险中找到一种平衡。投资问题可以表示为在给定投资组合的期望收益率下，寻求使得投资组合方差最小的资产配置权重；或者给定投资组合的方差，寻求使得期望收益率最大的资产配置权重。最优解可以表示为在标准差—期望收益率坐标中的双曲线的右上支，又可以表示为最优投资组合（权重）与期望收益率的线性关系。最优投资组合与期望收益率的线性关系，实质就是托宾（James Tobin，1981年诺贝尔经济学奖得主）在1958年提出的两基金分离定理：任意两个最优投资组合的线性组合依旧是最优投资组合。在两基金分离定理基础上，特雷诺（Jack Treynor）1961年猜想存在一种特殊的投资组合，使得任意证券的期望收益率都可以表示为该特殊组合期望收益率的线性关系，这里的特殊组合就是市场组合的雏形。随后，经由夏普、林特纳（John Lintner）、莫辛（Jan Mossin）等人的完善，逐步形成了资本资产定价模型：

$$\mathrm{E}\tilde{r}_i = r_f + \beta_i(\mathrm{E}\tilde{r}_M - r_f), \quad \beta_i = \frac{\mathrm{Cov}(\tilde{r}_i, \tilde{r}_M)}{\mathrm{Var}(\tilde{r}_M)}$$

其中，$\mathrm{E}\tilde{r}_i$是市场中任意证券$i$的期望收益率，$r_f$表示无风险资产的收益率，$\mathrm{E}\tilde{r}_M$表示市场组合的期望收益率。这时候证券$i$的期望收益率$\mathrm{E}\tilde{r}_i$就与市场组合期望收益率$\mathrm{E}\tilde{r}_M$呈现线性关系，寻找出的两个基金分别就是无风险基金和市场组合基金。

金融理论给出了金融逻辑，如何基于数学逻辑和统计逻辑进行金融计量建模呢？显然，无风险收益率$r_f$不是需要估计的参数，$\beta_i$才是需要估计的参数，这时候基于超额收益率进行金融计量建模：

$$\tilde{r}_i - r_f = \alpha_i + \beta_i(\tilde{r}_M - r_f) + \varepsilon_i$$

这时候，将（$\tilde{r}_i - r_f$）和（$\tilde{r}_M - r_f$）分别视为被解释变量与解释变量，就完成了计量模型的构建，$\alpha_i$为截距项，理论上希望它为0。上式本质上就是一个单变量线性回归模型或一元线性回归模型，（$\tilde{r}_M - r_f$）是解释变量，（$\tilde{r}_i - r_f$）是被解释变量，希望能够估计出$\beta_i$，同时希望$\alpha_i$的估计量为0。

但是，CAPM模型建立在严格的假设基础之上，需要知晓市场上所有证券收益率所形成的方差—协方差矩阵，或者需要对所有投资参与者的效用函数施加很强的限制，才可以得到精确定价公式。罗斯（Stephen Ross）1976年在放宽CAPM所需的一些严格假设基础上，提出了近似定价公式，这就是套利定价理论。它与CAPM的精确定价公式不同，受一组因素影响，表现为一个线性多因子模型：

$$\mathrm{E}\tilde{r}_i \approx r_f + \lambda_{i1}f_1 + \lambda_{i2}f_2 + \cdots + \lambda_{in}f_n$$

其中$f$表示系统因子（systematic factor），$\lambda$表示资产收益率对系统因子的敏感度，也称因子载荷（factor loading）。这时候可以与基于CAPM模型构建计量模型的过程类似，构建出包含多个解释变量的计量模型。

APT模型是基于统计理论构建的近似定价公式，具体的因子很难具备金融逻辑。也就是说，基于CAPM模型构建的实证模型，有坚实的理论基础，每个变量都有确切的金融学含义。但是，APT模型对应的实证模型，则更像是一个统计模型，很难为寻找出的因子建立相应的金融理论基础。金融实践中经常使用的法玛—弗兰奇（Fama-French）的三因子定价模型就是APT模型的一个应用。资产的收益率除了受市场组合收益率的影响之外，还受到账面市值比以及公司规模的影响。

因此，一个金融计量模型的构建，最好能够基于金融理论构建，如基于CAPM模型构建一元线性回归模型。但是，如果金融理论的前提假设过于苛刻，此时也可以从单纯的统计模型出发，基于统计模型拓展相应的金融学理论，发掘该统计模型的金融理论意义，实现从统计逻辑向金融逻辑的转变。

这里从一元线性回归模型出发，对金融计量学的建模步骤做简要的介绍。一元线性回归模型如下：

$$Y = a + bX + \varepsilon$$

$Y$为被解释变量（或称因变量），$X$为解释变量（或称自变量），$\varepsilon$为随机误差项或随机扰动项，$a$和$b$就是需要进行估计的参数。显然，该计量模型就可以对应金融理论中的CAPM模型。

金融理论模型都是对现实的高度抽象概括，也包括高度的简化。简化现实世界中的次要影响因素,使模型只包含若干主要变量的抽象,体现着理论对现实世界的深刻洞察。显然,任何理论应当具有可证伪性(falsifiability),金融计量学的一个目的,就是利用现实中观测到的样本数据来检验模型。但是,单独的模型不具备可证伪性,因为总可把观察到的 $Y$ 和 $a+bX$ 之间的差异归结于随机变量 $\varepsilon_i$ 这个"黑箱子"。完整的模型设定应当包括对 $\varepsilon_i$ 的限制或假设(常见的是对期望、方差及分布函数的假设,如 $E\varepsilon_i = 0$、$Var(\varepsilon_i) = \sigma^2$、$\varepsilon_i \sim N(0, \sigma^2)$ 等假设),这些限制或假设使得模型具备了可证伪性。针对不同的经济问题及相应的数据性质,会对 $\varepsilon$ 作不同的假定,从而讨论在不同假设下处理问题的有效方法。

实际应用中,首先应当考虑的是有较强假设但易于处理的模型,只有当现实数据显著地不支持这些假设时,才考虑假设较弱但更难处理的模型。前两章讨论经典的小样本理论,一系列假设的引入是处理方便的需要。读者将会看到,为了完成整个建模过程,需要逐步增加假设。

## 二、估参数

建立了金融计量模型之后,需要从实践中收集相应的样本数据来对参数进行估计,即利用现实中观察到的一组样本 $\{(X_1, Y_1), \cdots, (X_n, Y_n)\}$ 对参数进行估计。

这里,首先需要对**实验数据**(experimental data)和**非实验数据**(nonexperimental data)进行区分,并明确得到样本 $\{(X_1, Y_1), \cdots, (X_n, Y_n)\}$ 的方式。**实验数据**,是指自然科学实验等情景中在解释变量(自然科学更习惯用"自变量"一词)人为可控的状态下（即可控实验）获得的数据，比如物理学家可以按照自己的要求设置实验条件以获得不同条件下的实验结果；而**非实验数据**则是在解释变量非人为可控的情况下中获得的，常见于经济社会科学领域。非实验数据有时又称**观测数据**（observational data），强调研究者只能被动地观测记录数据，而无法对这些数据的产生过程进行控制，比如一个经济体的GDP、CPI等数据难以由个人控制。对样本 $\{(X_1,Y_1),\cdots,(X_n,Y_n)\}$ 而言，如果样本是在人为控制解释变量 $\{X_1,\cdots,X_n\}$ 的值的情况下得到的，就称样本数据是实验数据，否则称其为非实验数据。

对于实验数据，可以在控制 $X_i$ 的条件下得到样本 $(X_i,Y_i)$，因此可将 $X_i$ 视为非随机变量；对于非实验数据，在得到样本前无法确定 $X_i$ 的值，因此应将 $X_i$ 视为随机变量。在本章，方便起见，将样本数据视为实验数据，即将样本中的所有解释变量 $X_i$ 视为给定。后面章节会证明，将样本中的解释变量 $X_i$ 视为可人为控制的非随机变量还是随机变量，两种情况下的分析基本一致，只存在些许差异。用条件期望代替期望，尽管解释变量具有随机性，但可以从技术层面上将其视为"非"随机变量。

可以认为样本 $\{(X_1,Y_1),\cdots,(X_n,Y_n)\}$ 由以下数据生成过程（data generation process，DGP）产生：

$$Y_i = a + bX_i + \varepsilon_i \ (i=1,2,\cdots,n)$$

需要注意的是，金融理论一般并没有给出一些参数的值，也无法直接检验现实中的 $\varepsilon_i$ 是否满足推导中所需的假设。比如CAPM模型中并没有给出 $\beta$ 的数值。因此，检验CAPM的严格表述是：参数 $\beta_i$ 的估计量在统计上是否显著，参数 $\alpha_i$ 的估计量在统计上是否显著为0。

这里首先要做的是，通过一定的方法，用现实中观察到的样本估计参数 $\alpha_i$、$\beta_i$，得到对应的估计量（estimator）$\hat{\alpha}_i$、$\hat{\beta}_i$。由于样本存在随机性，估计量 $\hat{\alpha}_i$、$\hat{\beta}_i$ 可以直接由样本计算得出，因此也是随机变量。

参数估计方法较多，本书涉及的方法包括普通最小二乘法、最小一乘法、矩估计法、最大似然估计法等，不同的方法对计量模型的假设都不相同。仅从估计参数而言，最小二乘法不需要随机变量的任何分布就可以算出，最小一乘法的计算过程相对复杂，矩估计法和最大似然估计法都需要相应的分布假设。但是，在最小二乘法下，要想对参数进行检验，就需要施加更强的假设，如假设随机误差项服从正态分布，这在后面几节会看到。

## 三、论性质

对同一个总体参数，基于不同的参数估计方法可得到不同的估计量，这就存在一个比较不同估计量优劣的问题。不同的估计方法给出的估计量会有不同的统计性质，对估计量的选择取决于这些统计性质。具备某些优良性质的统计量更能实现利用估计量研究总体参数的目的。一个优良的估计量经常需要具备的性质有无偏性、有效性、渐近无偏性、一致性、渐近有效性、渐近正态性、稳健性等。除使用的估计方法外，这些优良性质还很大程度上取决于对随机误差项 $\varepsilon$ 以及样本施加的假设。

基于对随机误差项 $\varepsilon$ 的假设和参数估计的不同方法，讨论估计量的性质，从而尽可能为模型选取合适的估计量。本书的一个重点是，给出并证明在不同的假设下，最小二乘法、最大似然法等方法得到的估计量具备其中一些优良的性质，因而它们在实际研究中被广泛应用。

## 四、推分布

在前面的步骤中，已经得到了参数的估计量和残差。残差可以视为对随机误差项 $\varepsilon$ 实现值的一个估计，因为总体参数未知的情况下，$\varepsilon$ 无法被观测到。因此需要明确的是，参数估计量并非参数本身，在CAPM的例子中，不能通过 $\hat{\alpha}_i = 0$ 就断定 $\alpha_i = 0$，也不能根据 $\hat{\alpha}_i \neq 0$ 就否定 $\alpha_i = 0$。

参数的估计量是基于所获得的样本计算出的一个值，但如果假设样本带随机性，估计量此时又是一个随机变量。对于一个随机变量，最重要的是知晓这个随机变量的概率分布。一般而言，一旦知晓随机变量的概率分布，也就知道了这个随机变量的全部信息。基于样本和实证模型的一系列假设，有必要推导出参数的概率分布，这也是对参数进行检验的基础。大样本与小样本的划分，常见的界定标准是，是否给出随机误差项的精确分布。如果给定了随机误差项的精确分布，就可以相应推导出参数估计量的精确分布，这就是小样本理论分析；如果没有给出随机误差项的精确分布，这时候就只能借助大数定理和中心极限定理推导出参数估计量的渐近分布，这就是大样本理论分析。

## 五、做检验

一般而言，检验包括两部分：对总体参数的检验和对随机误差项分布假设的检验。

完成前几步以后，便可利用估计量 $\hat{\alpha}_i$、$\hat{\beta}_i$ 及其分布，构建相应的统计量，对 $\alpha_i$ 做出推断，即样本是否支持CAPM所蕴含的 $\alpha_i = 0$。

对随机误差项分布假设的检验之所以重要，是因为前一步对总体参数的检验依赖于统计量满足的分布，而导出这一分布通常依赖于对随机误差项 $\varepsilon_i$ 的假设。常用的方法是，利用估计的参数值计算残差，再通过残差考察 $\varepsilon_i$ 设定的正确性。原则上，只有完成最后一步对 $\varepsilon_i$ 的统计性质假设的检验，分析才是完整的。

## 六、做预测

从金融理论出发，对研究的金融问题或现象，构建相应的计量模型，收集数据并进行统计上的检验，目的还是为了验证数据是否能够支持理论，是否能够对该问题或者现象的发展做出较为科学的预测。

这时候如果仅仅是预测，就还是一个统计学问题，只需要服从统计逻辑即可。但是，要对金融问题或金融现象做出解释，就需要回到金融学上，看数据结果是否服从金融逻辑。

一个好的金融计量模型，结果既服从统计逻辑，能够通过统计学中的显著性检验，又能服从金融逻辑，对研究的金融现象或问题做出解释并进行预测。因此，金融逻辑与统计逻辑是否统一，在金融计量学中至关重要。如果模型没有通过统计学上的显著性检验，也不能简单否定背后的金融逻辑，因为样本的选择带有随机性。对金融逻辑的研究超出了本书的研究范围，本书更侧重统计逻辑，即前文指出的"轻两头，重中间"，轻金融逻辑，重统计逻辑。

本章余下部分将以一元线性回归模型为例，来进一步讲解这六个步骤。

## 第三节　设模型

### 一、对模型整体的假设

对模型整体的假设，实际上就是对数据生成过程的假设。一元线性回归模型 $Y = a + bX + \varepsilon$ 是最基础的金融计量模型。对更为复杂的非线性模型的研究，也可以通过泰勒展开等方式将模型线性化，转化为线性模型进行处理。

要估计两个参数 $a$ 和 $b$，最"理想"的就是只有两个样本，通过两个样本建立两个方程，联立两个方程就能解出参数。复杂的情形是样本量多于待估计参数的个数，这时候不能简单地联立方程求解。

**假设 1.1（数据生成过程）**：DGP 为：$Y_i = a + bX_i + \varepsilon_i$，

$i = 1, 2, \cdots, n$，$n > 2$。

除了线性假设外，另一个更重要的假设是模型的设定是正确的，离开这一条，对模型的分析无从谈起，这里默认上述DGP过程是正确的。

## 二、对解释变量的假设

样本 $\{(X_1, Y_1), \cdots, (X_n, Y_n)\}$ 中，解释变量 $X$ 应具有什么特征？它与被解释变量 $Y$ 的关系，通过DGP过程，又可以转化为 $X$ 与随机误差项 $\varepsilon$ 之间的关系。显然，最简单的情形是 $X$ 外生，不带有随机性。

**假设1.2（解释变量无随机性）**：解释变量 $X$ 外生。

如果 $X$ 外生，此时它与 $\varepsilon$ 的关系就比较简单，仅需要对 $\varepsilon$ 施加假设即可。下一章会放宽 $X$ 外生的假设，探讨它与 $\varepsilon$ 的关系，这也是金融计量学中重要的关系之一。对解释变量的其他假设，将会在后续的分析过程中引入。

## 三、对随机误差项的假设

只要是与随机误差项 $\varepsilon$ 相关的假设，都应该引起足够的重视。

这里首先需要指出，在模型设定为线性之后，对随机误差项引入假设 $E\varepsilon_i = 0$ $(i=1,2,\cdots,n)$ 是自然的。显然，给定 $E\varepsilon_i = 0$ $(i=1,2,\cdots,n)$ 后，$EY_i = a + bX_i$ $(i=1,2,\cdots,n)$，模型中的"确定性部分" $a + bX_i$ 就给出了 $Y_i$ 的期望。如果 $E\varepsilon_i = \varpi \neq 0$，即假设 $\varepsilon_i = \varpi + v_i$ 且 $Ev_i = 0$，这时候就用截距项 $a$ 减去其期望值构建成新

的计量模型：$Y_i = (a - \varpi) + bX_i + v_i$，这时候随机误差项的期望值为0，因此随机误差项的期望值为0是个"无害"的假设。

**假设1.3（随机误差项的零期望假设）**：$\mathrm{E}\varepsilon_i = 0$。

对随机误差项的其他假设，例如，它的期望值和方差是什么，是否服从正态分布等，在后续的分析中会逐步引入。这样便于读者知晓，每个假设都应用于什么地方。

## 第四节 估参数

### 一、最小二乘法

如果只有2个样本 $\{(X_1, Y_1), (X_2, Y_2)\}$，那么联立两个线性方程就可以估计出参数 $a$ 和 $b$，但当样本个数超过2个时，如何对2个参数进行估计，曾经困扰了诸多学者。

勒让德最先发表通过使随机误差项估计值（即残差）的平方和最小来估计参数的成果，等价于求解以下优化问题：

$$\min_{\{\tilde{a}, \tilde{b}\}} \sum_{i=1}^{n} (Y_i - \tilde{a} - \tilde{b}X_i)^2$$

优化问题对应的一阶条件为：

$$\sum_{i=1}^{n} 2(Y_i - \hat{a} - \hat{b}X_i)(-1) = 0$$

$$\sum_{i=1}^{n}2(Y_i-\hat{a}-\hat{b}X_i)(-X_i)=0$$

从而将蕴含参数估计量的方程简化为2个，利用克莱姆法则（Cramer's Rule），求解可得：

$$\hat{a}=\begin{vmatrix}\sum_{i=1}^{n}Y_i & \sum_{i=1}^{n}X_i \\ \sum_{i=1}^{n}X_iY_i & \sum_{i=1}^{n}X_i^2\end{vmatrix}\cdot\begin{vmatrix}n & \sum_{i=1}^{n}X_i \\ \sum_{i=1}^{n}X_i & \sum_{i=1}^{n}X_i^2\end{vmatrix}^{-1}=\frac{\sum_{i=1}^{n}X_i^2\sum_{i=1}^{n}Y_i-\sum_{i=1}^{n}X_i\sum_{i=1}^{n}X_iY_i}{n\sum_{i=1}^{n}X_i^2-(\sum_{i=1}^{n}X_i)^2}$$

$$\hat{b}=\begin{vmatrix}n & \sum_{i=1}^{n}Y_i \\ \sum_{i=1}^{n}X_i & \sum_{i=1}^{n}X_iY_i\end{vmatrix}\cdot\begin{vmatrix}n & \sum_{i=1}^{n}X_i \\ \sum_{i=1}^{n}X_i & \sum_{i=1}^{n}X_i^2\end{vmatrix}^{-1}=\frac{n\sum_{i=1}^{n}X_iY_i-\sum_{i=1}^{n}X_i\sum_{i=1}^{n}Y_i}{n\sum_{i=1}^{n}X_i^2-(\sum_{i=1}^{n}X_i)^2}$$

上式给出了OLS下参数估计量的显式表达，但形式复杂，考虑简化。定义离差形式：

$$\bar{X}=\frac{1}{n}\sum_{i=1}^{n}X_i,\quad \bar{Y}=\frac{1}{n}\sum_{i=1}^{n}Y_i,\quad x_i=X_i-\bar{X},\quad y_i=Y_i-\bar{Y}$$

易证：

$$\hat{b}=\frac{\sum_{i=1}^{n}x_iY_i}{\sum_{i=1}^{n}x_i^2}=\frac{\sum_{i=1}^{n}x_iy_i}{\sum_{i=1}^{n}x_i^2}$$

而由第一个一阶条件可得：

$$\hat{a}=\bar{Y}-\hat{b}\bar{X}$$

联立上述两个简化的表达式，可以计算出参数估计量$\hat{a}$和$\hat{b}$。但在计算过程中，会要求估计量$\hat{b}$的分母表达式不能为0。这时候，必须对解释变量$X$施加限制，要求其具有一定的变异性。

**假设1.4（解释变量存在变异）**：样本中的 $X_1, X_2, \cdots, X_n$ 不全相等。

此时，对应优化问题的二阶条件也就自动满足。

在计算出参数估计量的基础上，可以看出被解释变量 $Y_i$ 可以表达如下：

$$\begin{aligned} Y_i &= a + bX_i + \varepsilon_i = \mathrm{E}Y_i + \varepsilon_i \\ &= \hat{a} + \hat{b}X_i + e_i = \hat{Y}_i + e_i \end{aligned}$$

被解释变量 $Y_i$ 既可以表示为期望值 $\mathrm{E}Y_i(=a+bX_i)$ 与随机误差项 $\varepsilon_i$ 之和，又可以表示为拟合值 $\hat{Y}_i(=\hat{a}+\hat{b}X_i)$ 与残差 $e_i(=Y_i-\hat{Y}_i)$ 之和。如图1.1所示。

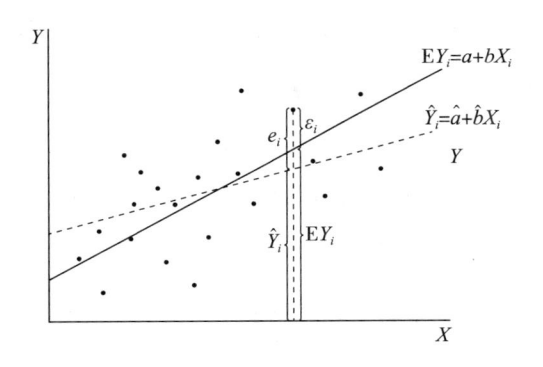

**图 1.1　被解释变量的两种分解**

注意到真实的直线 $\mathrm{E}Y_i = a + bX_i$ 是永远无法观测到的，此时只能用拟合直线或回归直线 $\hat{Y}_i = \hat{a} + \hat{b}X_i$ 来逼近。

在一元线性回归模型中，残差 $e_i$ 与解释变量 $X_i$、拟合值 $\hat{Y}_i$ 间的性质如下：

**性质1**：残差之和为0，即 $\sum_{i=1}^{n} e_i = 0$。

这从对参数 $a$ 求导的一阶条件中，可以得到：$\sum_{i=1}^{n} e_i = \sum_{i=1}^{n}(Y_i - \hat{a} - \hat{b}X_i) = 0$，这也与随机误差项的期望为0相对应。

**性质2**：残差与解释变量正交，即 $\sum_{i=1}^{n} X_i e_i = 0$。

这从对参数 $b$ 求导的一阶条件中可以得到：$\sum_{i=1}^{n} X_i e_i = \sum_{i=1}^{n} X_i(Y_i - \hat{a} - \hat{b}X_i) = 0$。

**性质3**：残差与拟合值正交，即 $\sum_{i=1}^{n} \widehat{Y}_i e_i = 0$。

显然，$\sum_{i=1}^{n} \widehat{Y}_i e_i = \sum_{i=1}^{n}(\hat{a} + \hat{b}X_i)e_i = \hat{a}\sum_{i=1}^{n} e_i + \hat{b}\sum_{i=1}^{n} X_i e_i = 0$。这里用到了性质1和性质2的基本结论。

**性质4**：拟合直线过样本均值点，即 $\overline{Y} = \hat{a} + \hat{b}\overline{X}$。

由 $\sum_{i=1}^{n}(Y_i - \hat{a} - \hat{b}X_i) = 0$，知 $\sum_{i=1}^{n} Y_i = \sum_{i=1}^{n}(\hat{a} + \hat{b}X_i)$，两边同时取平均，即可得性质4，这实际上表明了最小二乘法蕴含着平均数的思想。

**性质5**：拟合值的均值与被解释变量的均值相等，即 $\overline{\widehat{Y}} = \overline{Y}$。

易得：$\overline{\widehat{Y}} = \overline{\hat{a} + \hat{b}X} = \hat{a} + \hat{b}\overline{X} = \overline{Y}$。

有了以上性质，可以来分析最小二乘法下的拟合程度。

由 $\sum_{i=1}^{n} \widehat{Y}_i e_i = 0$，知：

$$\sum_{i=1}^{n} Y_i^2 = \sum_{i=1}^{n}(\widehat{Y}_i + e_i)^2 = \sum_{i=1}^{n} \widehat{Y}_i^2 + \sum_{i=1}^{n} e_i^2$$

$$1 = \frac{\sum_{i=1}^{n} \widehat{Y}_i^2}{\sum_{i=1}^{n} Y_i^2} + \frac{\sum_{i=1}^{n} e_i^2}{\sum_{i=1}^{n} Y_i^2}$$

又 $\sum_{i=1}^{n}(\widehat{Y}_i - \overline{Y})e_i = \sum_{i=1}^{n} \widehat{Y}_i e_i - \overline{Y}\sum_{i=1}^{n} e_i = 0$，知：

$$\sum_{i=1}^{n}(Y_i-\overline{Y})^2 = \sum_{i=1}^{n}(Y_i-\widehat{Y}_i+\widehat{Y}_i-\overline{Y})^2 = \sum_{i=1}^{n}(e_i+\widehat{Y}_i-\overline{Y})^2$$
$$= \sum_{i=1}^{n}(\widehat{Y}_i-\overline{Y})^2 + \sum_{i=1}^{n}e_i^2$$

整理可得以下关系：

$$1 = \frac{\sum_{i=1}^{n}(\widehat{Y}_i-\overline{Y})^2}{\sum_{i=1}^{n}(Y_i-\overline{Y})^2} + \frac{\sum_{i=1}^{n}e_i^2}{\sum_{i=1}^{n}(Y_i-\overline{Y})^2}$$

此时，样本值 $Y_i$ 的变异程度 $\sum_{i=1}^{n}(Y_i-\overline{Y})^2$ 分解成了拟合值 $\hat{Y}_i$ 的变异程度 $\sum_{i=1}^{n}(\widehat{Y}_i-\overline{Y})^2$ 和残差 $e_i$ 的变异程度 $\sum_{i=1}^{n}e_i^2$ 之和。如果拟合值 $\hat{Y}_i$ 变异程度对 $Y_i$ 变异程度的解释度越高，那么拟合效果就越好。由此可以定义**非中心化**的 $R_{uc}^2$ 和**中心化**的 $R^2$ 来表现拟合效果。

$$R_{uc}^2 \triangleq \frac{\sum_{i=1}^{n}\widehat{Y}_i^2}{\sum_{i=1}^{n}Y_i^2}, \quad R^2 \triangleq \frac{\sum_{i=1}^{n}(\widehat{Y}_i-\overline{Y})^2}{\sum_{i=1}^{n}(Y_i-\overline{Y})^2}$$

显然，$R_{uc}^2$ 和 $R^2$ 满足：$0 \leqslant R_{uc}^2 \leqslant 1$，$0 \leqslant R^2 \leqslant 1$。$R^2$ 在回归分析中更为常用，又被称为决定系数（coefficient of determination）。

**性质6：** $R^2$ 等于 $\{Y_i,\hat{Y}_i\}_{i=1}^{n}$ 的样本相关系数的平方，即 $R^2=\hat{\rho}_{Y,\hat{Y}}^2$。

$$\sum_{i=1}^{n}(Y_i-\overline{Y})(\hat{Y}_i-\overline{Y}) = \sum_{i=1}^{n}(Y_i-\hat{Y}_i+\hat{Y}_i-\overline{Y})(\hat{Y}_i-\overline{Y})$$
$$= \sum_{i=1}^{n}(Y_i-\hat{Y}_i)(\hat{Y}_i-\overline{Y}) + \sum_{i=1}^{n}(\hat{Y}_i-\overline{Y})^2$$
$$= \sum_{i=1}^{n}e_i(\hat{Y}_i-\overline{Y}) + \sum_{i=1}^{n}(\hat{Y}_i-\overline{Y})^2$$
$$= \sum_{i=1}^{n}(\hat{Y}_i-\overline{Y})^2$$

最后一步用到了 $\sum_{i=1}^{n} e_i \hat{Y}_i = \sum_{i=1}^{n} e_i(\hat{a}+\hat{b}X_i) = 0$ 和 $\sum_{i=1}^{n} e_i \bar{Y} = 0$。

于是有：

$$\hat{\rho}_{Y,\hat{Y}}^2 = \frac{(\sum_{i=1}^{n}(\hat{Y}_i - \bar{Y})^2)^2}{\sum_{i=1}^{n}(\hat{Y}_i - \bar{Y})^2 \sum_{i=1}^{n}(\hat{Y}_i - \bar{Y})^2} = \frac{\sum_{i=1}^{n}(\hat{Y}_i - \bar{Y})^2}{\sum_{i=1}^{n}(Y_i - \bar{Y})^2} = R^2$$

因此，$R^2$ 越大，表明拟合值 $\hat{Y}$ 与真实值 $Y$ 之间的线性相关性越强。

从上面的分析可以看出，最小二乘法作为一种算法，至少具有以下三个优点：

第一，最小二乘估计量仅基于样本就可以算出，所需假设极少。事实上，这里仅用到了线性模型假设（假设1.1）和解释变量 $X$ 存在变异性假设（假设1.4），并没有用到其他假设。

第二，如果样本全部严格满足某一直线方程，则这个方程也必然是最小二乘的解。

第三，最小二乘法蕴含着平均数的思想，算术平均值就是其应用特例。考虑以下简单例子。样本 $\{Y_1, Y_2, \cdots, Y_n\}$，构建回归模型：$Y_i = a + \varepsilon_i$，即被解释变量 $Y_i$ 对常数1做回归。优化问题如下：

$$\min_{\{\tilde{a}\}} \sum_{i=1}^{n}(Y_i - \tilde{a})^2$$

整理对应的一阶条件，可得：$\hat{a}_{OLS} = \frac{1}{n}\sum_{i=1}^{n} Y_i = \bar{Y}$。

## 二、最小一乘法

最小二乘法是寻求一条拟合直线，使得各个样本点距离该直线的所形成的残差的平方和最小。残差作为随机误差项的估计量，如果直接相加，估计量的正负偏差会相互抵消，采用平方和相加，就克服了正负抵消带来的影响。但是如果存在偏离拟合直线很远的异常样本点，该样本点的残差平方就会很大，为了压低残差平方和，就需要调整拟合曲线来"将就"这个点。显然，如果用残差的绝对值相加，异常样本点带来的影响就会小很多。算法受异常样本点的影响程度又被称为稳健性（robustness）。

对随机误差项的估计量采用绝对值相加，同样考虑了估计量的正负。使绝对值之和最小的算法，就是最小一乘法（least absolute deviation，LAD）。事实上，最小一乘法的出现比最小二乘法要早。1760年，意大利天文学家和数学家博斯科维奇（Ruggero Boscovich）在研究子午线长度问题时就使用该方法，比勒让德和高斯的最小二乘法早了约40年。

不妨同样使用以下简单样本，以便和最小二乘法对比：样本 $\{Y_1, Y_2, \cdots, Y_n\}$，构建回归模型 $Y_i = a + \varepsilon_i$，最小一乘法对应的优化问题如下：

$$\min_{\{\tilde{a}\}} \sum_{i=1}^{n} |Y_i - \tilde{a}|$$

将样本 $Y_i$ 从小到大排列：$Y_{(1)} \leq Y_{(2)} \leq \cdots \leq Y_{(n)}$，生成的新样本 $\{Y_{(1)}, Y_{(2)}, \cdots, Y_{(n)}\}$ 又称为原样本的次序统计量。

首先，考虑样本个数 $n$ 为奇数的情形：

$$\sum_{i=1}^{n} |Y_i - \tilde{a}| \geq \left|(\tilde{a} - Y_{(1)}) + \cdots + (\tilde{a} - Y_{(\frac{n-1}{2})}) + (Y_{(\frac{n+3}{2})} - \tilde{a}) + \cdots + (Y_{(n)} - \tilde{a})\right| + \left|\tilde{a} - Y_{(\frac{n+1}{2})}\right|$$

$$= \left|Y_{(\frac{n+3}{2})} + \cdots + Y_{(n)} - (Y_{(1)} + \cdots + Y_{(\frac{n-1}{2})})\right| + \left|\tilde{a} - Y_{(\frac{n+1}{2})}\right|$$

$$\geq Y_{(\frac{n+3}{2})} + \cdots + Y_{(n)} - (Y_{(1)} + \cdots + Y_{(\frac{n-1}{2})})$$

当且仅当 $\hat{a}_{LAD} = Y_{(\frac{n+1}{2})}$ 时，可以取得最小值 $Y_{(\frac{n+3}{2})} + \cdots + Y_{(n)} - (Y_{(1)} + \cdots + Y_{(\frac{n-1}{2})})$。

其次，考虑样本个数 $n$ 为偶数的情形：

$$\sum_{i=1}^{n}|Y_i - \tilde{a}| \geq \left|(\tilde{a} - Y_{(1)}) + \cdots + (\tilde{a} - Y_{(\frac{n}{2})}) + (Y_{(\frac{n+2}{2})} - \tilde{a}) + \cdots + (Y_{(n)} - \tilde{a})\right|$$

$$= \left|Y_{(\frac{n+2}{2})} + \cdots + Y_{(n)} - (Y_{(1)} + \cdots + Y_{(\frac{n}{2})})\right|$$

$$= Y_{(\frac{n+2}{2})} + \cdots + Y_{(n)} - (Y_{(1)} + \cdots + Y_{(\frac{n}{2})})$$

当且仅当 $\hat{a}_{LAD} \in \left[Y_{(\frac{n}{2})}, Y_{(\frac{n+2}{2})}\right]$，即 $\hat{a}_{LAD}$ 取区间任意值时，$\sum_{i=1}^{n}|Y_i - \tilde{a}|$ 可以取得最小值 $Y_{(\frac{n+2}{2})} + \cdots + Y_{(n)} - (Y_{(1)} + \cdots + Y_{(\frac{n}{2})})$。

因此，当样本个数为奇数时，最小一乘估计量为中位数；当样本个数为偶数时，最小一乘估计量为次序统计量中间两位数所构成的区间中的任意值。

通过以上简单的例子，可以将最小二乘法与最小一乘法进行比较。

第一，最小二乘法体现了算平均数的思想，最小一乘法体现了算中位数的思想。换另一个角度，给定若干个数作为样本，算术平均数是到所有样本距离的平方和最小，而中位数是到样本的距离和最小。

第二，最小二乘法下的估计量在大多数情况下唯一，但是最小一乘法下的估计量经常不唯一，根源在于平方函数是严格凸函数，而绝对值函数不是严格凸函数。而且，即使在这一简单的例子中，最小一乘法的计算过程也较为复杂，不如最小二乘法计算便捷。

第三，最小二乘法的稳健性不如最小一乘法，即最小二乘法受异常值的影响较大，但最小一乘法受异常值的影响较小。

由于两种算法各有优缺点，高斯提倡使用最小二乘法而拉普拉斯提倡使用最小一乘法，算法争论延续了数百年。在此基础上，休伯（Peter Huber）1964年在论文《位置参数的稳健估计》一文中提出了M估计，即构造函数 $\varphi$ 使得 $\sum_{i=1}^{n}\varphi(Y_i-\tilde{a})$ 最小。一般而言，$\varphi$ 为偶函数，当取平方函数时，就是最小二乘法，取绝对值函数时，就是最小一乘法。

### 三、矩估计法

矩估计法（method of moments，MM）由皮尔逊在20世纪初的系列论文中提出，核心思路是从总体矩出发，构造相应的样本矩来估计参数，而应用的矩条件则依赖于经验分布，因此，矩条件是以大样本理论为基础的。

对于样本 $\{(X_1,Y_1),...,(X_n,Y_n)\}$，假设1.2指出解释变量 $X$ 外生，而假设1.3指出随机误差项的期望为0，即 $\mathrm{E}\varepsilon_i=0$。此外，可以相应增加一个矩条件 $\mathrm{E}X_i\varepsilon_i=X_i\mathrm{E}\varepsilon_i=0$，则构造的样本矩如下：

$$\frac{1}{n}\sum_{i=1}^{n}e_i=\frac{1}{n}\sum_{i=1}^{n}(Y_i-\hat{a}_{MM}-\hat{b}_{MM}X_i)=0$$

$$\frac{1}{n}\sum_{i=1}^{n}X_ie_i=\frac{1}{n}\sum_{i=1}^{n}X_i(Y_i-\hat{a}_{MM}-\hat{b}_{MM}X_i)=0$$

显然，矩估计法下求解出的估计量与最小二乘估计量一致。注意到，同样可以构造矩条件 $\mathrm{E}X_i^2\varepsilon_i=X_i^2\mathrm{E}\varepsilon_i=0$，对应的样本矩如下：

$$\frac{1}{n}\sum_{i=1}^{n}X_i^2 e_i = \frac{1}{n}\sum_{i=1}^{n}X_i^2(Y_i - \hat{a}_{MM} - \hat{b}_{MM}X_i) = 0$$

如果联立以上三个方程，就可能导致方程组无解；如果联立其中任意两个方程，比如联立后两个方程，此时解与最小二乘估计量不相同。当然，还能构造出更多的矩条件。

从上面的分析可以看出，矩估计法仅依据经验分布构造样本矩条件，不涉及样本的其他信息，而且容易存在估计量不唯一的情形。在此基础上发展出的广义矩估计法（generalized method of moments，GMM）可以解决解不唯一的问题，大样本性质较佳，在实践中被广泛使用。

## 四、最大似然估计法与贝叶斯估计法

最大似然估计方法（maximum likelihood estimation，MLE）由费歇尔在研究高斯误差理论基础上于1912年提出，但应用时需要知道总体的概率分布。基本可以这么说，一个随机变量，如果知道了它的概率分布，也就知道了它的全部信息。如果知道了总体的概率分布，在此基础上推导出的估计量满足一系列良好的大样本性质也不足为奇。也就是说，最大似然估计方法在某种程度上存在循环论证的问题。

贝叶斯估计法（Bayesian estimation，BE）与前面的几个算法都不相同。在最小二乘法、最小一乘法、矩估计法与最大似然估计法等算法中，会假设参数 a 和 b 的真实值是固定常数，因为样本带有随机性，参数的估计量是随机变量。但是，贝叶斯估计法相反，将参数 a 和 b 视为随机变量。与前几个算法只使用样本信息不同，贝叶斯估计法将先验信息和样本信息结合起来使用，因此，参数估计量的精度是后验的，取决于所选用的样本，这在现实应用中更容易被接受。但是，贝叶斯估计量不像前几种算法下的估计量具备良好的统计性质。

在算法的发展中，不同算法之间相互取长补短，随着计算机技术的发展，这种融合趋势日益明显。计算机处理数据能力的提升，使最小一乘法、稳健估计法、广义矩估计法、贝叶斯估计法等得到了越来越广泛的应用。

最小二乘法估计参数所需假设极少，计算便捷，而且在随机误差项服从正态分布等假设下，小样本性质良好。下面就以最小二乘法为例，分析参数估计量的常见性质。

## 第五节 论性质

### 一、小样本性质：无偏性与有效性

若估计量期望等于参数真实值本身，称估计量具有无偏性。无偏性实质是指，重复实验多次，虽然每次的估计量都会略有差异，但如果对多次实验后的估计量取平均值，随着实验次数的增多，平均值会越来越接近真实值本身，即在参数的真实值附近波动。无偏性是一种频率思想，只有在大量重复实验时才有意义，这也是最小二乘法被称为频率学派的原因。

上节已经给出了参数估计量 $\hat{a}$ 和 $\hat{b}$ 的计算式，同时指出，估计量是通过样本计算出的值，又因为和随机误差项有关，估计量也是一个随机变量。这里首先分析 $\hat{b}$，由于 $\mathrm{E}\varepsilon_i = 0$，则 $\mathrm{E}Y_i = a + bX_i$，易得：

$$\mathrm{E}\hat{b} = \mathrm{E}\frac{\sum_{i=1}^{n} x_i Y_i}{\sum_{i=1}^{n} x_i^2} = \frac{\sum_{i=1}^{n} x_i \mathrm{E} Y_i}{\sum_{i=1}^{n} x_i^2} = \frac{\sum_{i=1}^{n} x_i(a + bX_i)}{\sum_{i=1}^{n} x_i^2}$$

$$= \frac{\sum_{i=1}^{n} x_i(a + b(x_i + \bar{X}))}{\sum_{i=1}^{n} x_i^2} = b + (a + b\bar{X}) \cdot \frac{\sum_{i=1}^{n} x_i}{\sum_{i=1}^{n} x_i^2} = b$$

这里用到了离差 $x_i$ 的性质 $\sum_{i=1}^{n} x_i = 0$。$\mathrm{E}\hat{b} = b$，表明 $\hat{b}$ 是参数 $b$ 的无偏估计量。

同理，对估计量 $\hat{a}$ 而言：

$$\mathrm{E}\hat{a} = \mathrm{E}(\bar{Y} - \hat{b}\bar{X}) = a + b\bar{X} + \frac{1}{n}\sum_{i=1}^{n} \mathrm{E}\varepsilon_i - b\bar{X} = a$$

估计量 $\hat{a}$ 和 $\hat{b}$ 都满足无偏性。

无偏性使用的是一阶原点矩的概念，有效性则使用的是二阶中心矩的概念，即对样本估计量的方差进行比较，因此需要计算估计量的方差。

对参数估计量 $\hat{b}$ 而言，有：

$$\mathrm{Var}(\hat{b}) = \mathrm{Var}\left(\frac{\sum_{i=1}^{n} x_i Y_i}{\sum_{i=1}^{n} x_i^2}\right) = \frac{\sum_{i=1}^{n} x_i^2 \mathrm{Var}(Y_i)}{(\sum_{i=1}^{n} x_i^2)^2} + 2\sum_{1 \leqslant i < j \leqslant n} \frac{x_i x_j \mathrm{Cov}(Y_i, Y_j)}{\sum_{i=1}^{n} x_i^2 \sum_{j=1}^{n} x_j^2}$$

$$= \frac{\sum_{i=1}^{n} x_i^2 \mathrm{Var}(\varepsilon_i)}{(\sum_{i=1}^{n} x_i^2)^2} + 2\sum_{1 \leqslant i < j \leqslant n} \frac{x_i x_j \mathrm{Cov}(\varepsilon_i, \varepsilon_j)}{\sum_{i=1}^{n} x_i^2 \sum_{j=1}^{n} x_j^2}$$

可见，为了讨论 $\hat{b}$ 的方差，需要对 $\varepsilon_i$ 的方差 $\text{Var}(\varepsilon_i)$ 及协方差 $\text{Cov}(\varepsilon_i, \varepsilon_j)(i \neq j)$ 施加假设。一个简单而常用的假设是**球形扰动假设**（spherical disturbance hypothesis）。

**假设**1.5（**球形扰动假设**）：随机误差项满足同方差和无自相关条件，即 $\text{Var}(\varepsilon_i) = \sigma^2$，$\text{Cov}(\varepsilon_i, \varepsilon_j) = 0 (i \neq j, i, j = 1, 2, \cdots, n,)$。

在球形扰动假设下，$\hat{b}$ 的方差可以进一步简化为：

$$\text{Var}(\hat{b}) = \frac{\sum_{i=1}^{n} x_i^2 \text{Var}(\varepsilon_i)}{(\sum_{i=1}^{n} x_i^2)^2} = \frac{\sigma^2}{\sum_{i=1}^{n} x_i^2}$$

对 $\hat{a}$ 的分析稍复杂，方便起见，不妨将 $\hat{b}$ 表示为：

$$\hat{b} = \frac{\sum_{i=1}^{n} x_i Y_i}{\sum_{i=1}^{n} x_i^2} = \sum_{i=1}^{n} \frac{x_i}{\sum_{i=1}^{n} x_i^2} Y_i \triangleq \sum_{i=1}^{n} w_i Y_i, \quad \omega_i = \frac{x_i}{\sum_{i=1}^{n} x_i^2}$$

则 $\hat{a}$ 可以表示为：

$$\begin{aligned}\hat{a} &= \bar{Y} - \hat{b}\bar{X} \\ &= \frac{1}{n}\sum_{i=1}^{n} Y_i - \bar{X}\sum_{i=1}^{n} w_i Y_i \\ &= \sum_{i=1}^{n}\left(\frac{1}{n} - w_i \bar{X}\right) Y_i \triangleq \sum_{i=1}^{n} \mu_i Y_i\end{aligned}$$

可以看出，$\hat{a}$ 和 $\hat{b}$ 都是被解释变量 $Y$ 的线性加权组合，加权权重 $\mu_i$ 和 $\omega_i$ 由解释变量 $X$ 生成，因此 $\hat{a}$ 和 $\hat{b}$ 有时也被称为线性估计量。同 $\hat{b}$ 的方差推导过程类似，可得到 $\hat{a}$ 的方差：

$$\text{Var}(\hat{a}) = \sum_{i=1}^{n}\left(\frac{1}{n} - w_i \bar{X}\right)^2 \sigma^2$$

上式还可进一步化简为如下形式,有兴趣的读者可以自己尝试:

$$\mathrm{Var}(\hat{a}) = \sum_{i=1}^{n}\left(\frac{1}{n} - w_i \bar{X}\right)^2 \sigma_i^2 = \left(\frac{1}{n} + \frac{\bar{X}^2}{\sum_{i=1}^{n} x_i^2}\right)\sigma^2 = \frac{\sum_{i=1}^{n} X_i^2 \sigma^2}{n\sum_{i=1}^{n} x_i^2}$$

除方差外,两个随机变量 $\hat{a}$ 和 $\hat{b}$ 之间的协方差为:

$$\begin{aligned}\mathrm{Cov}(\hat{a},\hat{b}) &= \mathrm{Cov}\left(\sum_{i=1}^{n}\left(\frac{1}{n} - w_i \bar{X}\right)Y_i, \sum_{i=1}^{n} w_i Y_i\right) \\ &= \sum_{i=1}^{n} w_i \left(\frac{1}{n} - w_i \bar{X}\right)\sigma^2 = -\bar{X}\sigma^2 \sum_{i=1}^{n} w_i^2 \\ &= -\frac{\bar{X}\sigma^2}{\sum_{i=1}^{n} x_i^2}\end{aligned}$$

有了估计量的无偏性和方差、协方差的基础,可以正式地给出最小二乘估计量的有效性,即高斯—马尔可夫定理,将会证明,最小二乘估计量不仅是线性无偏估计量,还是在该参数的所有线性无偏估计量中,方差最小的估计量,因此最小二乘估计量也被称为最佳线性无偏估计量(best linear unbiased estimator,BLUE),这也是最小二乘法被普遍使用的原因之一。

**定理1.1(一元线性回归下的高斯—马尔可夫定理):**

给定假设1.1~1.5,对参数 $a$ 和 $b$ 的任意线性无偏估计计量 $\hat{a}^*$ 和 $\hat{b}^*$,均有:$\mathrm{Var}(\hat{a}) \leqslant \mathrm{Var}(\hat{a}^*)$,$\mathrm{Var}(\hat{b}) \leqslant \mathrm{Var}(\hat{b}^*)$,即 $\hat{a}$ 和 $\hat{b}$ 具有有效性。

**证明:** 首先证明 $\hat{b}$ 的有效性:$\mathrm{Var}(\hat{b}) \leqslant \mathrm{Var}(\hat{b}^*)$。

$\hat{b}^*$ 为 $b$ 的任意一个线性无偏估计量,则 $\hat{b}^*$ 可写成 $\hat{b}^* = \sum_{i=1}^{n} \delta_i Y_i$ 的

形式。因为 $\hat{b}^*$ 满足无偏性，则：

$$\mathrm{E}\hat{b}^* = \mathrm{E}\sum_{i=1}^{n}\delta_i Y_i = \sum_{i=1}^{n}\delta_i \mathrm{E}(a+bX_i+\varepsilon_i) = a\sum_{i=1}^{n}\delta_i + b\sum_{i=1}^{n}\delta_i X_i = b$$

进而可以得到：$\sum_{i=1}^{n}\delta_i = 0$，$\sum_{i=1}^{n}\delta_i X_i = 1$，$\mathrm{Var}(\hat{b}^*) = \sum_{i=1}^{n}\delta_i^2 \mathrm{Var}(Y_i) = \sum_{i=1}^{n}\delta_i^2 \sigma^2$。

下面考虑"凑"出 $\hat{b}$ 的方差：

$$\mathrm{Var}(\hat{b}^*) = \sum_{i=1}^{n}(\delta_i - w_i + w_i)^2 \sigma^2 = \sum_{i=1}^{n}w_i^2 \sigma^2 + \sum_{i=1}^{n}(\delta_i - w_i)^2 \sigma^2 + 2\sum_{i=1}^{n}w_i(\delta_i - w_i)\sigma^2$$

$$\sum_{i=1}^{n}w_i(\delta_i - w_i) = \sum_{i=1}^{n}w_i\delta_i - \sum_{i=1}^{n}w_i^2 = \frac{\sum_{i=1}^{n}x_i\delta_i}{\sum_{i=1}^{n}x_i^2} - \frac{1}{\sum_{i=1}^{n}x_i^2} = \frac{\sum_{i=1}^{n}x_i\delta_i - 1}{\sum_{i=1}^{n}x_i^2}$$

前面已证 $\sum_{i=1}^{n}\delta_i = 0$，$\sum_{i=1}^{n}\delta_i X_i = 1$，因而易证 $\sum_{i=1}^{n}\delta_i x_i = 1$，于是：

$$\mathrm{Var}(\hat{b}^*) = \sigma^2 \sum_{i=1}^{n}w_i^2 + \sigma^2 \sum_{i=1}^{n}(\delta_i - w_i)^2 \geqslant \mathrm{Var}(\hat{b})$$

可见，最小二乘估计量 $\hat{b}$ 在 $b$ 的所有线性无偏估计量中，方差最小，具有有效性。

接着证明 $\hat{a}$ 的有效性：$\mathrm{Var}(\hat{a}) \leqslant \mathrm{Var}(\hat{a}^*)$

$\hat{a}^*$ 为 $a$ 的任意一个线性无偏估计量，则 $\hat{a}^*$ 可写成 $\hat{a}^* = \sum_{i=1}^{n}\lambda_i Y_i$ 的形式。因为 $\hat{a}^*$ 具有无偏性，有：

$$\mathrm{E}\hat{a}^* = \mathrm{E}\sum_{i=1}^{n}\lambda_i Y_i = \sum_{i=1}^{n}\lambda_i \mathrm{E}(a+bX_i+\varepsilon_i) = a\sum_{i=1}^{n}\lambda_i + b\sum_{i=1}^{n}\lambda_i X_i = a$$

可以得到 $\sum_{i=1}^{n}\lambda_i = 1$，$\sum_{i=1}^{n}\lambda_i X_i = 0$，$\mathrm{Var}(\hat{a}^*) = \sum_{i=1}^{n}\lambda_i^2 \mathrm{Var}(Y_i) = \sum_{i=1}^{n}\lambda_i^2 \sigma^2$。

考察 $\hat{a}^*$ 的方差:

$$\begin{aligned}\operatorname{Var}(\hat{a}^*) &= \sum_{i=1}^{n}(\lambda_i - \mu_i + \mu_i)^2 \sigma^2 \\ &= \sum_{i=1}^{n}\mu_i^2 \sigma^2 + \sum_{i=1}^{n}(\lambda_i - \mu_i)^2 \sigma^2 + 2\sum_{i=1}^{n}\mu_i(\lambda_i - \mu_i)\sigma^2\end{aligned}$$

$$\begin{aligned}\sum_{i=1}^{n}\mu_i(\lambda_i - \mu_i) &= \sum_{i=1}^{n}\mu_i \lambda_i - \sum_{i=1}^{n}\mu_i^2 = \sum_{i=1}^{n}\lambda_i\left(\frac{1}{n} - w_i \bar{X}\right) - \sum_{i=1}^{n}\left(\frac{1}{n} - w_i \bar{X}\right)^2 \\ &= \frac{1}{n}\sum_{i=1}^{n}\lambda_i - \bar{X}\sum_{i=1}^{n}w_i \lambda_i - \left(\frac{1}{n} - 2\frac{\bar{X}}{n}\sum_{i=1}^{n}w_i + \bar{X}^2 \sum_{i=1}^{n}w_i^2\right) \\ &= \frac{1}{n} - \bar{X} \cdot \frac{\sum_{i=1}^{n}x_i \lambda_i}{\sum_{i=1}^{n}x_i^2} - \left(\frac{1}{n} - 2\frac{\bar{X}}{n}\sum_{i=1}^{n}w_i + \bar{X}^2 \frac{\operatorname{Var}(\hat{b})}{\sigma^2}\right) \\ &= \frac{1}{n} - \bar{X} \cdot \frac{\sum_{i=1}^{n}x_i \lambda_i}{\sum_{i=1}^{n}x_i^2} - \left(\frac{1}{n} - 2\frac{\bar{X}}{n}\sum_{i=1}^{n}w_i + \frac{\bar{X}^2}{\sum_{i=1}^{n}x_i^2}\right) \\ &= -\bar{X} \cdot \frac{\sum_{i=1}^{n}x_i \lambda_i}{\sum_{i=1}^{n}x_i^2} + 2\frac{\bar{X}}{n}\sum_{i=1}^{n}w_i - \frac{\bar{X}^2}{\sum_{i=1}^{n}x_i^2} \\ &= 0\end{aligned}$$

这里用到了关系 $\sum_{i=1}^{n}w_i = 0$,$\sum_{i=1}^{n}\lambda_i = 1$,$\sum_{i=1}^{n}\lambda_i X_i = 0$ 和 $\sum_{i=1}^{n}\lambda_i x_i = -\bar{X}$。进一步整理可得:

$$\operatorname{Var}(\hat{a}^*) = \sigma^2 \sum_{i=1}^{n}\mu_i^2 + \sigma^2 \sum_{i=1}^{n}(\lambda_i - \mu_i)^2 \geqslant \sigma^2 \sum_{i=1}^{n}\mu_i^2 = \operatorname{Var}(\hat{a})$$

可见,最小二乘估计量 $\hat{a}$ 在 $a$ 的所有线性无偏估计量中方差最小,即 $\hat{a}$ 是 $a$ 的最佳线性无偏估计量,具有有效性。

高斯—马尔可夫定理表明了最小二乘法在参数估计中的优越性。但是，有效性的获得，建立在线性回归模型、解释变量外生并具有变异性、随机误差项期望为0以及同方差和无自相关的一系列假设基础之上。本书下一章将放宽解释变量外生假设，来分析高斯—马尔可夫定理是否成立，同时分析是否一定需要将最小二乘估计量的有效性限定在线性估计量中。

至此，已经分析了参数估计量 $\hat{a}$ 和 $\hat{b}$ 的无偏性和有效性，估计量的方差包含了随机误差项的方差 $\sigma^2$。参数 $\sigma^2$ 与 $a$ 和 $b$ 一样为固定数值，但是无法知晓，因此有必要分析 $\sigma^2$ 的估计值，这样才可以给出 $\mathrm{Var}(\hat{a})$ 和 $\mathrm{Var}(\hat{b})$ 的估计量。显然，基于残差 $e_i$ 来构建 $\sigma^2$ 的估计量是一个很自然的想法。

随机误差项 $\varepsilon_i$ 来源于总体回归模型的设定，而残差 $e_i$ 是样本实际值与拟合值之差，即：$\varepsilon_i = Y_i - a - bX_i$，$e_i = Y_i - \hat{a} - \hat{b}X_i$。由于总体参数 $a$ 和 $b$ 未知，$\varepsilon_i$ 不可能由样本计算得到，但 $\hat{a}$ 和 $\hat{b}$ 可由样本计算得到，即 $e_i$ 可由样本计算得到。二者关系如下：

$$e_i = (a - \hat{a}) + (b - \hat{b})X_i + \varepsilon_i$$

上式还可进一步表示为：

$$e_i = \varepsilon_i - \sum_{j=1}^{n}\left(\frac{1}{n} + w_j x_i\right)\varepsilon_j$$

也就是说，每个残差值 $e_i$ 都是随机项 $\varepsilon_1, \varepsilon_2, \cdots, \varepsilon_n$ 的线性组合。同时，残差 $e_i$ 的平均值为0，随机残差项的期望值也为0，即 $\bar{e} = 0$，$E\varepsilon_i = 0$。可以考虑用残差的方差来估计随机项的方差。

对 $e_i = (a - \hat{a}) + (b - \hat{b})X_i + \varepsilon_i$ 两边同时取方差，可得：

$$\text{Var}(e_i) = \mathrm{E}\, e_i^2 = \text{Var}(\hat{a}) + X_i^2 \text{Var}(\hat{b}) + \sigma^2$$
$$+ 2(X_i \text{Cov}(\hat{a},\hat{b}) - \text{Cov}(\hat{a},\varepsilon_i) - X_i \text{Cov}(\hat{b},\varepsilon_i))$$

$$= \sigma^2 \left( \frac{\sum_{i=1}^{n} X_i^2}{n \sum_{i=1}^{n} x_i^2} + \frac{X_i^2}{\sum_{i=1}^{n} x_i^2} - \frac{2\bar{X} X_i}{\sum_{i=1}^{n} x_i^2} + 1 - 2\mu_i - 2w_i X_i \right)$$

$$= \left( 1 - \frac{1}{n} - \frac{x_i^2}{\sum_{i=1}^{n} x_i^2} \right) \sigma^2$$

这里用到了 $\hat{a} = \sum_{i=1}^{n} \mu_i Y_i$、$\hat{b} = \sum_{i=1}^{n} w_i Y_i$ 以及 $\hat{a}$ 与 $\hat{b}$ 的方差与协方差。

对上式两边同时求和，可得：

$$\mathrm{E} \sum_{i=1}^{n} e_i^2 = (n-2)\sigma^2$$

显然，$\frac{1}{n}\sum_{i=1}^{n} e_i^2$ 不是 $\sigma^2$ 的无偏估计量。$\sigma^2$ 的一个无偏估计量为：

$$\hat{\sigma}^2 = \frac{1}{n-2} \sum_{i=1}^{n} e_i^2$$

将 $\hat{\sigma}^2$ 代入 $\text{Var}(\hat{a})$ 和 $\text{Var}(\hat{b})$，可以得到方差相应的无偏估计量：

$$\widehat{\text{Var}(\hat{a})} = \frac{\sum_{i=1}^{n} X_i^2 \hat{\sigma}^2}{n \sum_{i=1}^{n} x_i^2}, \quad \widehat{\text{Var}(\hat{b})} = \frac{\hat{\sigma}^2}{\sum_{i=1}^{n} x_i^2}$$

$\widehat{\text{Var}(\hat{a})}$、$\widehat{\text{Var}(\hat{b})}$ 的平方根被称为 $\hat{a}$ 和 $\hat{b}$ 的标准误（standard error，se）：

$$se(\hat{a}) = \sqrt{\widehat{\mathrm{Var}(\hat{a})}}, \quad se(\hat{b}) = \sqrt{\widehat{\mathrm{Var}(\hat{b})}}$$

此时，估计量的标准误是可以从样本数据中计算得到的，它们将在构造检验统计量、计算置信区间时发挥重要作用。

## 二、大样本性质：一致性与渐近有效性

如果解释变量 $X$ 不再是外生给定，而是带有随机性，此时可以对 $\hat{b}$ 换一种表述方式：

$$\hat{b} = \frac{\sum_{i=1}^{n} x_i Y_i}{\sum_{i=1}^{n} x_i^2} = \frac{\sum_{i=1}^{n} x_i(a + bX_i + \varepsilon_i)}{\sum_{i=1}^{n} x_i^2} = b + \frac{\sum_{i=1}^{n} x_i \varepsilon_i}{\sum_{i=1}^{n} x_i^2}$$

这时候，对 $\hat{b}$ 求期望，只能得到：

$$\mathrm{E}\hat{b} = b + \mathrm{E}\frac{\sum_{i=1}^{n} x_i \varepsilon_i}{\sum_{i=1}^{n} x_i^2}$$

进一步求期望就需要用到解释变量 $X$ 与随机误差项 $\varepsilon$ 的联合分布，这需要对模型施加更为严格的限制。如果 $X$ 与 $\varepsilon$ 独立，也可以得到估计量 $\hat{b}$ 的无偏性，但独立性假设过于严格。一个替代性的假设是条件期望为0：$\mathrm{E}(\varepsilon_i|X) = 0$，此时假定 $X$ 已经发生，借助迭代期望定理（下一章将会给予证明），依旧可以证明估计量具有无偏性。如果 $X$ 与 $\varepsilon$ 仅仅是不相关，即 $\mathrm{Cov}(X,\varepsilon) = 0$，此时可以得到 $\mathrm{E}\, x_i \varepsilon_i = 0$，但无法得到无偏性，因为期望算子不具有除法法则，即 $\mathrm{E}(U/V) \neq \mathrm{E}U/\mathrm{E}V$，还是需要用到 $X$ 与 $\varepsilon$ 的联合分布，计算期望很

难顺利进行下去。

但是，极限运算可以使用除法，而计算极限要求样本量趋近于无穷，这就进入了大样本理论的分析领域。大样本理论借助于大数定理和中心极限定理进行分析，大数定理研究的是在何种条件下，样本的平均值会以何种方式，收敛至总体平均值，即总体期望。中心极限定理研究的是样本平均值的渐近分布。

在大数定理中，一个常用的收敛形式是依概率收敛，用 $\xrightarrow{p}$ 表示。例如，样本 $\{(X_1,Y_1),\cdots,(X_n,Y_n)\}$ 独立同分布，这也意味着 $\{(X_1,\varepsilon_1),\cdots,(X_n,\varepsilon_n)\}$ 独立同分布，$\mathrm{E}X_i\varepsilon_i=0$，$\mathrm{E}|X_i\varepsilon_i|<\infty$，$\mathrm{Var}\,X=\eta<\infty$，则：

$$\frac{1}{n}\sum_{i=1}^{n}x_i\varepsilon_i\xrightarrow{p}0,\quad \frac{1}{n}\sum_{i=1}^{n}x_i^2\xrightarrow{p}\eta$$

由于极限运算可以使用除法法则，此时就可以得到：

$$\hat{b}\xrightarrow{p}b$$

这时，就称估计量 $\hat{b}$ 具有一致性（consistency）。样本无限增多并趋近于无穷的性质，即大样本下的性质，也可以称为渐近（asymptotic）性质。

一致性容易和无偏性混淆。无偏性讲的是频次的概念，实验多次后估计量的平均值在真实值附近波动。一致性则是说，随着样本无限增多，参数估计量就可以视为参数真实值。介于二者之间还有一个概念叫渐近无偏性，也属于大样本性质，例如前面指出，$\frac{1}{n}\sum_{i=1}^{n}e_i^2$ 是 $\sigma^2$ 的有偏估计量，但由于 $\lim\limits_{n\to\infty}\frac{n-2}{n}=1$，可知 $\frac{1}{n}\sum_{i=1}^{n}e_i^2$ 是 $\sigma^2$ 的渐近无偏估计量。

一致性表明，如果样本量无限增加，参数估计量会收敛至真实值本身。如果违反一致性，就意味着即使样本量无限增加，估计量也不会收敛至真实值，这时回归分析基本无意义，这被称为内生性（endogeneity）。一般而言，解释变量与随机误差项不相关是参数估计量具有一致性的最低要求。相关解释变量缺失、联立性偏误、解释变量带测量误差等都会引起内生性。任何一个金融计量模型都应该尽力克服内生性，由此派生出了工具变量法、两阶段最小二乘法、广义矩估计法等多种算法。

大样本中的渐近有效性（asymptotic efficiency）与小样本中的有效性相对应，度量的是在参数的所有一致估计量中，该算法下对应的估计量的渐近方差（asymptotic variance）是否最小。这依赖于对样本施加更为严格的假设，这里不展开分析。

## 第六节　推分布

### 一、小样本：精确分布

目前为止，已经得到了OLS估计量$\hat{a}$和$\hat{b}$的无偏性（即$E\hat{a}=a$，$E\hat{b}=b$），在给出$Var(\hat{a})$、$Var(\hat{b})$、$Cov(\hat{a},\hat{b})$基础上，基于一定假设，证明了参数估计量具有有效性。要对回归模型进行检验，需要知道参数估计量的分布。

在最小二乘法中，参数估计量$\hat{a}$和$\hat{b}$可以表示为被解释变量$Y_i$

的线性组合，也可以进一步表示为随机误差项 $\varepsilon_i$ 的线性组合。如果给定随机误差项的分布，就可以相应推导出 $\hat{a}$ 和 $\hat{b}$ 的分布。

高斯在研究最小二乘法、论证平均值的合理性时，从另一个角度推导出了正态分布，从而使得最小二乘法建立在了正态误差分析基础之上。联合正态分布具有诸多良好的性质，这里涉及两个基本性质：第一，服从联合正态分布的两个随机变量，不相关即意味着独立；第二，正态分布的任意线性组合仍服从正态分布。事实上不仅仅金融计量学，金融学的许多基本理论也建立在联合正态分布假设基础之上。以投资组合为例，如果市场上的证券的收益率服从联合正态分布，则证券的线性组合的收益率，即投资组合的收益率，也服从正态分布，投资组合就可以用期望和方差来进行分析。因为正态分布仅需要期望和方差两个参数就可以刻画，这也是投资组合理论称为均值—方差分析的缘由。

如果随机误差项 $\varepsilon$ 服从联合正态分布，被解释变量 $Y$ 也相应服从联合正态分布。$\hat{a}$ 和 $\hat{b}$ 是被解释变量 $Y$ 的线性组合，同样会服从正态分布，这就大大简化了分析，而且便于构造检验统计量。

**假设1.6（联合正态分布假设）**：随机误差项 $\varepsilon \sim N(0, \sigma^2 I_n)$，$I_n$ 为 $n$ 阶单位矩阵。

需要注意的是，这里的期望 0 是 $n$ 维列向量，因为随机误差项 $\varepsilon$ 是 $n$ 维列向量。对每个随机误差项而言均服从正态分布：$\varepsilon_i \sim N(0, \sigma^2)$，意味着对每个被解释变量而言也服从正态分布：$Y_i \sim N(a+bX_i, \sigma^2)$。

假设1.6同时表明，随机误差项具有0期望（$E\varepsilon_i = 0$）、同方差（$Var(\varepsilon_i) = \sigma^2$）和无自相关性（$Cov(\varepsilon_i, \varepsilon_j) = 0$，$i \neq j$）。也就是说，假设1.6蕴含了假设1.3的0期望假设和假设1.5的球形扰动假设。

基于假设1.6，由于前面已经给出了 $\hat{a}$ 和 $\hat{b}$ 的期望与方差，可以得出：

$$\hat{a} \sim N(a, \frac{\sum_{i=1}^{n} X_i^2 \sigma^2}{n\sum_{i=1}^{n} x_i^2}), \quad \hat{b} \sim N(b, \frac{\sigma^2}{\sum_{i=1}^{n} x_i^2})$$

对于残差 $e_i$，已经给出：$e_i = \varepsilon_i - \sum_{j=1}^{n}(\frac{1}{n} + w_j x_i)\varepsilon_j$。由于 $\varepsilon$ 服从联合正态分布，$e_i$ 是 $\varepsilon$ 的线性组合，则 $\{e_1, e_2, \cdots, e_n\}$ 也会服从联合正态分布。前面基于残差平方和 $\sum_{i=1}^{n} e_i^2$ 构建了方差 $\sigma^2$ 的无偏估计量，有以下分布关系：

$$\frac{\sum_{i=1}^{n} e_i^2}{\sigma^2} = \frac{(n-2)\hat{\sigma}^2}{\sigma^2} \sim \chi^2(n-2)$$

即 $\frac{(n-2)\hat{\sigma}^2}{\sigma^2}$ 服从以自由度为 $(n-2)$ 的 $\chi^2$ 分布。之所以自由度损失2个，因为在计算估计量 $\hat{a}$ 和 $\hat{b}$ 时使用了两个一阶条件，对应残差的两个矩条件 $\sum_{i=1}^{n} e_i = 0$ 和 $\sum_{i=1}^{n} X_i e_i = 0$，此时对 $\{e_1, e_2, \cdots, e_n\}$ 而言，只要任意给出 $(n-2)$ 个残差，就可以借助两个矩条件计算出余下的2个残差。换言之，只有 $(n-2)$ 个残差是有效的样本。

可以看出，小样本分析的核心是对随机误差项给出相应的分布假设，从而可以推导出估计量的精确分布。

## 二、大样本：渐近分布

在实际分析中，很多金融数据带有"尖峰厚尾"的特征，此时假设随机误差项精确地服从正态分布，就很难具有合理性。

如果对随机误差项不给定分布假设，就难以给出参数估计量的精确分布。而假设检验又以参数估计量的分布为基础。这时，中心极限定理就有了用武之地。利用中心极限定理，就可以给出参数估计量的渐近分布，即参数估计量会依分布收敛于正态分布，用 $\xrightarrow{d}$ 表示。

这里不妨以 $\hat{b}$ 为例。同一致性与渐近有效性的分析类似，不妨假设解释变量 $X$ 带有随机性，同时有 $\mathrm{E}X_i\varepsilon_i=0$ 以保证参数估计量 $\hat{b}$ 的一致性，对样本施加一定条件的基础上，可以得到：

$$\sqrt{n}(\hat{b}-b) \xrightarrow{d} N(0, \frac{\mathrm{E}x_i^2\varepsilon_i^2}{(\mathrm{E}x_i^2)^2})$$

$\dfrac{\mathrm{E}x_i^2\varepsilon_i^2}{n(\mathrm{E}x_i^2)^2}$ 也被称为估计量 $\hat{b}$ 的渐近方差，还需要通过样本来构建对应总体矩的合适的估计量，这里不再展开讨论。

另一个问题是为何使用 $\sqrt{n}$ 左乘 $(\hat{b}-b)$，不妨这样理解：假设样本 $\{Y_1, Y_2, \cdots, Y_n\}$ 服从独立同分布，且 $Y_i \sim N(\mathrm{E}Y, \sigma^2)$，则平均值服从分布 $\bar{Y} \sim N(\mathrm{E}Y, \dfrac{\sigma^2}{n})$，在 $n$ 趋近于无穷时，方差就会趋近于0，正态分布就退化了，一种常见的调整就是用 $\sqrt{n}$ 左乘，以保证方差为正。

大样本下研究的是样本量趋近于无穷时的渐近分布，一般用 $\xrightarrow{d}$ 表示，这与小样本不同。小样本下对估计量推导出的是精确分布，一般用 ~ 表示。

## 第七节　做检验

### 一、零假设和备择假设

在一系列的假设，尤其是在联合正态分布假设下，最小二乘法估计量具有无偏性和有效性，并且服从正态分布。现在可以转向对总体回归模型中的参数 $a$、$b$ 进行假设检验的问题。

单独的参数估计本身没有太大意义，它是具有随机性样本的产物，而与参数估计同等重要的是对它的**假设检验**（hypothsis test）。金融理论常常蕴含对模型参数的约束，对金融理论的检验需要对这些约束进行检验。对于一元线性回归模型，金融理论可能蕴含着 $a=0$、$b<1$、$a+b=1$ 等约束，此时需要对参数的约束关系进行检验。例如，CAPM在理论上要求 $\alpha_i=0$，对CAPM的建模分析就需要对 $\alpha_i=0$ 进行检验。

回到一般的回归模型 $Y_i=a+bX_i+\varepsilon_i$ 中，以检验总体参数 $b=b_0$ 为例，对假设检验进行简要介绍，更为一般性的讨论见后续章节。假设检验一般有作假设、构造检验统计量、设置显著性水平、做出推断等步骤。

考虑待检验的命题 $b=b_0$，该命题就被称为零假设（null hypothesis），记作 $H_0$，假设检验的目的就是确认 $H_0$ 的真假。当可确认 $H_0$ 为假时就拒绝 $H_0$，选择并接受以下命题之一：（1）$b>b_0$（2）$b<b_0$（3）$b\neq b_0$。拒绝零假设后可供选择的命题称为备择假设（alternative hypothesis），记为 $H_1$。选择哪个命题作为

备择假设应该视情况而定。如果实际意义要求 $b>b_0$，则 $b>b_0$ 为备择假设，这也被称为单侧检验。如果备择假设为 $b \neq b_0$，则称相应的检验为双侧检验。

## 二、统计量构造

样本是从总体中抽取出来的，因此样本总含有总体的信息。但是样本所含的信息相对分散，一般不可以将其直接用于统计推断，需要对样本的信息进行加工，以样本函数的形式呈现出来，凭借样本函数对总体信息做出判断，这种样本函数就被称为统计量。

统计量至少具备两个特征：第一，可以通过样本直接计算出来；第二，它的概率分布是一个已知的分布，这样才可以进行检验。

如果 $H_0: b=b_0$ 成立，已知 $\hat{b}$ 服从正态分布，就可以构造标准正态分布统计量 $z$：

$$z = \frac{\hat{b}-b_0}{\sqrt{\sigma^2/\sum_{i=1}^{n} x_i^2}} \sim N(0,1)$$

但是，$z$ 不是一个便于使用的统计量，因为 $\hat{b}$ 的方差中，参数 $\sigma^2$ 的值未知，无法通过样本计算出 $z$ 的值。如果用样本方差 $\hat{\sigma}^2$ 来替代总体方差 $\sigma^2$，就不再是标准正态分布统计量，而是转化成了 $t$ 统计量，这是统计学家哥塞特的突出贡献，在此基础上才逐步发展出了完备的小样本理论体系。

由于 $\hat{\sigma}^2 \neq \sigma^2$，替换后不再是标准正态分布，新的 $t$ 统计量如下：

$$t = \frac{\hat{b} - b_0}{\sqrt{\hat{\sigma}^2 / \sum_{i=1}^{n} x_i^2}} \sim t(n-2)$$

$t$ 统计量需要满足三个基本条件：第一，分子的变量服从标准正态分布；第二，分母的变量服从卡方分布；第三，上下两个变量独立。对 $t$ 统计量进行调整，可以看出 $t$ 统计量至少已经满足前两个条件：

$$t = \frac{\hat{b} - b_0}{\sqrt{\hat{\sigma}^2 / \sum_{i=1}^{n} x_i^2}} = \frac{(\hat{b} - b_0) / \sqrt{\sigma^2 / \sum_{i=1}^{n} x_i^2}}{\sqrt{\frac{(n-2)\hat{\sigma}^2}{\sigma^2} / (n-2)}} = \frac{z}{\sqrt{\frac{(n-2)\hat{\sigma}^2}{\sigma^2} / (n-2)}}$$

上一节已表明：$\frac{(n-2)\hat{\sigma}^2}{\sigma^2} \sim \chi^2(n-2)$，此外还可以证明 $z$ 与 $\frac{(n-2)\hat{\sigma}^2}{\sigma^2}$ 独立，下一章将给出严谨的证明。$t$ 统计量的自由度与分母中卡方统计量的自由度相同，之所以损失2个自由度，因为在估计参数 $\hat{a}$ 和 $\hat{b}$ 时推导出了2个方程，这在推导卡方分布时已经给出说明，这里不再重复。

## 三、显著性水平和临界值

由于样本包含随机性，利用依赖于样本的检验统计量（如前面给出的 $t$）对零假设 $H_0$ 的真伪作出判断，可能会犯错。

理想的情形是当零假设 $H_0$ 为真时，接受；当零假设 $H_0$ 为伪时，拒绝。但是推断存在犯错误的可能。零假设 $H_0$ 为真，在假设检验中却拒绝了 $H_0$，即发生了"弃真"，这被称为第一类错误（type I error）；零假设 $H_0$ 为伪，在假设检验中却接受了 $H_0$，即发生了"存伪"，这被称为第二类错误（type II error）。

一般情况下都会希望犯这两类错误的可能性越低越好，但可惜的是，在样本个数既定的前提下，两类错误具有"此消彼长"的关系，也就是说，如果降低了犯第一类错误的可能性，就会增加犯第二类错误的可能性。

在做假设检验时，通常是首先选择可以接受犯第一类错误的最大概率，这个概率就被称为显著性水平（significance level），这也是回归中的检验经常被称为显著性检验的缘由。显著性水平一般用 $\alpha$ 表示，常见的数值选择为 1%、5%、10%，在实践中也经常用 "\*\*\*"、"\*\*" 和 "\*" 来表示估计量在相应的显著性水平下显著。

在假设检验中，由于设置了显著性水平，就知道了犯第一类错误的最大概率。但是，如果接受零假设，却并不知道犯第二类错误的可能性。一般也用 $\beta$ 表示犯第二类错误的概率，用 $(1-\beta)$ 表示检验的功效。

### 四、推断

以零假设为 $H_0: b = b_0$ 和备择假设 $H_1: b \neq b_0$ 为例，即以双边检验为例。

由于 $t$ 分布的密度函数曲线呈以0为中心的钟形，样本计算出的 $t$ 值的绝对值较大，就表明零假设 $b = b_0$ 为真的可能性很低，这不应该在一次抽样中被观察到，就应该拒绝零假设而选择备择假设。

如果设定显著性水平为 $\alpha$，$t(n-2)$ 分布的 $\alpha/2$、$1-\alpha/2$

分位数分别可以表示为 $t_{\alpha/2}$ 和 $t_{1-\alpha/2}$，又易知 $P(t \leqslant t_{\alpha/2})=1-\alpha/2$ 和 $P(|t|>|t_{\alpha/2}|)=\alpha$。如果样本得到的 $|t|>|t_{\alpha/2}|$，那么就可以在 $\alpha$ 的显著性水平上拒绝 $H_0$，接受备择假设 $H_1$。

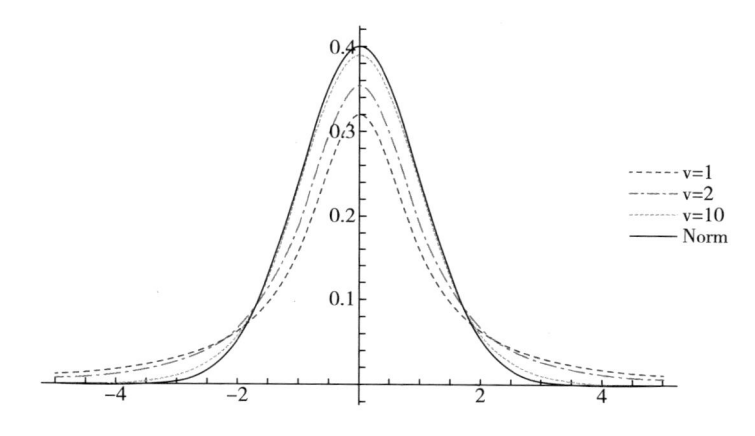

**图 1.2　不同自由度 v 的 t 分布密度函数**

图1.2为不同自由度 v 下的 t 分布密度函数，图1.3绘制了 $n=22$、$\alpha=5\%$ 时 t 检验的拒绝域和接受域：t 统计量位于在灰色的"接受域"，则无法拒绝零假设；当 t 统计量位于白色的"拒绝域"时，则拒绝零假设。

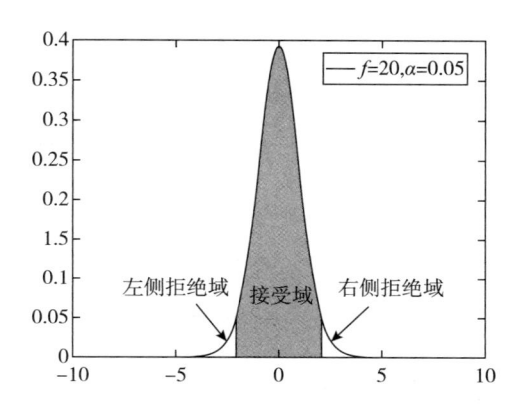

**图 1.3　t 检验（双边检验）**

## 五、p值

在假设检验时，p值（p-value）也是常用的一个检验指标。在前面分析中，要做出是否拒绝零假设 $H_0$ 的推断，依赖于所选取的显著性水平 $\alpha$，但 $\alpha$ 的设定是主观的。事实上，只要设定足够大的 $\alpha$，零假设 $H_0$ 总会被拒绝；只要设定足够小的 $\alpha$，零假设 $H_0$ 总不会被拒绝。对于一个给定的 $H_0$，$\alpha$ 的一个"临界值"就是 p 值。

p 值是零假设 $H_0$ 被拒绝的最小的 $\alpha$。p 值越小，意味着拒绝零假设而犯第一类错误的概率也越小。例如，$p=0.04$，则在显著性水平时 $\alpha=1\%$ 会接受 $H_0$，而在显著性水平 $\alpha=5\%$ 或 $\alpha=10\%$ 时，会拒绝零假设。因此，p 值比 t 检验提供了更多的信息量，如在显著性水平为 $\alpha=4.5\%$ 时也可以拒绝零假设。

## 六、其他统计量

用于检验的统计量，其选择取决于模型设定、零假设形式等具体情况。在一元线性回归模型中，另一个可行的检验统计量是 F 统计量。F 统计量在下一章的多元线性回归模型中比 t 统计量应用更广泛，这里做简要介绍。

已经知道 $z \sim N(0,1)$，则 $z^2 \sim \chi^2(1)$，而 $\frac{(n-2)\hat{\sigma}^2}{\sigma^2} \sim \chi^2(n-2)$，且 $z$ 与 $\frac{(n-2)\hat{\sigma}^2}{\sigma^2}$ 独立。那么 $z^2$ 和 $\frac{(n-2)\hat{\sigma}^2}{\sigma^2}$ 独立且均满足卡方分布，从而构造出满足 $F(1, n-2)$ 分布的 F 统计量：

$$F = \frac{z^2}{\frac{(n-2)\hat{\sigma}^2}{\sigma^2}/(n-2)} \sim F(1, n-2)$$

将 $z$ 的表达式代入，得到：

$$F = \frac{z^2}{\frac{(n-2)\hat{\sigma}^2}{\sigma^2}/(n-2)} = \frac{(\hat{b}-b)^2}{\hat{\sigma}^2/\sum_{i=1}^{n}x_i^2} \sim F(1, n-2)$$

注意到 $F = (\hat{b}-b_0)^2/(\hat{\sigma}^2/\sum_{i=1}^{n}x_i^2)$ 同样可以由样本计算得出且不含未知参数，因而便于检验。事实上，也可以看出，在一元线性回归模型中，统计量 $F$ 和 $t$ 之间满足如下关系：$F = t^2$。

这里 $F$ 满足的 $F(1, n-2)$ 分布是分布族 $F(k_1, k_2)$ 在 $k_1 = 1$ 时的特殊情形，在多元线性回归模型的假设检验中，将会构造分布族 $F(k_1, k_2)$ 中 $k_1 > 1$ 的其他检验统计量解决多参数约束的假设检验问题。

一般而言，小样本下以 $t$ 统计量和 $F$ 统计量为核心，大样本则以标准正态分布统计量 $z$ 和卡方统计量 $\chi^2$ 为核心，因为标准正态分布是 $t$ 分布的渐近分布，而 $F$ 统计量是以卡方统计量 $\chi^2$ 为基础构造的。

## 第八节　做预测

在通过显著性检验的基础上，可以利用回归方程 $\hat{Y} = \hat{a} + \hat{b}X$ 预测 $X = X_0$ 时被解释变量 $Y$ 的值：

$$\hat{Y}_0 = \hat{a} + \hat{b}X_0$$

注意，即使对于相同的 $X_0$，利用不同的样本 $\{(X_1,Y_1),...,(X_n,Y_n)\}$ 进行估计，得到 $\hat{a}$、$\hat{b}$ 后预测的 $\hat{Y}_0$ 不同，因为 $\hat{a},\hat{b}$ 是随机变量，$\hat{Y}_0$ 也是随机变量，因此有必要分析预测值 $\hat{Y}_0$ 的期望、方差及其分布。

首先，可以得到 $\hat{Y}_0$ 的期望：

$$\mathrm{E}\hat{Y}_0 = \mathrm{E}\hat{a} + \mathrm{E}\hat{b}X_0 = a + bX_0$$

其次，借助已求出的 $\mathrm{Var}(\hat{b})$、$\mathrm{Var}(\hat{a})$ 和 $\mathrm{Cov}(\hat{a},\hat{b})$，可以求出 $\hat{Y}_0$ 的方差：

$$\mathrm{Var}(\hat{Y}_0) = \mathrm{Var}(\hat{a} + \hat{b}X_0) = \frac{\sum_{i=1}^{n} X_i^2}{n\sum_{i=1}^{n} x_i^2}\sigma^2 + X_0^2 \cdot \frac{\sigma^2}{\sum_{i=1}^{n} x_i^2}$$

$$-2X_0 \frac{\sum_{i=1}^{n} X_i}{n\sum_{i=1}^{n} x_i^2}\sigma^2 = \frac{\sigma^2}{\sum_{i=1}^{n} x_i^2}\left(\frac{\sum_{i=1}^{n} X_i^2}{n} + X_0^2 - 2X_0\bar{X}\right)$$

又知 $\sum_{i=1}^{n} X_i^2 = \sum_{i=1}^{n} x_i^2 + n\bar{X}^2$，进一步化简，可得：

$$\mathrm{Var}(\hat{Y}_0) = \frac{\sigma^2}{\sum_{i=1}^{n} x_i^2}\left(\frac{1}{n}\sum_{i=1}^{n} x_i^2 + (\bar{X} - X_0)^2\right) = \frac{\sigma^2}{n} + \mathrm{Var}(\hat{b})(X_0 - \bar{X})^2$$

由于 $\hat{a}$、$\hat{b}$ 都满足正态分布，因此，$\hat{Y}_0 = \hat{a} + \hat{b}X_0$ 也满足正态分布。

$$\hat{Y}_0 \sim N\left(a + bX_0, \frac{\sigma^2}{n} + \mathrm{Var}(\hat{b})(X_0 - \bar{X})^2\right)$$

上式表明，$X_0$ 离样本中心 $\bar{X}$ 越远，预测值 $\hat{Y}_0$ 的方差也越大。特别地，若令 $X_0 = \bar{X}$，还可得到预测值就是 $\bar{Y}$，而预测值的方差为 $\sigma^2/n$，这也是 $\hat{Y}_0$ 的所有预测值中方差最小的，这也体现了样本平均值的重要性。

预测的一个重要作用是用于样本外检验。如果模型设定正确，已经观测到真实的 $Y_0$，它就应当满足上述推导出的正态分布，进而可以构造相应的假设检验来检验最初设定的模型。因此，样本外检验可以检验研究过程中是否存在过拟合。

## 第九节 区间估计

在前面的参数估计中，基本都是通过构造依赖于样本的函数 $\hat{a}$ 和 $\hat{b}$，来作为未知参数 $a$ 和 $b$ 的估计量，这又被称为点估计。在此基础上，一种常用的精度指标就是 $\hat{a}$ 和 $\hat{b}$ 的方差。但是，对精度描述最直接的方法，莫过于构造一个包含未知参数 $a$ 和 $b$ 在内的估计区间，这种新的估计就是区间估计，它可以用来代替原有的点估计。因此，点估计与区间估计是参数估计理论中的两个既有联系又有区别的分支。这里不妨以参数 $b$ 为例。

对于一个较小的参数 $\alpha(\in [0,1])$，作如下构造：

$$P\{\hat{b}_1(X,Y) \leqslant b \leqslant \hat{b}_2(X,Y)\} \geqslant 1-\alpha$$

称 $(1-\alpha)$ 为置信区间 $[\hat{b}_1(X,Y), \hat{b}_2(X,Y)]$ 的置信水平

（confidence level），称概率 $P\{\hat{b}_1(X,Y) \leq b \leq \hat{b}_2(X,Y)\}$ 为置信系数（confidence coefficient），区间端点 $\hat{b}_1(X,Y)$ 和 $\hat{b}_2(X,Y)$ 称为置信限（confidence limit）。

这里，$b$ 是一个真实存在的但无法知晓的数，没有随机性，但置信限 $\hat{b}_1(X,Y)$ 和 $\hat{b}_2(X,Y)$ 是通过样本给出的估算值，而样本中，被解释变量 $Y$ 带有随机性，因此，$[\hat{b}_1(X,Y),\hat{b}_2(X,Y)]$ 是一个随机区间。上式表明，被估计的真实参数 $b$ 落入随机区间 $[\hat{b}_1(X,Y),\hat{b}_2(X,Y)]$ 内，从长期看，至少 $100(1-\alpha)\%$ 是正确的。

$100(1-\alpha)\%$ 或 $(1-\alpha)$ 度量的是区间估计的可靠度的一面。但是除了区间的可靠度，还应该关注区间的精确度。比如，区间长度 $\hat{b}_2(X,Y)-\hat{b}_1(X,Y)$ 足够长，其可靠度可以很高，例如，猜测某人的岁数介于5岁至120岁之间，但此时意义显然不大。可靠度与精确度也是相互矛盾的两个侧面，正如假设检验中的第一类错误和第二类错误一样，因此在构建置信区间时，需要在可靠度与精确度二者之间寻求一个平衡。

与假设检验类似，在给定显著性水平 $\alpha$ 或者置信水平 $(1-\alpha)$ 时，使上式取等，这意味着置信水平被"充分使用"了，从而尽可能提高置信区间的精确程度：

$$P\{\hat{b}_1(X,Y) \leq b \leq \hat{b}_2(X,Y)\} = 1-\alpha$$

一个常用的构造是结合假设检验来进行构造，这里不妨以 $t$ 统计量双侧检验为例，在显著性水平 $\alpha$ 下，零假设为 $H_0: b=b_0$，则：

$$P\left\{\left|\frac{\hat{b}-b_0}{\sqrt{\hat{\sigma}^2/\sum_{i=1}^n x_i^2}}\right| \leq t_{\alpha/2}\right\} = 1-\alpha$$

这等价于：

$$P\{\hat{b}-t_{\alpha/2}\sqrt{\hat{\sigma}^2/\sum_{i=1}^{n}x_i^2} \leq b_0 \leq \hat{b}+t_{\alpha/2}\sqrt{\hat{\sigma}^2/\sum_{i=1}^{n}x_i^2}\}=1-\alpha$$

此时，$[\hat{b}-t_{\alpha/2}\sqrt{\hat{\sigma}^2/\sum_{i=1}^{n}x_i^2},\hat{b}+t_{\alpha/2}\sqrt{\hat{\sigma}^2/\sum_{i=1}^{n}x_i^2}]$ 就被称为置信水平 $(1-\alpha)$ 下的置信区间。

## 本章小结

本章以最简单的一元线性回归模型为例，分别介绍了金融计量学的六个核心步骤，即"实证六步"。

在假设层面，以最小二乘法为例，第三节首先给出了数据生成过程、解释变量外生、随机误差项期望为0的三个假设（假设1.1～1.3）。在求解参数估计量过程中，引入了解释变量带变异性的假设（假设1.4）。在推导估计量分布的过程中，引入同方差无自相关的球形扰动假设（假设1.5），在此基础上证明了高斯—马尔可夫定理，表明了最小二乘法的优越性。在推分布过程中，为给出小样本下的精确分布，引入了随机误差项的正态分布假设（假设1.6），对推导大样本下的渐近分布，也做了相应说明。假设的逐步引入，便于读者知晓每个假设的作用是什么。金融计量学的多种方法，都是随着假设的放宽而逐步深化的。

在算法层面，简要论述了最小二乘法、最小一乘法、矩估计法、最大似然估计法和贝叶斯估计法等各个参数估计算法的优缺点，以及算法前提假设所存在的差异。例如最小二乘法体现了算术平均数的思想，但稳健性较差；最小一乘法体现了中位数思想，虽然稳健性较好，但计算过程较为复杂，随着计算机科学的发展，在实际应用中也普遍使用。不同的算法各有优劣，又相互取长补短，在不同的时代梯次兴起。

在样本层面，本章简要介绍了小样本和大样本。小样本下，样本个数有限，参数估计量的性质以无偏性和有效性为核心，推出的参数估计量的分布是精确分布，假设检验则以 $t$ 统计量和 $F$ 统计量为主。大样本下，样本个数趋近于无穷，参数估计量的性质以一致性、渐近有效性为核心，推出的参数估计量的分布是渐近分布而非精确分布，如借助中心极限定理推导出的渐近正态分布，假设检验则以标准正态分布统计量 $z$ 和卡方统计量 $\chi^2$ 为核心。实际应用中，经常以对随机误差项是否给出了精确分布为区分点。小样本理论体系较为完善，但在计算机科学快速发展的背景下，大样本理论也逐步有了用武之地，而不是仅仅停留在理论探讨层面。

第二章和第三章中，将本章的单变量线性回归模型拓展到多元线性回归模型，第二章是基于小样本理论的分析，第三章则放宽随机误差项的假设，给出多元线性回归的大样本理论分析。在小样本理论、大样本理论的基础上，第四章对金融计量中常用的时间序列模型进行了简要解构。

## 本章练习题

1. 试推导：

（1） $e_i = \varepsilon_i - \sum_{j=1}^{n}(\frac{1}{n}+w_j x_i)\varepsilon_j$；

（2）球形扰动假设 $\text{Var}(\varepsilon_i) = \sigma^2$、$\text{Cov}(\varepsilon_i, \varepsilon_j) = 0, (i \neq j)$ 求 $e_i$ 的方差。

2．讨论一个不包含截距项的模型 $Y_i = bX_i + \varepsilon_i \ (i=1,2,\cdots,n)$，其中随机误差 $\varepsilon_i$ 满足本章其余假设。

（1）导出 $b$ 的最小二乘估计量的形式；

（2）导出最小二乘回归后的残差项 $e_i$ 的形式，试说明 $\sum_{i=1}^n e_i = 0$ 和 $\sum_{i=1}^n X_i e_i = 0$ 是否仍然成立，并加以解释；

（3）说明如何构造 $t$ 统计量对假设 $H_0: b = 0$ 进行检验。

3．正文中对高斯—马尔可夫定理的证明较为繁琐。利用 Cauchy-Schwarz 不等式 $\sum_{i=1}^n c_i^2 \sum_{i=1}^n d_i^2 \geq (\sum_{i=1}^n c_i d_i)^2$（当且仅当 $(c_1, c_2, \cdots, c_n)$ 与 $(d_1, d_2, \cdots, d_n)$ 线性相关时取等号）能简化证明过程。同正文一样，记 $\hat{a}^* = \sum_{i=1}^n \lambda_i Y_i$，$\hat{b}^* = \sum_{i=1}^n \delta_i Y_i$，

（1）利用 $\sum_{i=1}^n \delta_i = 0$，$\sum_{i=1}^n \delta_i X_i = 1$，证明 $\sum_{i=1}^n \delta_i x_i = 1$；

（2）利用（1）的结果，证明 $\operatorname{Var}(\hat{b}^*) = \sum_{i=1}^n \delta_i^2 \sigma^2 \geq \sigma^2 / \sum_{i=1}^n x_i^2$，并说明取等号的条件为 $\hat{b}^*$ 为最小二乘估计量；

（3）利用 $\sum_{i=1}^n \lambda_i = 1$，$\sum_{i=1}^n \lambda_i X_i = 0$，证明 $\sum_{i=1}^n (\lambda_i - \frac{1}{n}) x_i = -\bar{X}$；

（4）证明 $\operatorname{Var}(\hat{a}^*) = \sum_{i=1}^n \lambda_i^2 \sigma^2 = \sigma^2 (\sum_{i=1}^n (\lambda_i - \frac{1}{n})^2 + \frac{1}{n})$；

（5）利用（3）、（4）证明 $\operatorname{Var}(\hat{a}^*) \geq \sigma^2 (\dfrac{\bar{X}^2}{\sum_{i=1}^n x_i^2} + \dfrac{1}{n}) = \dfrac{\sum_{i=1}^n X_i^2 \sigma^2}{n \sum_{i=1}^n x_i^2}$，并说明取等号的条件为 $\hat{a}^*$ 为最小二乘估计量。

# 第二章
# 多元线性回归的小样本分析

## 第一节　什么是小样本

小样本与大样本是成对出现的两个概念。从命名角度看，小样本名称出现在前，大样本名称出现在后；从理论角度看，小样本理论出现在后，大样本理论出现反而在前。二者联系紧密。

20世纪之前，需要进行数据分析的主要是人口统计、经济统计与生物统计等领域，数据一般来源于自然采集或普查，数据量较大。分析数据所用的方法，基本都可以归结到基于中心极限定理的正态分布，如棣莫弗—拉普拉斯中心极限定理。高尔顿研究遗传时又为数据分析引入了回归和相关两个概念。他的学生皮尔逊在继承这些概念的基础上，基于对总体的经验分布，发展出了矩估计理论，这实际上就是以大样本为分析基础。

但是到20世纪初，受控制的实验条件开始具备。由于数据量不大，一般只有几十个，依赖于近似正态分布的检验方法开始受到质疑。英国统计学家哥塞特（William Gosset），当时还在爱尔兰的一家酿酒厂工作,在分析数据时发现,如果总体服从正态分布,样本均值的分布虽然在样本量很大时接近正态分布,二者并不一致。他于1908年在《生物统计》上以笔名"学生"(Student)发表的《均值的或然误差》,引起了学界对大小样本划分的重视。费歇尔在此基础上又做了进一步推广,逐步形成了完备的小样本理论体系。

对小样本分析的理解,需要注意以下几点。

第一,小样本与大样本的划分,并非以样本数量为标准。也就是说,不能称样本量只有十几个或几十个的情形是小样本。多少个样本称为小样本,没有一个客观标准。

第二,小样本分析并不否定大样本分析,而是可以视为从大样本分析中分离出来的。可以看到,小样本不仅不否定正态分布的重要性,反而加强了正态分布的地位。小样本分析常用的统计量,无论是$t$统计量还是$F$统计量,其构建都以正态分布为基础。小样本分析与大样本分析的这种兼容性,从第二章与第三章的分析中可以看出。二者更像是一种互补体系而非对立体系。

第三,小样本分析以估计量的精确分布为核心,大样本分析以估计量的渐近分布为核心,这或许是二者最重要的区别。小样本分析由于存在精确分布,估计量一般具有无偏性、有效性等性质,但使用小样本分析的前提假设过于严格,在实际使用中常常受到限制。以第一章最小二乘法估计量为例,小样本下可以对参数估计量推导出精确的分布,检验则以$t$统计量和$F$统计量为核心。而$t$统计量的渐近分布是标准正态分布,$F$统计量的渐近分布可以转化为卡方分布,这可以近似看做实际应用中大小样本分析的区别。但是同样可以看到,$t$统计量和$F$统计量的构建,又都涉及到标准正态分布和卡方分布。

本章以小样本分析为主体，以最小二乘法为主线，推导估计量的精确分布，并构建 $t$ 统计量和 $F$ 统计量对参数估计量和金融计量回归模型进行检验。

## 第二节　多元线性回归模型的矩阵表达

### 一、多元线性回归模型

上一章以一元线性回归模型为例，本章将拓展至多元线性模型，亦即上一章的分析是本章分析的特例。多元线性回归模型可以应用于金融理论中的APT模型，但是不应将CAPM模型视为APT模型的特例。两个理论模型的前提假设不同，CAPM模型里的参数都有精确的金融理论含义，而且是精确定价公式；APT模型更接近统计模型，是一个近似定价公式。

解释变量为 $k$ 个的多元线性回归模型表示如下：

$$y_i = \beta_1 + \beta_2 x_{i2} + \cdots + \beta_k x_{ik} + \varepsilon_i, \quad i=1,2,\cdots,n$$

这里为方便起见，定义 $x_{i1} \equiv 1(i=1,2,\cdots,n)$，即对第一个解释变量 $x_{i1}$，它的观测值始终为 1。上式可以进一步简化表示为：

$$y_i = \sum_{j=1}^{k} \beta_j x_{ij} + \varepsilon_i, \quad i=1,2,\cdots,n$$

显然，多元线性回归模型中含有 $k$ 个参数 $(\beta_1, \beta_2, \cdots, \beta_k)$ 和 $k$ 个解释变量 $(x_{i1}, x_{i2}, \cdots, x_{ik})$，由于解释变量多个，因此被称为多元线性回归模型。

## 二、矩阵表达

在上一章的分析中，可以看出一些推导过程，这里不妨引入矩阵代数，以简化分析。

首先，定义被解释变量 $Y$、参数 $\beta$ 和随机误差项 $\varepsilon$ 三个列向量：

$$Y \triangleq (y_1, y_2, \cdots, y_n)', \quad \beta \triangleq (\beta_1, \beta_2, \cdots, \beta_k)', \quad \varepsilon \triangleq (\varepsilon_1, \varepsilon_2, \cdots, \varepsilon_n)'$$

符号"'"表示转置。金融计量学中，一般都使用列向量，不常使用行向量，这是使用的习惯问题。

其次，定义解释变量矩阵 $X$：

$$X \triangleq \begin{pmatrix} x_{11} & x_{12} & \cdots & x_{1k} \\ x_{21} & x_{22} & \cdots & x_{2k} \\ \vdots & \vdots & & \vdots \\ x_{n1} & x_{n2} & \cdots & x_{nk} \end{pmatrix} = \begin{pmatrix} x_1' \\ x_2' \\ \vdots \\ x_n' \end{pmatrix}$$

注意，$X$ 是一个 $n \times k$ 矩阵，其中 $x_i' = (x_{i1}, x_{i2}, \cdots, x_{ik})$ 表示第 $i$ 个解释变量样本，也是矩阵 $X$ 的行向量。这里不妨用 $i$ 表示样本，用 $j$ 表示解释变量。

多元线性回归模型的矩阵表达式如下：

$$Y = X\beta + \varepsilon = X_{n \times k} \beta_{k \times 1} + \varepsilon_{n \times 1}$$

或者，也可以表示成单个样本的形式：

$$y_i = x_i'\beta + \varepsilon_i \ (i = 1, 2, \cdots n)$$

这两种表示方法等价。对于初次接触矩阵代数的读者而言，不妨将每个矩阵或列向量的行数与列数标注上，这有助于对矩阵代数的理解与应用。

最后，一般模型中包含截距项，因此矩阵 $X$ 的第一列全部为 1，对应的系数 $\beta_1$ 就是模型中的截距项。为统一起见，不妨将矩阵 $X$ 的第一列记为 $l$，它是所有元素为 1 的 $n$ 维向量，即 $l = (1, 1, \cdots, 1)'$。

## 第三节　设模型

### 一、数据生成过程假设

可以将一元线性回归模型的全部假设直接推广至多元线性回归模型中。相应的数据生成过程（DGP）如下：

**假设 2.1（数据生成过程）**：DGP 为：$y_i = x_i'\beta + \varepsilon_i$，$i = 1, 2, \cdots n$。

## 二、解释变量的秩条件假设

若样本数据中的解释变量是可控制的，则样本数据是一组实验数据，否则称为非实验数据或观察数据。显然，金融数据常常是非实验数据，以某个证券当前的价格为例，它既是一个受多种因素影响的随机变量，因为时间具有不可逆性，又是一个只出现一次的实现值。影响该证券价格的多种因素，也基本都是随机变量，而且只出现一次。

在上一章中，直接假设解释变量 $X$ 外生并具有一定的变异性，参数估计会相对较简单。如果解释变量 $X$ 带有随机性，就会给参数估计带来很多复杂性。这里不妨借助矩估计方法来展开分析。

由于 $x_i'$ 是 $1 \times k$ 的行向量，借助初等矩阵知识难以进行分析，不妨在回归模型的两边同时左乘 $x_i$：

$$x_i y_i = x_i x_i' \beta + x_i \varepsilon_i$$

上式两边同时取期望：

$$\mathrm{E}\, x_i y_i = \mathrm{E}\, x_i x_i' \beta + \mathrm{E}\, x_i \varepsilon_i$$

如果 $x_i$ 外生，不带有随机性，此时就可以简化为：$x_i \mathrm{E}\, y_i = x_i x_i' \beta + x_i \mathrm{E}\, \varepsilon_i$，给定 $\mathrm{E}\, \varepsilon_i = 0$，参数值 $\beta$ 就可以表示为：$\beta = (x_i x_i')^{-1}(x_i \mathrm{E}\, y_i)$，这时候建立相应的样本矩求和，就可以估计出参数 $\beta$。显然，解释变量带有变异性是为了保证矩阵 $x_i x_i'$ 可逆。这就是解释变量不带有随机性的优势所在，变异性仅用于保证可逆。

但在此处，只有参数 $\beta$ 是真实值，不带有随机性，被解释变量

$y_i$、解释变量 $x_i$ 和随机误差项 $\varepsilon_i$ 都带有随机性,解释变量 $x_i$ 就不能简单地提取到期望算子的外面,如 $\mathrm{E}\, x_i\varepsilon_i \neq x_i \mathrm{E}\,\varepsilon_i$。因此,要求解参数 $\beta$,需要增加两个基本假设: $\mathrm{E}\, x_i\varepsilon_i = 0$ 和 $\mathrm{E}\, x_i x_i'$ 可逆。在这两个假设基础上,参数 $\beta$ 可以表示成:

$$\beta = (\mathrm{E}\, x_i x_i')^{-1} \mathrm{E}\, x_i y_i$$

因此,需要对解释变量 $X$ 施加条件,使矩阵 $\mathrm{E}\, x_i x_i'$ 可逆。一个简单的限制是矩阵 $\mathrm{E}\, x_i x_i'$ 有限、正定,同时使对应的样本矩 $n^{-1}\sum_{i=1}^{n} x_i x_i'$ 能够依某种方式收敛至总体矩 $\mathrm{E}\, x_i x_i'$,如几乎处处收敛、依概率收敛等,这里不妨使用依概率收敛的方式。矩阵 $\mathrm{E}\, x_i x_i'$ 可逆,实际上要求该矩阵满秩,即矩阵的秩与解释变量的个数相等: $\mathrm{rank}(\mathrm{E}\, x_i x_i') = k$,因此又被称为秩条件。同时,注意到 $\mathrm{E}\, x_i x_i'$ 是半正定矩阵,因此正定也就意味着满秩,可以保证矩阵 $\mathrm{E}\, x_i x_i'$ 可逆。

**假设2.2(随机解释变量的秩条件)**: $\dfrac{1}{n}\sum_{i=1}^{n} x_i x_i' = \dfrac{1}{n} X'X \xrightarrow{p} \mathrm{E}\, x_i x_i'$, $\mathrm{E}\, x_i x_i'$ 有限、正定。

换句话讲,解释变量 $X$ 是依概率列满秩的随机矩阵。这里,"$\xrightarrow{p}$"表示依概率收敛,实际上已经涉及了"样本矩在何种条件下以何种方式收敛至总体矩"的大数定理。可以这样来理解: 因为解释变量 $X$ 带有随机性,不能保证在任意的 $n$ 下,$(n^{-1}\sum_{i=1}^{n} x_i x_i')$ 均可逆,但在 $n$ 很大时,基本能够保证 $(n^{-1}\sum_{i=1}^{n} x_i x_i')$ 可逆。第三章会详细解释这个假设。

### 三、随机误差项的条件期望假设

重新回到取期望的等式 $\mathrm{E}\, x_i y_i = \mathrm{E}\, x_i x_i' \beta + \mathrm{E}\, x_i \varepsilon_i$ 中,要求解参数 $\beta$,需要用到 $\mathrm{E}\, x_i \varepsilon_i = 0$ 的假设,而求解该期望显然就涉及到解释变量 $X$ 与随机误差项 $\varepsilon$ 的联合分布。最简单的情形是 $X$ 不带有随机性,这时仅分析随机误差项 $\varepsilon$ 即可。

在 $X$ 与 $\varepsilon$ 都带有随机性的前提下,另一种简化是假设 $X$ 与 $\varepsilon$ 独立,这时候可以看出 $\mathrm{E}\, x_i \varepsilon_i = \mathrm{E}\, x_i\, \mathrm{E}\, \varepsilon_i = 0$,同样可以转化为仅仅分析 $\varepsilon$。但两个随机变量独立表明,影响 $X$ 取值的随机因素与影响 $\varepsilon$ 取值的因素没有什么关系,而在实际中,极有可能存在某一随机因素同时影响到这两个随机变量的取值。因此,独立性假设很难符合现实要求,过于严格。

而要分析 $X$ 与 $\varepsilon$ 的联合分布,这并不现实,基本都借助大样本理论进行分析。一种折中的考虑是使用条件期望,即在 $X$ 已发生的前提下,对 $\varepsilon$ 进行假设,这样同样可以得到 $\mathrm{E}\, x_i \varepsilon_i = 0$。

**假设2.3(零条件期望):** $\mathrm{E}(\varepsilon \mid X) = 0$。

这里不对条件期望的本质展开深入讨论,可以这样理解:随机变量 $X$ 先于随机误差项 $\varepsilon$ 发生,使用条件期望可以从"技术"角度将 $X$ 视为已发生,从而不再具有随机性。

借助迭代期望定理(证明见本章附录),可以得出 $\mathrm{E}\, x_i \varepsilon_i = 0$:

$$\mathrm{E}(x_i \varepsilon_i) = \mathrm{E}[\mathrm{E}(x_i \varepsilon_i \mid X)] = \mathrm{E}\, x_i [\mathrm{E}(\varepsilon_i \mid X)] = 0$$

同样也可以推出 $\mathrm{E}\, \varepsilon_i = 0$:

$$\mathrm{E}\, \varepsilon_i = \mathrm{E}[\mathrm{E}(\varepsilon_i \mid X)] = 0$$

这表明，随机误差项的条件期望为0假设比无条件期望为0假设更强，即 $E(\varepsilon|X)=0$ 比条件 $E\varepsilon_i=0$ 强。因此，该假设同样是一个极为严格的假设，它排除了许多动态模型的设定。可以看出：

$$E(x_j\varepsilon_i) = E[E(x_j\varepsilon_i|X)] = E\, x_j[E(\varepsilon_i|X)] = 0$$

这表明随机误差项 $\varepsilon_i$ 不仅与当期解释变量 $x_i$ 不相关，还与解释变量的过去和未来不相关。考虑一个简单的动态模型：$y_i = \beta_1 + \beta_2 y_{i-1} + \varepsilon_i$，此时 $x_i = (1, y_{i-1})'$，由于 $E(y_i\varepsilon_i) \neq 0$，易得 $E(x_{i+1}\varepsilon_i) \neq 0$。因此 $E(\varepsilon|X)=0$，实质上排除了很多动态模型的设定。

随机误差项的条件期望为0，是参数估计量 $\hat{\beta}$ 具备无偏性的关键假设，下文的技术环节将会体现这一点。

## 四、随机误差项的条件球形扰动假设

在一元线性回归模型中，推导高斯—马尔可夫定理，对随机误差项施加了同方差与无自相关假设，又称之为球形扰动假设。"球形"可以这样来理解：每个样本所含的信息量相同，正如球面上的各个点到球心的距离相等一样。同样以条件期望的形式给出：

**假设2.4（条件球形扰动）**： $\operatorname{Var}(\varepsilon|X) = \sigma^2 I_n$。

这一假设表明，随机误差项的条件方差—协方差矩阵的主对角线元素都是 $\sigma^2$，即满足条件同方差： $\operatorname{Var}(\varepsilon_i|X) = \sigma^2$；其余元素均为0，即满足条件无自相关： $\operatorname{Cov}(\varepsilon_i, \varepsilon_j|X) = 0 (i \neq j)$。

与上一章的分析类似，条件球形扰动假设是证明高斯—马尔可夫定理的关键。

## 五、随机误差项的条件正态分布假设

为了构建统计量对参数关系进行检验,需要给出随机误差项的分布信息。同上一章类似,本章给出条件正态分布假设。

**假设2.5（条件正态分布）**: $\varepsilon | X \sim N(0, \sigma^2 I_n)$。

显然,条件正态分布假设实质上蕴含了零条件期望假设和条件球形扰动假设,只有在推分布的环节中才会使用到分布信息。

下表总结了一元线性回归模型与多元线性回归模型的假设对应关系:

|  | 一元线性回归 | 多元线性回归 |
| --- | --- | --- |
| DGP | $y = a + bx + \varepsilon$ | $Y = X\beta + \varepsilon$ |
| 解释变量 | $x$ 外生、有变异性 | $X$ 依概率列满秩 |
| 随机项期望 | $E\varepsilon = 0$ | $E(\varepsilon \| X) = 0$ |
| 球形扰动 | $Var(\varepsilon) = \sigma^2 I_n$ | $Var(\varepsilon \| X) = \sigma^2 I_n$ |
| 正态分布 | $\varepsilon \sim N(0, \sigma^2 I_n)$ | $\varepsilon \| X \sim N(0, \sigma^2 I_n)$ |

有了上一章的基础,本章一次性给出最小二乘法所需要的五个基本假设,下面进行最小二乘法的技术分析。

# 第四节 估参数

## 一、参数估计

最小二乘法下的优化问题是,寻求一条拟合直线,使得各样

本点与该拟合直线的垂直距离平方和最小,简称为残差平方和最小,亦即估计量满足:

$$\hat{\beta} = \arg\min_{\tilde{\beta}} S(\tilde{\beta}) = \sum_{i=1}^{n}(y_i - x_i'\tilde{\beta})^2 = (Y - X\tilde{\beta})'(Y - X\tilde{\beta})$$

展开 $S(\tilde{\beta})$ 有:

$$S(\tilde{\beta}) = (Y - X\tilde{\beta})'(Y - X\tilde{\beta}) = Y'Y + \tilde{\beta}'X'X\tilde{\beta} - 2Y'X\tilde{\beta}$$

$S(\tilde{\beta})$ 在 $\hat{\beta}$ 取最小值的一阶必要条件为:

$$\frac{dS(\tilde{\beta})}{d\tilde{\beta}}\Big|_{\tilde{\beta}=\hat{\beta}} = -2X'Y + 2X'X\hat{\beta} = 0$$

整理可得:

$$X'X\hat{\beta} = X'Y$$

这也被称为最小二乘法的正规方程组,如果将其用单个样本的形式展开,就是包含 $k$ 个未知数的 $k$ 个方程。

同时,考虑二阶充分条件:

$$\frac{d^2 S(\tilde{\beta})}{d\tilde{\beta}d\tilde{\beta}'}\Big|_{\tilde{\beta}=\hat{\beta}} = 2X'X$$

在常见的单变量的优化问题中,如果二阶导数大于0,就表明目标函数取得最小值。而在多变量的优化问题里,目标函数取得最小值的二阶条件就是要求矩阵正定,即矩阵的所有特征值都为正。

解释变量的秩条件表明样本 $X$ 可以视为列满秩,进而 $X'X$ 可逆且正定,二阶充分条件满足。最小二乘法下的参数估计量为:

$$\hat{\beta} = (X'X)^{-1}X'Y$$

假设2.1和假设2.2表明，使残差平方和最小的估计量 $\hat{\beta}$ 不仅存在，而且唯一。

## 二、投影矩阵与几何含义

1. 投影矩阵

给定最小二乘法下的估计量 $\hat{\beta}$ 后，就可以得到拟合值 $\hat{Y}$ 与残差 $e$：

$$\hat{Y} = (\hat{y}_1, \hat{y}_2, \cdots, \hat{y}_n)' = X\hat{\beta} = X(X'X)^{-1}X'Y = PY$$

$$e = (e_1, e_2, \cdots, e_n)' = Y - \hat{Y} = (I_n - X(X'X)^{-1}X')Y = MY$$

其中 $I_n$ 是 $n$ 阶单位矩阵，同时定义两个新的矩阵：

$$P = X(X'X)^{-1}X', \quad M = I_n - X(X'X)^{-1}X'$$

进而被解释变量 $Y$ 可以分解为：

$$Y = \hat{Y} + e = PY + MY$$

显然 $P + M = I_n$。

因此，对被解释变量左乘矩阵 $P$，就可以得到被解释变量 $Y$ 的拟合值 $\hat{Y}$。对被解释变量左乘矩阵 $M$，就可以得到残差值 $e$。$P$ 和 $M$ 这两个矩阵之后会经常使用，这里简要分析它们的性质。

**性质1**：$P$ 和 $M$ 都是幂等对称矩阵。

容易证明，$P' = P$，$M' = M$，$P^2 = P$，$M^2 = M$，因而 $P$ 和

$M$ 都是幂等对称矩阵。数学上一般把幂等对称矩阵称为投影矩阵（projection matrix），显然 $P$ 和 $M$ 都是投影矩阵，又因为 $M$ 左乘 $Y$ 可以得到残差，有时也把 $M$ 称为残差制造矩阵（residual maker）。矩阵 $P$ 实际上是将向量 $Y$ 投影到 $X$ 列向量张成空间上的投影矩阵。矩阵 $M$ 称为残差制造矩阵，主要是为了强调 $e = MY$ 是无法被 $X$ 解释的部分，而 $\hat{Y} = PY$ 是被解释变量 $Y$ 能被 $X$ 解释的部分。

**性质2**：$PX = X$，$MX = 0$。

显然，$PX = X(X'X)^{-1}X'X = X$，$MX = (I_n - P)X = X - X = 0$。

由于矩阵 $P$ 将任意向量变换为其在 $X$ 上的投影，因而 $X$ 在 $P$ 的作用下不变，因而 $PX = X$，$MX = 0$。

**性质3**：$MY = M\varepsilon$。

因为 $MX = 0$，$MY = M(X\beta + \varepsilon) = M\varepsilon$，注意到矩阵 $X$ 的第一列是 $l = (1,1,\cdots,1)'$，那么还有 $Ml = 0$。

此外，还可得到 $e'X = Y'MX = 0$。这意味着 $\sum_{i=1}^{n} e_i x_{ij} = 0 (j = 1, 2, \cdots k)$，即残差 $e$ 和 $X$ 的每一列正交。特别地，由于 $X$ 的第一列为 $l$，因而 $l'e = \sum_{i=1}^{n} e_i = 0$，即当模型中包含常数项时，最小二乘法得到的残差和为0。

**性质4**：矩阵 $P$、$M$ 正交，即 $MP = PM = 0$。

事实上，$PM = X(X'X)^{-1}X'M = X(X'X)^{-1}(MX)' = 0$，$MP = (PM)' = 0$。

**2. 投影的几何意义**

由 $\mathrm{E}(Y|X) = X\beta$ 可以看出，多元线性回归的目的在于，将本来为 $n$ 维的 $\mathrm{E}(Y)$ 约束在不超过 $k$ 维的子空间内。

由 $P+M=I_n$， $PM=0$， $Y=PY+MY$，可以看出 $Y$ 分成了两部分：拟合值 $\hat{Y}=PY$ 和残差 $e=MY$。由 $\hat{Y}'e=(PY)'MY=Y'P'MY=Y'PMY=0$，可以看出这两部分还是正交的。

可以将 $\hat{Y}$ 视为 $Y$ 在 $X$ 的列向量，即 $k$ 个解释变量，张成的空间上的投影。也就说，既然 $\hat{Y}$ 已经限制在了 $X$ 张成的空间中，剩下的任务就是选择 $\hat{\beta}$ 使得 $\hat{Y}=X\hat{\beta}$。

从另一个角度看，已知 $\mathrm{E}(Y|X)$ 在 $X$ 张成的空间中，但是实际观测的 $Y$ 不一定在该空间中。为了用 $Y$ 来估计 $\mathrm{E}(Y|X)$，最直接的想法是在 $X$ 张成的空间中寻找一个 $\hat{Y}$，使得 $Y$ 到 $\hat{Y}$ 的距离尽可能小，这只有在 $\hat{Y}$ 为 $Y$ 在 $X$ 张成的空间中的投影才能实现。这同时表明了 $\hat{\beta}$ 的存在性，而且如果 $X$ 满列秩，这样的 $\hat{\beta}$ 还具有唯一性。

后面分析将会指出，投影矩阵 $P=X(X'X)^{-1}X'$ 的秩为 $k$，投影矩阵 $M=I-X(X'X)^{-1}X'$ 的秩为 $n-k$，两个矩阵的维度之和就是 $\mathrm{E}(Y)$ 的维度。$Y$ 经过矩阵 $P$ 投影到 $k$ 维的 $X$ 张成的空间中，经过矩阵 $M$ 投影到 $n-k$ 的残差 $e$ 张成的空间中。这两个空间不但正交，而且互补。

以两个解释变量为例，最小二乘法得到的拟合值 $\hat{Y}$ 是向量 $Y$ 到 $X_1$ 和 $X_2$ 张成的平面上的投影。

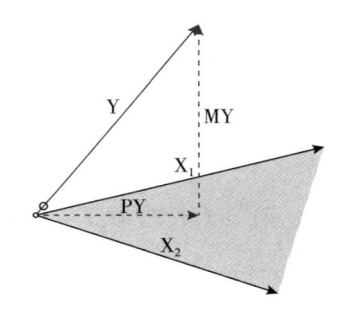

图 2.1　最小二乘法的几何含义

这也有助于理解 $l'e=0$、$X'e=0$、$\hat{Y}'e=0$ 等一组关系。

### 三、决定系数

利用 $PY$ 和 $MY$ 的正交性，容易得到下面的"勾股定理"：

$$Y'Y = (PY+MY)'(PY+MY) = \hat{Y}'\hat{Y} + e'e$$

由此可以引出拟合优度的度量，即非中心化的 $R_{uc}^2$（uncentered $R^2$）：

$$R_{uc}^2 = \frac{\hat{Y}'\hat{Y}}{Y'Y} = 1 - \frac{e'e}{Y'Y}$$

除非中心化的 $R_{uc}^2$ 外，还可用中心化 $R^2$（又称决定系数）来体现拟合优度，即解释变量的变异能够多大程度反映被解释变量的变异。

为便于讨论，引入中心化矩阵 $M_o = I_n - l(l'l)^{-1}l' = I_n - \frac{1}{n}ll'$，$l$ 是每个元素都为1的列向量 $l=(1,1,\cdots,1)'$，易知 $M_o$ 也是一个幂等对称矩阵，它可以将任意的向量转化为其与均值的离差的形式。例如：

$$M_o Y = (y_1 - \bar{y}, y_2 - \bar{y}, \cdots, y_n - \bar{y})', \quad \bar{y} = \frac{1}{n}\sum_{i=1}^{n} y_i$$

考虑样本的离差总平方和：

$$\sum_{i=1}^{n}(y_i - \bar{y})^2 = (M_o Y)' M_o Y = Y' M_o Y$$

而拟合值的离差平方和表示为：

$$\sum_{i=1}^{n}(\hat{y}_i - \overline{\hat{y}})^2 = \hat{Y}'M_o\hat{Y}, \quad \overline{\hat{y}} = \frac{1}{n}\sum_{i=1}^{n}\hat{y}_i$$

残差平方和为：

$$\sum_{i=1}^{n}e_i^2 = e'e = e'M_o e$$

其中 $e'e = e'M_o e$ 用到了残差的平均值为0这一结论，即 $e = M_o e$，利用 $\hat{Y}'M_o e = \hat{Y}'e = 0$ 可得：

$$Y'M_o Y = (\hat{Y}+e)'M_o(\hat{Y}+e) = \hat{Y}'M_o\hat{Y} + e'e$$

这样就可以定义决定系数 $R^2$：

$$R^2 = \frac{\hat{Y}'M_o\hat{Y}}{Y'M_o Y} = 1 - \frac{e'e}{Y'M_o Y}$$

$R^2$ 还有一个含义是 $Y$ 与 $\hat{Y}$ 的样本相关系数的平方 $\hat{\rho}_{Y,\hat{Y}}^2$，只要注意到 $\hat{Y}'M_o e = 0$，故 $\hat{Y}'M_o Y = \hat{Y}'M_o(\hat{Y}+e) = \hat{Y}'M_o\hat{Y}$，那么：

$$\hat{\rho}_{Y,\hat{Y}}^2 = \frac{(\hat{Y}'M_o Y)^2}{Y'M_o Y \cdot \hat{Y}'M_o\hat{Y}} = \frac{(\hat{Y}'M_o\hat{Y})^2}{Y'M_o Y \cdot \hat{Y}'M_o\hat{Y}} = \frac{\hat{Y}'M_o\hat{Y}}{Y'M_o Y} = R^2$$

但决定系数 $R^2$ 也有不足，当增加解释变量的个数时，$R^2$ 会越大，即使新增加的解释变量对被解释变量并不满足任何金融理论的逻辑。因此，$R^2$ 不适合用于比较解释变量个数不同的模型的拟合程度。调整 $\overline{R}^2$ 修正了 $R^2$ 的这一不足。

调整 $\overline{R}^2$ 的形式如下：

$$\overline{R}^2 = 1 - \frac{e'e/(n-k)}{Y'M_o Y/(n-1)}$$

从 $R^2$ 定义式可看出，增加解释变量会减小 $e'e$，从而使 $R^2$ 增大。但对于 $\bar{R}^2$，增加解释变量个数 $k$ 来减小 $e'e$ 的同时，也会使 $n-k$ 降低，因此 $\bar{R}^2$ 不一定增大，甚至有可能减小。

## 第五节　论性质

### 一、无偏性

无偏性和有效性是小样本分析中最重要的性质，这里从无偏性分析出发。对估计量 $\hat{\beta}$ 稍作整理，可以得到：

$$\hat{\beta} = (X'X)^{-1}X'Y = \beta + (X'X)^{-1}X'\varepsilon$$

显然，直接求解期望，会涉及到解释变量 $X$ 和随机误差项 $\varepsilon$ 的联合分布问题，这时候，可以首先求条件期望，再借助迭代期望定理求无条件期望。

$$E(\hat{\beta}|X) = \beta + (X'X)^{-1}X'E(\varepsilon|X) = \beta$$

这里用到了假设2.3，即随机误差项的条件期望为0。由于条件期望会假设解释变量 $X$ 已发生，此时可以近似认为 $X$ 不存在随机性，即在技术层面当非随机的变量处理。

在条件期望的基础上，借助迭代期望定理，可得：

$$E(\hat{\beta}) = E(E(\hat{\beta}|X)) = E\beta = \beta$$

这就证明了估计量 $\hat{\beta}$ 的无偏性。

## 二、有效性

要了解估计量的精确程度，除了无偏性，还需要计算估计量的方差，即估计量的方差—协方差矩阵。

首先，考虑条件方差—方差协方差矩阵：

$$\begin{aligned}\mathrm{Var}(\hat{\beta}\,|\,X) &= \mathrm{E}((\hat{\beta}-E\hat{\beta})(\hat{\beta}-E\hat{\beta})'\,|\,X) \\ &= \mathrm{E}(((X'X)^{-1}X'\varepsilon)((X'X)^{-1}X'\varepsilon)'\,|\,X) \\ &= (X'X)^{-1}X'\mathrm{E}(\varepsilon\varepsilon'\,|\,X)X(X'X)^{-1}\end{aligned}$$

要想进一步求解，必须引入随机误差项 $\varepsilon$ 的假设。此时，可以引入条件球形扰动假设，即假设2.4。由 $\mathrm{E}(\varepsilon\,|\,X)=0$，知 $\mathrm{E}(\varepsilon\varepsilon'\,|\,X)=\mathrm{Var}(\varepsilon\,|\,X)=\sigma^2 I_n$。代入上式可得：

$$\mathrm{Var}(\hat{\beta}\,|\,X) = (X'X)^{-1}X'\sigma^2 I_n X(X'X)^{-1} = \sigma^2(X'X)^{-1}$$

不妨进一步分析估计量的无条件方差，由方差公式 $\mathrm{Var}(\hat{\beta}) = \mathrm{E}(\mathrm{Var}(\hat{\beta}\,|\,X)) + \mathrm{Var}(\mathrm{E}(\hat{\beta}\,|\,X))$ 可知：

$$\mathrm{Var}(\hat{\beta}) = \sigma^2\,\mathrm{E}(X'X)^{-1}$$

要进一步计算无条件方差 $\mathrm{Var}(\hat{\beta})$，就需要求解 $\mathrm{E}(X'X)^{-1}$，就涉及到解释变量的概率分布。本章只讨论 $\mathrm{Var}(\hat{\beta}\,|\,X)$，而不涉及对 $\mathrm{Var}(\hat{\beta})$ 的讨论。同时，也可以看出，迭代期望定理在应用过程中的便利性，要求出无条件期望，可以先求条件期望，再借助迭代期望定理推导无条件期望。但是，不存在"迭代方差定理"，因而只能分析条件方差。

这里不妨以第一章为例,来看矩阵代数的便捷性。在一元线性回归模型中,$\beta=(a,b)'$,$\hat{\beta}=(\hat{a},\hat{b})'$,则:

$$X'X = \begin{pmatrix} n & \sum_{i=1}^{n} X_i \\ \sum_{i=1}^{n} X_i & \sum_{i=1}^{n} X_i^2 \end{pmatrix}$$

因为简化假设$X$外生,可以一次性地算出:$\text{Var}(\hat{a})$,$\text{Var}(\hat{b})$和$\text{Cov}(\hat{a},\hat{b})$。

$$\begin{aligned}
\text{Var}(\hat{\beta}) &= \begin{pmatrix} \text{Var}(\hat{a}) & \text{Cov}(\hat{a},\hat{b}) \\ \text{Cov}(\hat{b},\hat{a}) & \text{Var}(\hat{b}) \end{pmatrix} \\
&= \sigma^2 (X'X)^{-1} \\
&= \sigma^2 \begin{pmatrix} n & \sum_{i=1}^{n} X_i \\ \sum_{i=1}^{n} X_i & \sum_{i=1}^{n} X_i^2 \end{pmatrix}^{-1} \\
&= \frac{\sigma^2}{n\sum_{i=1}^{n} X_i^2 - (\sum_{i=1}^{n} X_i)^2} \begin{pmatrix} \sum_{i=1}^{n} X_i^2 & -\sum_{i=1}^{n} X_i \\ -\sum_{i=1}^{n} X_i & n \end{pmatrix} \\
&= \begin{pmatrix} n^{-1}\sigma^2 \sum_{i=1}^{n} X_i^2 (\sum_{i=1}^{n} x_i^2)^{-1} & -\bar{X}\sigma^2 (\sum_{i=1}^{n} x_i^2)^{-1} \\ -\bar{X}\sigma^2 (\sum_{i=1}^{n} x_i^2)^{-1} & \sigma^2 (\sum_{i=1}^{n} x_i^2)^{-1} \end{pmatrix}
\end{aligned}$$

下面正式地给出多元线性回归模型下的高斯—马尔可夫定理,即$\hat{\beta}$是最佳线性无偏估计量,具备BLUE性质:

**定理2.1(高斯—马尔可夫定理)**:基于假设2.1~2.4,若$\hat{\beta}^*$为任意线性无偏估计量,则$\text{Var}(\hat{\beta}^*|X) - \text{Var}(\hat{\beta}|X)$为半正定矩阵。

**证明**:最小二乘估计量$\hat{\beta}=(X'X)^{-1}X'Y$,$(X'X)^{-1}X'$为$k\times n$的

矩阵。考虑任意一个线性无偏估计量 $\hat{\beta}^* = CY$，矩阵 $C$ 也是 $k \times n$ 矩阵。显然：

$$E(\hat{\beta}^* | X) = CX\beta = \beta$$

则可以得出 $CX = I_k$，同样可以得出：$\hat{\beta}^* = C(X\beta + \varepsilon) = \beta + C\varepsilon$。

$$\begin{aligned} \text{Var}(\hat{\beta}^* | X) &= \text{Var}(\hat{\beta}^* - \hat{\beta} + \hat{\beta} | X) \\ &= \text{Var}(\hat{\beta}^* - \hat{\beta} | X) + \text{Var}(\hat{\beta} | X) + 2\text{Cov}(\hat{\beta}^* - \hat{\beta}, \hat{\beta} | X) \end{aligned}$$

如果能够证明 $\text{Cov}(\hat{\beta}^* - \hat{\beta}, \hat{\beta} | X) = 0$，由于 $\text{Var}(\hat{\beta}^* - \hat{\beta} | X)$ 为半正定矩阵，就可以证明 $\text{Var}(\hat{\beta}^* | X) - \text{Var}(\hat{\beta} | X)$ 为半正定矩阵。

下面证明 $\text{Cov}(\hat{\beta}^* - \hat{\beta}, \hat{\beta} | X) = 0$。

$$\begin{aligned} \text{Cov}(\hat{\beta}^* - \hat{\beta}, \hat{\beta} | X) &= \text{Cov}(\hat{\beta}^*, \hat{\beta} | X) - \text{Var}(\hat{\beta} | X) \\ &= E((\hat{\beta}^* - E\hat{\beta}^*)(\hat{\beta} - E\hat{\beta})' | X) - \sigma^2 (X'X)^{-1} \\ &= E(C\varepsilon\varepsilon'X(X'X)^{-1} | X) - \sigma^2 (X'X)^{-1} \\ &= C E(\varepsilon\varepsilon' | X) X(X'X)^{-1} - \sigma^2 (X'X)^{-1} \\ &= \sigma^2 CX(X'X)^{-1} - \sigma^2 (X'X)^{-1} \\ &= \sigma^2 (X'X)^{-1} - \sigma^2 (X'X)^{-1} \\ &= 0 \end{aligned}$$

上式中，第二步等式是协方差的定义，第三步等式用到了 $\hat{\beta}^* = \beta + C\varepsilon$ 和 $\hat{\beta} = \beta + (X'X)^{-1} X'\varepsilon$，第五步等式用到了条件 $E(\varepsilon\varepsilon' | X) = \sigma^2 I_n$，第六步等式用到了条件 $CX = I_k$。可以看出，条件球形扰动是证明高斯—马尔可夫定理的核心条件。

由 $\text{Cov}(\hat{\beta}^* - \hat{\beta}, \hat{\beta} | X) = 0$ 知：$\text{Var}(\hat{\beta}^* | X) - \text{Var}(\hat{\beta} | X) = \text{Var}(\hat{\beta}^* - \hat{\beta} | X)$。

因此，$\text{Var}(\hat{\beta}^* | X) - \text{Var}(\hat{\beta} | X)$ 为半正定矩阵，证毕。

半正定矩阵有一个性质是主对角线的任意元素非负，这表明，$\forall j=1,2,\cdots,k$，$\mathrm{Var}(\hat{\beta}_j^*|X) \geq \mathrm{Var}(\hat{\beta}_j|X)$，即最小二乘估计量 $\hat{\beta}$ 的每个分量都具有BLUE性，对任意 $\hat{\beta}_j$ 而言，都是所有线性无偏估计量中精度最高的。

### 三、均方误差

普通最小二乘法的优势很明显，计算便捷，需要的假设较少，只需要 $X'X$ 可逆，就可以求出参数估计量，增加条件球形扰动等假设，就能够在线性无偏估计量中，得到精确度最高的估计量。

除了方差可用来度量精确度外，另一个常用的标准是度量参数估计量与参数真实值之间的距离。这里不妨以参数 $\beta_j$ 为例，显然希望估计量 $\beta_j^*$ 与参数真实值 $\beta_j$ 之间的距离越小越好，即使 $|\beta_j^* - \beta_j|$ 尽可能小。但是 $\beta_j$ 未知，估计量 $\beta_j^*$ 又带有随机性，一个常用的标准是均方误差（mean square error，MSE），这里在条件期望下分析，以保持一致性：

$$\mathrm{MSE}(\beta_j^*|X) = \mathrm{E}((\beta_j^* - \beta_j)^2|X)$$

这时，条件均方误差越低越好。但是，使条件均方误差最小的估计量不存在。只能退而求其次，在一些标准下做权衡，无偏性就是一个很好的选择。

$$\begin{aligned}\mathrm{MSE}(\beta_j^*|X) &= \mathrm{E}((\beta_j^* - \beta_j)^2|X) \\ &= \mathrm{E}((\beta_j^* - \mathrm{E}(\beta_j^*|X) + \mathrm{E}(\beta_j^*|X) - \beta_j)^2|X) \\ &= \mathrm{E}((\beta_j^* - \mathrm{E}(\beta_j^*|X))^2|X) + (\mathrm{E}(\beta_j^*|X) - \beta_j)^2 \\ &= \mathrm{Var}(\beta_j^*|X) + (\mathrm{E}(\beta_j^*|X) - \beta_j)^2\end{aligned}$$

在第三步等式中，用到了性质 $E((\beta_j^* - E(\beta_j^*|X))|X) = E(\beta_j^*|X) - E(\beta_j^*|X) = 0$。这里，$(E(\beta_j^*|X) - \beta_j)$ 又被定义为偏差，若偏差为零，即 $E(\beta_j^*|X) = \beta_j$，$E\beta_j^* = \beta_j$，这就是所谓的估计量的无偏性。$E((\beta_j^* - E(\beta_j^*|X))^2|X)$ 是估计量 $\beta_j^*$ 的条件方差 $Var(\beta_j^*|X)$。这时候，条件均方误差被分解成了条件方差与偏差的平方之和。

条件均方误差与条件方差相比，需要注意以下几点：

第一，$MSE(\beta_j^*|X)$ 与 $Var(\beta_j^*|X)$ 一般不同，除非条件偏差的平方为0，即估计量满足无偏性。

第二，对于所有的线性无偏估计量 $\hat{\beta}_j^*$，有 $E(\hat{\beta}_j^*|X) = \beta_j$，有条件均方误差与条件方差相等，即 $MSE(\beta_j^*|X) = Var(\beta_j^*|X)$。因此对最小二乘估计量 $\hat{\beta}_j$ 而言，最佳线性无偏估计量，即BLUE性质，既建立在条件方差的意义上，又建立在条件均方误差的意义上。

第三，放宽无偏性的要求，条件均方误差可能会小于条件方差，即 $MSE(\beta_j^*|X) < Var(\beta_j^*|X)$。因此很多算法并不要求无偏性，目的是为了进一步降低均方误差。

## 四、方差估计量

虽然已经求解出了估计量 $\hat{\beta}$ 的条件方差 $Var(\hat{\beta}|X) = \sigma^2(X'X)^{-1}$，但包含了未知参数 $\sigma^2$，因此有必要寻求 $\sigma^2$ 的估计量。

一个自然的想法是考虑残差平方和 $e'e = \sum_{i=1}^{n} e_i^2$，利用 $e = MY = M\varepsilon$，有：

$$e'e = (M\varepsilon)'M\varepsilon = \varepsilon'M\varepsilon$$

进而有：

$$E(e'e \mid X) = E(\varepsilon' M \varepsilon \mid X)$$

这里引入迹运算（trace），用 tr 表示。对任意方阵，它的迹是主对角元素之和。迹运算满足交换律 $\mathrm{tr}(AB) = \mathrm{tr}(BA)$。

$\varepsilon' M \varepsilon$ 亦可视作 $1 \times 1$ 矩阵，因此，$\varepsilon' M \varepsilon = \mathrm{tr}(\varepsilon' M \varepsilon) = \mathrm{tr}(M \varepsilon \varepsilon')$，利用假设 $E(\varepsilon \varepsilon' \mid X) = \sigma^2 I_n$，有：

$$\begin{aligned}
E(e'e \mid X) &= E(\varepsilon' M \varepsilon \mid X) = E[\mathrm{tr}(M \varepsilon \varepsilon') \mid X] \\
&= \mathrm{tr}[E(M \varepsilon \varepsilon' \mid X)] = \mathrm{tr}[M\, E(\varepsilon \varepsilon' \mid X)] \\
&= \mathrm{tr}(M \sigma^2 I_n) = \sigma^2 \mathrm{tr}(M)
\end{aligned}$$

第二行等式是因为迹算子 tr 和期望算子 E 可互换顺序。下面求矩阵 $M = I_n - X(X'X)^{-1}X'$ 的迹。

$$\begin{aligned}
\mathrm{tr}(M) &= \mathrm{tr}(I_n - X(X'X)^{-1}X') = \mathrm{tr}(I_n) - \mathrm{tr}(X(X'X)^{-1}X') \\
&= n - \mathrm{tr}(X'X(X'X)^{-1}) = n - \mathrm{tr}(I_k) \\
&= n - k
\end{aligned}$$

由于 $M$ 为幂等对称矩阵，幂等矩阵的一个重要性质是其所有特征值均为 1 或 0，再利用矩阵的迹与矩阵所有特征值之和相等的性质，可知幂等对称矩阵具有"迹秩相等"的性质，矩阵 $M$ 的秩为 $\mathrm{rank}(M) = n - k$，这一性质在估计量的分布推导中经常用到。

整理可得，残差平方和的条件期望为：

$$E(e'e \mid X) = (n-k)\sigma^2$$

由此定义 $\sigma^2$ 的一个无偏估计量 $\hat{\sigma}^2$ 为：

$$\hat{\sigma}^2 \triangleq \frac{e'e}{n-k}$$

此时无偏性较易获得：$\mathrm{E}(\hat{\sigma}^2|X) = \dfrac{1}{n-k}\mathrm{E}(e'e|X) = \sigma^2$。

最后，需要注意以下两点：

第一，得到估计量 $\hat{\sigma}^2$ 与估计量 $\hat{\beta}$ 的方式不同，$\hat{\beta}$ 是从最小二乘法中推导出来的，但 $\hat{\sigma}^2$ 是基于最小二乘法得到的残差利用无偏性定义出来的。

第二，分母为 $n-k$，样本信息量损失 $k$ 个的原因是估计参数 $\hat{\beta}$ 时形成了 $k$ 个方程，即正规方程组。

## 第六节　推分布

从前面分析可以看出，估计量 $\hat{\beta}$ 和 $\hat{\sigma}^2$ 都具有无偏性。与此同时，还给出了 $\hat{\beta}$ 的条件方差。要进一步推导估计量的精确分布，就需要引入假设2.5，即引入随机误差项的条件正态分布假设。

给定 $\varepsilon|X \sim N(0,\sigma^2 I_n)$，由 $\hat{\beta} = (X'X)^{-1}X'Y = \beta + (X'X)^{-1}X'\varepsilon$ 知，$\hat{\beta}$ 是随机误差项 $\varepsilon$ 的线性组合，由 $\mathrm{E}(\hat{\beta}|X) = \beta$，$\mathrm{Var}(\beta|X) = \sigma^2(X'X)^{-1}$，知 $\hat{\beta}$ 的条件分布为：

$$\hat{\beta}|X \sim N(\beta, \sigma^2(X'X)^{-1})$$

由 $\varepsilon|X \sim N(0,\sigma^2 I_n)$，知：

$$\dfrac{\varepsilon}{\sigma}|X \sim N(0, I_n)$$

由 $M$ 为幂等矩阵，知：

$$(\frac{\varepsilon}{\sigma})'M(\frac{\varepsilon}{\sigma})\mid X \sim \chi^2(\text{rank}(M)) = \chi^2(n-k)$$

基于 $\hat{\sigma}^2 = \dfrac{e'e}{n-k} = \dfrac{\varepsilon'M\varepsilon}{n-k}$，知：

$$\frac{(n-k)\hat{\sigma}^2}{\sigma^2}\mid X = (\frac{\varepsilon}{\sigma})'M(\frac{\varepsilon}{\sigma})\mid X \sim \chi^2(n-k)$$

这样，就给出了参数估计量 $\hat{\beta}$ 和 $\hat{\sigma}^2$ 的精确条件分布。

进一步，可以利用卡方分布的性质，求解 $\hat{\sigma}^2$ 的条件方差。由 $\text{Var}(\dfrac{(n-k)\hat{\sigma}^2}{\sigma^2}\mid X) = 2(n-k)$，整理可得：

$$\text{Var}(\hat{\sigma}^2\mid X) = \frac{2\sigma^4}{n-k}$$

## 第七节　做检验

### 一、单线性约束检验

1. 单一参数检验

由 $\hat{\beta}$ 服从条件正态分布，可知，对单个参数估计量 $\hat{\beta}_j$ 而言，若原假设为 $H_0: \beta_j = \beta_j^0$，显然可以构造标准正态分布统计量：

$$\frac{\hat{\beta}_j - \beta_j^0}{\sqrt{\sigma^2(X'X)_{jj}^{-1}}}\mid X \sim N(0,1)$$

其中，$\text{Var}(\hat{\beta}_j) = \sigma^2(X'X)_{jj}^{-1}$。

显然，正如第一章所言，$\sigma^2$ 未知，无法通过样本计算出统计量的值，此时，只能使用估计量 $\hat{\sigma}^2$ 来代替 $\sigma^2$，这就相应转化成了 $t$ 统计量：

$$\frac{\hat{\beta}_j - \beta_j^0}{\sqrt{\hat{\sigma}^2 (X'X)_{jj}^{-1}}} \mid X \sim t(n-k)$$

$t$ 统计量的标准构造如下：$t = \dfrac{U}{\sqrt{V/d}} \sim t(d)$，$U \sim N(0,1)$，$V \sim \chi^2(d)$，$U$ 与 $V$ 独立。对上式变形可得：

$$\frac{\hat{\beta}_j - \beta_j^0}{\sqrt{\hat{\sigma}^2 (X'X)_{jj}^{-1}}} \mid X = \frac{(\hat{\beta}_j - \beta_j^0)/\sqrt{\sigma^2 (X'X)_{jj}^{-1}}}{\sqrt{\dfrac{(n-k)\hat{\sigma}^2}{\sigma^2} / (n-k)}} \mid X$$

显然，$U = \dfrac{(\hat{\beta}_j - \beta_j^0)}{\sqrt{\sigma^2 (X'X)_{jj}^{-1}}} \mid X \sim N(0,1)$，$V = \dfrac{(n-k)\hat{\sigma}^2}{\sigma^2} \mid X \sim \chi^2(n-k)$，此时，还需要满足 $U$ 与 $V$ 条件独立。

从 $\hat{\beta} = \beta + (X'X)^{-1}X'\varepsilon$ 和 $\dfrac{(n-k)\hat{\sigma}^2}{\sigma^2} = \dfrac{e'e}{\sigma^2} = \dfrac{\varepsilon'M\varepsilon}{\sigma^2}$ 可以看出，$U$ 是 $\hat{\beta}$ 的函数，$V$ 是 $e$ 的函数，$\hat{\beta}$ 和 $e$ 又都是 $\varepsilon$ 的函数，$\varepsilon \mid X \sim N(0, \sigma^2 I_n)$，则 $\hat{\beta}$ 和 $e$ 也服从条件联合正态分布。正态分布的特点是不相关与独立等价。若能够证明 $\hat{\beta}$ 和 $e$ 条件不相关，就能够证明 $\hat{\beta}$ 和 $e$ 条件独立或 $\hat{\beta}$ 和 $\hat{\sigma}^2$ 条件独立，进而表明 $U$ 与 $V$ 条件独立的关系成立。下面证明 $\hat{\beta}$ 和 $e$ 条件不相关。

显然：

$$\begin{aligned}
\text{Cov}(\hat{\beta}, e \mid X) &= \text{E}((\hat{\beta} - \text{E}\hat{\beta})(e - \text{E}e)' \mid X) \\
&= \text{E}((X'X)^{-1}X'\varepsilon\varepsilon'M \mid X) \\
&= (X'X)^{-1}X'\text{E}(\varepsilon\varepsilon' \mid X)M \\
&= \sigma^2 (X'X)^{-1}X'M \\
&= 0
\end{aligned}$$

等式的最后一步，用到了矩阵 M 的性质：$MX=0$。至此，就证明了 t 统计量的全部条件。

在实践中，最常用的零假设是 $H_0:\beta_j=0$，从而可以检验单个参数在统计上是否为0。若未通过显著性检验，表明该解释变量在统计逻辑上对被解释变量不起作用，但未必表明金融逻辑不成立，这有可能是样本的选择或其他问题形成的。需要注意，统计逻辑与金融逻辑始终是两个并行的逻辑。

### 2. 单线性约束检验

对单个系数的估计量进行检验只是常用的 t 检验之一，事实上可以推广到更为一般的形式。t 统计量可以用来检验单个线性约束：$R\beta=r$，$R\in\mathbb{R}^{1\times k}$ 是 k 维行向量，$r\in\mathbb{R}$ 为标量。比如可以检验约束 $\beta_2+\beta_5=1$，而 $\beta_j=\beta_j^0$ 只是 $R\beta=r$ 的特例。

考虑对 $H_0:R\beta-r=0$ 的双边检验，则备择假设为 $H_1:R\beta-r\neq 0$。

若 $H_0$ 成立，那么 $R(\hat{\beta}-\beta)=R\hat{\beta}-r$。考虑到 $(\hat{\beta}-\beta)|X\sim N(0,\sigma^2(X'X)^{-1})$ 有：

$$(R\hat{\beta}-r)|X\sim N(0,\sigma^2 R(X'X)^{-1}R')$$

标准化后得到：

$$\frac{R\hat{\beta}-r}{\sqrt{\sigma^2 R(X'X)^{-1}R'}}|X\sim N(0,1)$$

由于包含未知参数 $\sigma^2$，因此无法由样本计算得到。用 $\hat{\sigma}^2$ 代替 $\sigma^2$ 后，就相应得到了 t 统计量：

$$\frac{R\hat{\beta}-r}{\sqrt{\hat{\sigma}^2 R(X'X)^{-1}R'}}\Big| X \sim t(n-k)$$

上式证明过程与检验 $H_0:\beta_j=\beta_j^0$ 构造的 $t$ 统计量的过程类似，这里不再重复。

## 二、多线性约束检验

### 1. 多线性约束的矩阵表达

如果要检验多个线性约束同时成立，就无法构造 $t$ 统计量进行检验，这时候需要构建 $F$ 统计量。

考虑对 $\beta$ 的多个线性约束进行检验，显然都可以将约束表示为 $R\beta=r$，其中 $R$ 是一个 $m\times k$ 的行满秩矩阵，即 $\text{rank}(R)=m$，此时必有 $m\leq k$，即有效约束条件个数不超过解释变量 $k$，$r$ 是 $m$ 维列向量。

### 2. 统计量构建

不妨假设零假设为 $H_0:R\beta-r=0$，备择假设为 $H_1:R\beta-r\neq 0$。若零假设成立，则：

$$(R\hat{\beta}-r)|X \sim N(0,\sigma^2 R(X'X)^{-1}R')$$

此时，构造统计量如下：

$$(R\hat{\beta}-r)'(\sigma^2 R(X'X)^{-1}R')^{-1}(R\hat{\beta}-r)|X \sim \chi^2(m)$$

由于上式包含未知参数 $\sigma^2$，不适合作为检验统计量。注意到 $\frac{(n-k)\hat{\sigma}^2}{\sigma^2}\Big|X \sim \chi^2(n-k)$，此时可以构造 $F$ 统计量：

$$\frac{(R\hat{\beta}-r)'(\sigma^2 R(X'X)^{-1}R')^{-1}(R\hat{\beta}-r)/m}{\frac{(n-k)\hat{\sigma}^2}{\sigma^2}\Big/(n-k)}\Big|X$$

$$=\frac{(R\hat{\beta}-r)'\big[R(X'X)^{-1}R'\big]^{-1}(R\hat{\beta}-r)}{m\hat{\sigma}^2}\Big|X \sim F(m,n-k)$$

$F$ 统计量的标准构造如下：$F=\dfrac{U/d_1}{V/d_2}\sim F(d_1,d_2)$，$U\sim\chi^2(d_1)$，$V\sim\chi^2(d_2)$，$U$ 与 $V$ 独立。显然，$(R\hat{\beta}-r)'(\sigma^2 R(X'X)^{-1}R')^{-1}(R\hat{\beta}-r)|X\sim\chi^2(m)$，$\dfrac{(n-k)\hat{\sigma}^2}{\sigma^2}|X\sim\chi^2(n-k)$，$\hat{\beta}$ 与 $\hat{\sigma}^2$ 的条件独立前面已证明，这就证明了上式符合 $F$ 统计量的构造。

**3. 受约束最小二乘法的分析**

$F$ 统计量的本质究竟是什么？可以从受约束的最小二乘法进行分析。在参数估计中，考虑加入假设的约束估计量的影响。

由前所知，OLS估计量是以下问题的解：

$$\hat{\beta}=\arg\min_{\tilde{\beta}}(Y-X\tilde{\beta})'(Y-X\tilde{\beta})$$

如果零假设 $H_0:R\beta-r=0$ 成立，考虑以下含约束的最小二乘法参数估计：

$$\beta^*=\arg\min_{\tilde{\beta}}(Y-X\tilde{\beta})'(Y-X\tilde{\beta})$$
$$s.t.\ R\tilde{\beta}=r$$

求解上述优化问题，构造的拉格朗日函数如下：

$$\mathcal{L}=(Y-X\tilde{\beta})'(Y-X\tilde{\beta})+\lambda'(R\tilde{\beta}-r)$$

这里，$\lambda$ 是 $m$ 维列向量。最优解 $\beta^*$ 和 $\lambda^*$ 需满足的一阶条件如下：

$$\frac{\partial \mathcal{L}}{\partial \tilde{\beta}}\Big|_{\beta^*,\lambda^*} = -2X'Y + 2X'X\beta^* + R'\lambda^* = 0$$

$$\frac{\partial \mathcal{L}}{\partial \lambda}\Big|_{\beta^*,\lambda^*} = R\beta^* - r = 0$$

利用无约束的OLS估计量 $\hat{\beta} = (X'X)^{-1}X'Y$，化简可得：

$$\beta^* = (X'X)^{-1}(X'Y - \frac{1}{2}R'\lambda^*) = \hat{\beta} - \frac{1}{2}(X'X)^{-1}R'\lambda^*$$

$$R\beta^* - r = R(X'X)^{-1}(X'Y - \frac{1}{2}R'\lambda^*) - r = R\hat{\beta} - r - \frac{1}{2}R(X'X)^{-1}R'\lambda^*$$

进而可以得到：

$$\lambda^* = 2(R(X'X)^{-1}R')^{-1}(R\beta^* - r)$$

$$\beta^* - \hat{\beta} = -(X'X)^{-1}R'(R(X'X)^{-1}R')^{-1}(R\hat{\beta} - r)$$

考虑无约束最小二乘法得到的残差 $e = Y - X\hat{\beta}$ 及含约束最小二乘法得到的残差 $e^* = Y - X\beta^* = e - X(\beta^* - \hat{\beta})$，易证 $e'X(\beta^* - \hat{\beta}) = 0$，可得含约束最小二乘法的拟合残差平方和为：

$$(e^*)'e^* = e'e + (\beta^* - \hat{\beta})'X'X(\beta^* - \hat{\beta})$$

由于 $X'X$ 正定，因此 $(e^*)'e^* \geq e'e$。除非 $\hat{\beta} = \beta^*$，含约束的最小二乘法会有更大的残差平方和。将 $\beta^* - \hat{\beta} = -(X'X)^{-1}R'(R(X'X)^{-1}R')^{-1}(R\hat{\beta} - r)$ 代入，可得：

$$(e^*)'e^* - e'e = (R\hat{\beta} - r)'(R(X'X)^{-1}R')^{-1}(R\hat{\beta} - r)$$

此时，$F$ 统计量可表达为如下形式：

$$F = \frac{(e^*)'e^* - e'e}{m\hat{\sigma}^2} = \frac{(e^*)'e^* - e'e}{e'e} \cdot \frac{n-k}{m}$$

$F$ 统计量还可等价地表示为拟合损失的形式。这里不加证明地给出含约束最小二乘法拟合程度 $R_{res}^2$ 的定义：

$$R_{res}^2 \triangleq 1 - \frac{(e^*)'e^*}{Y'M_oY}$$

结合决定系数 $R^2 = 1 - \dfrac{e'e}{Y'M_oY}$，显然有：

$$\frac{(e^*)'e^* - e'e}{e'e} = \frac{R^2 - R_{res}^2}{1 - R^2}$$

$$F = \frac{(e^*)'e^* - e'e}{e'e} \cdot \frac{n-k}{m} = \frac{R^2 - R_{res}^2}{1 - R^2} \cdot \frac{n-k}{m}$$

由于 $(e^*)'e^* \geq e'e$，因而 $R^2 \geq R_{res}^2$，即加入约束后，最小二乘法会有拟合损失。$F$ 统计量正是对这个拟合损失的度量。如果零假设 $H_0 : R\beta - r = 0$ 成立，这种拟合损失的产生是源于模型中的随机误差，因此预期 $F$ 不会很大，如果样本计算出的 $F$ 很大，那么拟合损失可能不完全由随机误差导致，而是来自零假设 $H_0$ 不成立，从而应当在统计上拒绝 $H_0$。

对一类特殊的假设是对模型中若干个系数的进行系数为0的显著性检验，即零假设为 $\beta_{i_1} = \beta_{i_2} = \cdots = \beta_{i_m} = 0$，其中 $i_1, i_2, \cdots, i_m \neq 1$，这是因为假设模型中存在截距项。上式提供了一种方便计算 $F$ 统计量的方法：首先由 $Y$ 对解释变量 $X$ 回归得到 $R^2$，然后在回归中剔除 $i_1, i_2, \cdots, i_m$ 对应的解释变量，对剩下的解释变量回归，便可得到含约束的 $R_{res}^2$，进而可计算得到 $F$ 统计量，服从分布 $F(m, n-k)$。

如果假设约束是 $\beta_2 = \beta_3 = \cdots = \beta_k = 0$，那么约束最小二乘法实际上是仅对常数项的回归。一个仅包含常数 1 的最小二乘法：$\beta_1^* = \arg\min_{\tilde{\beta}_1} \sum_{i=1}^{n} (y_i - \tilde{\beta}_1 \cdot 1)^2$。容易知道它的解为 $\beta_1^* = \bar{y}$，即被解释变

量的平均值，从而拟合值 $y_i^* = \beta_1^* \cdot 1 = \bar{y}$，进而 $R_{res}^2 = 0$，此时 $F$ 统计量为：

$$F = \frac{R^2}{1-R^2} \cdot \frac{n-k}{k-1} \sim F(k-1, n-k)$$

因此，在带有截距项的回归中，零假设 $H_0: \beta_2 = \beta_3 = \cdots = \beta_k = 0$，被经常用来检验整个模型的显著性。可以看出，给定样本个数 $n$ 及参数个数 $k$，$R^2$ 越大，$F$ 值也越大，相应地，越容易通过整个模型的显著性检验。

## 第八节　做预测与区间估计

### 一、做预测

与一元回归模型类似，可以利用样本回归方程 $\hat{Y} = x'\hat{\beta}$ 预测 $x = x_0$ 时被解释变量 $y_0$ 的值 $\hat{y}_0 = x_0'\hat{\beta}$。

值得注意的是，即使对于相同的 $x_0'$，利用不同的样本 $\{(x_1', y_1), \ldots, (x_n', y_n)\}$ 估计得到 $\hat{\beta}$ 后预测的 $\hat{y}_0$ 也是不同的，因为 $\hat{\beta}$ 是随机向量，$\hat{y}_0$ 也是随机变量。

$\hat{y}_0$ 的期望为

$$\mathrm{E}(\hat{y}_0 \mid X) = x_0' \mathrm{E}(\hat{\beta} \mid X) = x_0'\beta$$

再由 $\mathrm{Var}(\hat{\beta} \mid X) = \sigma^2 (X'X)^{-1}$，可以求出 $\hat{y}_0$ 的条件方差：

$$\text{Var}(\hat{y}_0 \mid X) = \text{Var}(x_0'\hat{\beta} \mid X) = x_0'\text{Var}(\hat{\beta} \mid X)x_0 = \sigma^2 x_0'(X'X)^{-1}x_0$$

由于 $x_0'$ 是 $k$ 维行向量，$(X'X)^{-1}$ 是 $k$ 阶矩阵，因此 $\sigma^2 x_0'(X'X)^{-1}x_0$ 是一个标量。

如果正态分布假设成立，还可由 $\hat{\beta} \mid X \sim N(\beta, \sigma^2(X'X)^{-1})$，知：

$$\hat{y}_0 \mid X \sim N(x_0'\beta, \sigma^2 x_0'(X'X)^{-1}x_0)$$

与第一章一样，对 $y_0$ 的预测 $\hat{y}_0$ 可用于样本外检验，不再赘述。

## 二、区间估计

与第一章类似，在随机误差项的估计量 $\hat{\sigma}^2$ 及 $t$ 统计量的基础上，可以构建相应的区间估计。

这里不妨以 $t$ 统计量双侧检验为例，在显著性水平 $\alpha$ 下，零假设为 $H_0: \beta_j = \beta_j^0$，则：

$$P\left\{\left|\frac{\hat{\beta}_j - \beta_j^0}{\sqrt{\hat{\sigma}^2(X'X)_{jj}^{-1}}}\right| \leq t_{\alpha/2}\right\} = 1 - \alpha$$

这等价于：

$$P\{\hat{\beta}_j - t_{\alpha/2}\sqrt{\hat{\sigma}^2(X'X)_{jj}^{-1}} \leq \beta_j^0 \leq \hat{\beta}_j + t_{\alpha/2}\sqrt{\hat{\sigma}^2(X'X)_{jj}^{-1}}\} = 1 - \alpha$$

此时，$[\hat{\beta}_j - t_{\alpha/2}\sqrt{\hat{\sigma}^2(X'X)_{jj}^{-1}}, \hat{\beta}_j + t_{\alpha/2}\sqrt{\hat{\sigma}^2(X'X)_{jj}^{-1}}]$ 就被称为置信水平 $(1-\alpha)$ 下的置信区间。

## 第九节　对高斯—马尔可夫定理的拓展

### 一、线性无偏估计量中的线性

高斯—马尔可夫定理基于假设2.1~2.4，即线性回归模型、秩条件、条件期望为0和条件球形扰动假设下，可以得到。前面的分析表明，它的成立不依赖于条件正态分布假设，同时将估计量的有效性限定于线性估计量中，即参数估计量是被解释变量$Y$的线性函数。

一个自然的想法是，放宽假设后，高斯—马尔可夫定理能否被进一步强化，即能否继续成立。最小二乘法在线性函数下对参数进行估计，所用假设极少，那么估计量的线性能否进一步放宽呢？例如，在样本量既定的情况下，给定参数的无偏估计量，这时候追求方差最小与追求均方误差最小二者等价，显然，估计量的方差很难无限接近0，或许能存在大于0的下界，它同时又与样本相关。

对线性无偏估计量中线性的放宽，就需用到统计学上的一个经典结论：克莱默—劳下界（Cramér-Rao lower bound，CRLB）或克莱默—劳不等式。这是克莱默和劳在1945年和1946年证明的一个不等式，它给出了无偏估计量的方差的一个下界。

推导估计量的方差，即研究随机变量的数字特征，需要用到随机变量的概率分布。最小二乘法只有在推导估计量分布时才需要引入随机误差项的条件正态分布假设，而最大似然估计法本身就是从样本的概率分布入手,这里不妨引入最大似然估计法(maximum likelihood estimate,MLE)进行分析。

## 二、最大似然估计法

这里不对最大似然估计法原理下严谨的定义,而是通过一个例子引入分析。假设现在抽取一组独立同分布(ind-ependent and identical distribution,i.i.d.)的随机样本 $\{Y_1, Y_2, \cdots, Y_n\}$,$Y_i \sim N(\mu, \sigma^2)$。对应的似然函数(likelihood function)为:

$$L(\tilde{\mu}, \tilde{\sigma}^2; Y) = \prod_{i=1}^{n} \frac{1}{\sqrt{2\pi\tilde{\sigma}^2}} \exp\left(-\frac{(Y_i - \tilde{\mu})^2}{2\tilde{\sigma}^2}\right)$$

即似然函数是每个样本对应的密度函数的乘积。

对上式两边取对数,就可以得到对数似然函数(loglikelihood function):

$$l(\tilde{\mu}, \tilde{\sigma}^2; Y) \triangleq \ln L(\tilde{\mu}, \tilde{\sigma}^2; y) = -\frac{n}{2} \ln(2\pi\tilde{\sigma}^2) - \sum_{i=1}^{n} \frac{(Y_i - \tilde{\mu})^2}{2\tilde{\sigma}^2}$$

显然,最大化似然函数与最大化对数似然函数二者等价。对数似然函数对待估参数求导,就得到了得分函数(score function):

$$s(\tilde{\mu}, \tilde{\sigma}^2; y) = \begin{pmatrix} \frac{\partial l}{\partial \tilde{\mu}} \\ \frac{\partial l}{\partial \tilde{\sigma}^2} \end{pmatrix} = \begin{pmatrix} \sum_{i=1}^{n} \frac{Y_i - \tilde{\mu}}{\tilde{\sigma}^2} \\ -\frac{n}{2\tilde{\sigma}^2} + \frac{1}{2} \sum_{i=1}^{n} \frac{(Y_i - \tilde{\mu})^2}{\tilde{\sigma}^4} \end{pmatrix}$$

令得分函数为0:$s(\hat{\mu}_{MLE}, \hat{\sigma}^2_{MLE}; y) = 0$,就可以求解出最大似然估计量:

$$\hat{\mu}_{MLE} = \frac{1}{n}\sum_{i=1}^{n} Y_i = \bar{Y}$$

$$\hat{\sigma}^2_{MLE} = \frac{1}{n}\sum_{i=1}^{n}(Y_i - \hat{\mu}_{MLE})^2 = \frac{1}{n}\sum_{i=1}^{n}(Y_i - \bar{Y})^2$$

显然，最大似然估计量的二阶条件也自动满足。

可以看出，最大似然估计法是寻找待估参数的估计值，从而使获得该实际样本的可能性达到最大。最大似然估计量同样蕴含着平均数的思想，因此也被称为频率学派。但是它与最小二乘估计量至少有两点区别：

第一，最大似然估计法从样本的概率分布出发，而最小二乘法在估计参数时不需要使用样本的概率分布。

第二，最大似然估计量在估计样本的方差时，可以通过一阶条件算出，而最小二乘法估计方差时采用直接定义的方式。

因此，最大似然估计法与最小二乘法尽管都属于频率学派，两者在估计量上有一些相似，但是两个独立的算法体系。

### 三、克莱默—劳下界

1. 得分函数及其性质

这里不妨将待估参数表示为 $\theta$，$\theta$ 可以视为 $k$ 维列向量。将样本表示为 $x$，若以前面最小二乘法中的样本为例，$x$ 可以视为 $n\times(k+1)$ 的矩阵，因为其中包含了被解释变量样本 $Y$ 的维度。

这里假设样本 $\{x_1,\cdots,x_n\}$ 满足独立同分布，样本 $x_i$ 密度函数为 $f(x_i;\theta)$，基于参数 $\theta$ 和样本 $x$，展开一般的讨论，同时求出克莱默—劳下界。

基于密度函数 $f(x;\theta)$，似然函数可以表示为：

$$L(\tilde{\theta};x) = \prod_{i=1}^{n} f(x_i;\tilde{\theta})$$

对应的对数似然函数为：

$$l(\tilde{\theta};x) = \ln L(\tilde{\theta};x) = \sum_{i=1}^{n} \ln f(x_i;\tilde{\theta})$$

基于对数似然函数对参数变量求导，就可以得到对应的得分函数：

$$s(\tilde{\theta};x) = \frac{\partial l(\tilde{\theta};x)}{\partial \tilde{\theta}} = \frac{\partial}{\partial \tilde{\theta}} \sum_{i=1}^{n} \ln f(x_i,\tilde{\theta}) = \sum_{i=1}^{n} \frac{\partial \ln f(x_i,\tilde{\theta})}{\partial \tilde{\theta}} = \sum_{i=1}^{n} s_i(\tilde{\theta};x_i)$$

这里用到了求和与求导可以互换顺序的性质。$s_i(\tilde{\theta};x_i)$ 是样本 $i$ 的得分函数，在样本独立同分布的条件下，对数似然函数的得分函数 $s(\tilde{\theta};x)$ 是单个样本得分函数 $s_i(\tilde{\theta};x_i)$ 之和。

得分函数性质一个重要的性质是期望为0：

$$\mathrm{E}\, s(\tilde{\theta};x) = 0$$

显然：

$$\begin{aligned}
\mathrm{E}\, s(\tilde{\theta};x) &= \mathrm{E}\, \frac{\partial l(\tilde{\theta};x)}{\partial \tilde{\theta}} = \mathrm{E} \sum_{i=1}^{n} s_i(\tilde{\theta};x_i) = \sum_{i=1}^{n} \mathrm{E}\, s_i(\tilde{\theta};x_i) \\
&= \sum_{i=1}^{n} (\int_D s_i(\tilde{\theta};x_i) f(x_i;\tilde{\theta}) dx_i) \\
&= \sum_{i=1}^{n} (\int_D \frac{\partial \ln f(x_i;\tilde{\theta})}{\partial \tilde{\theta}} f(x_i;\tilde{\theta}) dx_i) \\
&= \sum_{i=1}^{n} (\int_D \frac{\partial f(x_i;\tilde{\theta})}{\partial \tilde{\theta}} dx_i) \\
&= \sum_{i=1}^{n} (\frac{\partial}{\partial \tilde{\theta}} \int_D f(x_i;\tilde{\theta}) dx_i) \\
&= \sum_{i=1}^{n} (\frac{\partial}{\partial \tilde{\theta}} 1) \\
&= 0
\end{aligned}$$

这里，第一行等式使用了得分函数的定义以及它与单个样本得分函数的关系；第二行等式是期望的计算方式；第三行等式将单个样本的得分函数的定义代入；第四行等式是求导的化简；第五行等式用到了求积分与求导数可以互换顺序的性质，当然积分与导数互换顺序需要施加一些正则性条件，这里假设需要的正则性条件都满足；第六行等式用到了密度函数的积分为1的性质；最后一行等式用到了常数对变量求导为0的性质。

令得分函数为0，即令对数似然函数的一阶导数为0，就可以求解出参数的最大似然估计量：$s(\hat{\theta}_{MLE}; x) = 0$。参数估计量一阶条件为0与得分函数的期望为0，同样表明了样本矩与总体矩之间的关系。

### 2. 海塞矩阵与期望海塞矩阵

得分函数是对数似然函数的一阶导数，而海塞矩阵（Hessian matrix）则是似然函数的二阶导数：

$$h(\tilde{\theta}; x) = \frac{\partial^2 l(\tilde{\theta}; x)}{\partial \tilde{\theta} \partial \tilde{\theta}'} = \frac{\partial^2}{\partial \tilde{\theta} \partial \tilde{\theta}'} \sum_{i=1}^{n} \ln f(x_i, \tilde{\theta}) = \sum_{i=1}^{n} \frac{\partial^2 \ln f(x_i, \tilde{\theta})}{\partial \tilde{\theta} \partial \tilde{\theta}'} = \sum_{i=1}^{n} h_i(\tilde{\theta}; x_i)$$

其中，$h_i(\tilde{\theta}; x_i)$ 是单个样本 $i$ 的海塞矩阵，这里用了两次求和与求导可互换顺序的性质。对海塞矩阵做以下两点说明：

第一，海塞矩阵为 $k \times k$ 的矩阵，与得分函数类似，可以表示为单个样本海塞矩阵的和。

第二，海塞矩阵是最大似然估计量的二阶条件。参数估计量 $\hat{\theta}_{MLE}$ 可以通过一阶条件求解，代入海塞矩阵后，要求海塞矩阵 $h(\hat{\theta}_{MLE}; x)$ 为负定矩阵，这样才可以满足参数估计量的充分条件。

对海塞矩阵求期望后，可以得到期望海塞矩阵（expected

Hessian matrix）：

$$\mathcal{H}(\theta) = \mathrm{E}\, h(\tilde{\theta}; x) = \sum_{i=1}^{n} \mathrm{E}\, h_i(\tilde{\theta}; x_i)$$

3. 信息矩阵与信息矩阵等式

在得分函数的基础上，可以定义信息矩阵（information matrix），有时也被称为费歇尔信息矩阵，以纪念费歇尔的贡献。

信息矩阵定义如下：

$$\mathcal{I}(\theta) = \mathrm{E}\, s(\tilde{\theta}; x) s'(\tilde{\theta}; x)$$

即信息矩阵定义为得分函数与其自身转置相乘后的期望。由于得分函数是 $k$ 维列向量，信息矩阵就是 $k \times k$ 的矩阵。由于得分函数的期望为 0，即 $\mathrm{E}\, s(\tilde{\theta}; x) = 0$，信息矩阵就又可以表示为得分函数在 $\tilde{\theta} = \theta$ 时的方差：

$$\mathrm{Var}\, s(\tilde{\theta}; x) = \mathrm{E}(s(\tilde{\theta}; x) - \mathrm{E}\, s(\tilde{\theta}; x))(s(\tilde{\theta}; x) - \mathrm{E}\, s(\tilde{\theta}; x))' = \mathcal{I}(\theta)$$

信息矩阵与期望海塞矩阵之间有以下重要的关系，即信息矩阵恒等式：

$$\mathcal{I}(\theta) + \mathcal{H}(\theta) = 0$$

显然，样本 $i$ 的得分函数满足：$\mathrm{E}\, s_i(\tilde{\theta}; x_i) = 0$，即：

$$\int_D \frac{\partial \ln f(x_i; \tilde{\theta})}{\partial \tilde{\theta}} f(x_i; \tilde{\theta}) dx_i = 0$$

两边同时对 $\tilde{\theta}'$ 求导，可得：

$$0 = \frac{\partial}{\partial \tilde{\theta}'} \int_D \frac{\partial \ln f(x_i;\tilde{\theta})}{\partial \tilde{\theta}} f(x_i;\tilde{\theta}) dx_i$$

$$= \int_D \frac{\partial}{\partial \tilde{\theta}'} (\frac{\partial \ln f(x_i;\tilde{\theta})}{\partial \tilde{\theta}} f(x_i;\tilde{\theta})) dx_i$$

$$= \int_D (\frac{\partial \ln f(x_i;\tilde{\theta})}{\partial \tilde{\theta}} \frac{\partial \ln f(x_i;\tilde{\theta})}{\partial \tilde{\theta}'} + \frac{\partial^2 \ln f(x_i;\tilde{\theta})}{\partial \tilde{\theta} \partial \tilde{\theta}'}) f(x_i;\tilde{\theta}) dx_i$$

$$= \mathrm{E}((s_i(\tilde{\theta};x)s_i'(\tilde{\theta};x) + h_i(\tilde{\theta};x_i)))$$

其中，第二步等式再次用到了积分与导数互换顺序，假设正则性条件满足；第三步等式依据求导法则展开，同时用到了性质 $\frac{\partial f(x_i;\tilde{\theta})}{\partial \tilde{\theta}'} = \frac{\partial \ln f(x_i;\tilde{\theta})}{\partial \tilde{\theta}'} f(x_i;\tilde{\theta})$；第四步等式则是样本 $i$ 的信息矩阵与期望海塞矩阵的定义。

在此基础上，可得：

$$\mathcal{I}(\theta) + \mathcal{H}(\theta) = \mathrm{E}\, s(\tilde{\theta};x)s'(\tilde{\theta};x) + \mathrm{E}\, h(\tilde{\theta};x)$$

$$= \mathrm{E}(\sum_{i=1}^n s_i(\tilde{\theta};x)s_i'(\tilde{\theta};x) + \sum_{i=1}^n h_i(\tilde{\theta};x_i))$$

$$= \sum_{i=1}^n \mathrm{E}((s_i(\tilde{\theta};x)s_i'(\tilde{\theta};x) + h_i(\tilde{\theta};x_i)))$$

$$= 0$$

这就表示，信息矩阵等式成立。需要特别注意一点，在求期望的过程中，真实参数 $\theta$ 并不具有随机性，从而在求期望的过程中，可以用真实值代入，即用 $\theta$ 代替 $\tilde{\theta}$。函数变量、估计量和真实值三者不同。

### 4. 克莱默—劳不等式的证明

由样本 $x$ 生成的函数 $\varphi(x)$ 为 $k$ 维列向量，它显然可以视为参数 $\theta$ 的估计量，在一定的正则性条件下，有以下关系成立：

$$\mathrm{E}\, \varphi(x)s'(\tilde{\theta};x) = \frac{\partial \mathrm{E}\, \varphi(x)}{\partial \tilde{\theta}'}$$

显然：

$$\begin{aligned}
\mathrm{E}\varphi(x)s'(\tilde{\theta};x) &= \int_D \varphi(x)\frac{\partial \ln f(x;\tilde{\theta})}{\partial \tilde{\theta}'}f(x;\tilde{\theta})dx \\
&= \int_D \varphi(x)\frac{\partial f(x;\tilde{\theta})}{\partial \tilde{\theta}'}dx \\
&= \frac{\partial}{\partial \tilde{\theta}'}\int_D \varphi(x)f(x;\tilde{\theta})dx \\
&= \frac{\partial \mathrm{E}\varphi(x)}{\partial \tilde{\theta}'}
\end{aligned}$$

其中，等式第三步用到了导数与积分互换的正则性条件。注意到矩阵 $\mathrm{E}\varphi(x)s'(\tilde{\theta};x)$ 是 $k\times k$ 矩阵，若参数估计量满足无偏性，即满足 $\mathrm{E}\varphi(x)=\theta$，则 $\mathrm{E}\varphi(x)s'(\tilde{\theta};x)=\mathrm{Cov}(\varphi(x),s(\tilde{\theta};x))=I_k$，无偏估计量 $\varphi(x)$ 与得分函数的协方差为单位矩阵 $I_k$。

此时可以正式地给出克莱默—劳不等式。

**定理2.2（克莱默—劳不等式）**：对参数 $\theta$ 的任意估计量 $\varphi(x)$，有 $\mathrm{Var}(\varphi(x))-\frac{\partial \mathrm{E}\varphi(x)}{\partial \tilde{\theta}'}\mathcal{I}^{-1}(\theta)(\frac{\partial \mathrm{E}\varphi(x)}{\partial \tilde{\theta}'})'$ 为半正定矩阵。

**证明**：对 $\theta$ 任意估计量 $\theta^*=\varphi(x)$，有：

$$\mathrm{Var}\begin{pmatrix}\varphi(x)\\s(\tilde{\theta},x)\end{pmatrix}=\begin{pmatrix}\mathrm{Var}(\varphi(x)) & \mathrm{E}\varphi(x)s'(x,\tilde{\theta})\\ \mathrm{E}s(x,\tilde{\theta})\varphi'(x) & \mathrm{Var}(s(x,\tilde{\theta}))\end{pmatrix}=\begin{pmatrix}\mathrm{Var}(\varphi(x)) & \frac{\partial \mathrm{E}\varphi(x)}{\partial \tilde{\theta}'}\\ \left(\frac{\partial \mathrm{E}\varphi(x)}{\partial \tilde{\theta}'}\right)' & \mathcal{I}(\theta)\end{pmatrix}$$

对于任意半正定矩阵 $\begin{pmatrix}A & B'\\B & C\end{pmatrix}$，若 $C$ 为正定矩阵，必然有 $A-B'C^{-1}B$ 为半正定矩阵，这可以从以下等式直接看出：

$$\begin{pmatrix}I_k & -B'C^{-1}\\O & I_k\end{pmatrix}\begin{pmatrix}A & B'\\B & C\end{pmatrix}\begin{pmatrix}I_k & O\\-C^{-1}B & I_k\end{pmatrix}=\begin{pmatrix}A-B'C^{-1}B & O\\O & C\end{pmatrix}$$

显然，$\mathcal{I}(\theta)$ 为正定矩阵，则利用以上矩阵关系可得，

$\mathrm{Var}(\varphi(x)) - \dfrac{\partial \mathrm{E}\varphi(x)}{\partial \tilde{\theta}'} \mathcal{I}^{-1}(\theta)(\dfrac{\partial \mathrm{E}\varphi(x)}{\partial \tilde{\theta}'})'$ 为半正定矩阵。

以上定理的一个直接推论是，对无偏估计量 $\theta^* = \varphi(x)$ 而言，有 $\mathrm{E}\theta^* = \theta$，则 $\mathrm{Var}(\theta^*) - \mathcal{I}^{-1}(\theta)$ 为半正定矩阵，因此 $\mathcal{I}^{-1}(\theta)$ 可以视为无偏估计量 $\theta^*$ 方差的下界，即克莱默—劳下界。

## 四、最佳无偏估计量

1. 最大似然估计量

如果一个无偏估计量达到了克莱默—劳下界，就可以被称为最佳无偏估计量（best unbiased estimator，BUE），不论该估计量是否线性。这里不妨从最佳估计量的求解开始分析。

和前面几节的分析保持一致，模型为 $Y = X\beta + \varepsilon$，随机误差项服从条件联合正态分布：$\varepsilon | X \sim N(0, \sigma^2 I_n)$，则 $Y | X \sim N(X\beta, \sigma^2 I_n)$，对应的条件似然函数为：

$$L(\tilde{\beta}, \tilde{\sigma}^2; Y | X) = \dfrac{1}{(2\pi)^{n/2} \sqrt{|\det(\tilde{\sigma}^2 I_n)|}} \exp(-\dfrac{(Y - X\tilde{\beta})'(\tilde{\sigma}^2 I_n)^{-1}(Y - X\tilde{\beta})}{2})$$

$$= \dfrac{1}{(2\pi\tilde{\sigma}^2)^{n/2}} \exp(-\dfrac{(Y - X\tilde{\beta})'(Y - X\tilde{\beta})}{2\tilde{\sigma}^2})$$

相应的对数似然函数为：

$$l(\tilde{\beta}, \tilde{\sigma}^2; Y | X) = -\dfrac{n}{2}\ln(2\pi\tilde{\sigma}^2) - \dfrac{1}{2\tilde{\sigma}^2}(Y - X\tilde{\beta})'(Y - X\tilde{\beta})$$

对应的得分函数为：

$$s(\tilde{\beta}, \tilde{\sigma}^2; Y | X) = \begin{pmatrix} \dfrac{\partial l}{\partial \tilde{\beta}} \\ \dfrac{\partial l}{\partial \tilde{\sigma}^2} \end{pmatrix} = \begin{pmatrix} (X'Y - X'X\tilde{\beta})\dfrac{1}{\tilde{\sigma}^2} \\ -\dfrac{n}{2}\dfrac{1}{\tilde{\sigma}^2} + (Y - X\hat{\beta})'(Y - X\hat{\beta})\dfrac{1}{2\tilde{\sigma}^4} \end{pmatrix}$$

令得分函数为0，即令 $s(\hat{\beta}_{MLE},\hat{\sigma}^2_{MLE};Y|X)=0$，可得，最大似然估计量为：

$$\hat{\beta}_{MLE}=(X'X)^{-1}X'Y, \quad \hat{\sigma}^2_{MLE}=\frac{1}{n}(Y-X\hat{\beta}_{MLE})'(Y-X\hat{\beta}_{MLE})=\frac{1}{n}e'_{MLE}e_{MLE}$$

2. 求解克莱默—劳下界

信息矩阵等式给出了克莱默—劳下界的两种求解方式，这里不妨同时给出基于期望海塞矩阵和基于信息矩阵的两种求解方式，以增进读者的理解。

首先从求期望海塞矩阵开始。

$$h(\tilde{\beta},\tilde{\sigma}^2;Y|X)=\begin{pmatrix}\frac{\partial^2 l}{\partial \tilde{\beta}\partial \tilde{\beta}'} & \frac{\partial^2 l}{\partial \tilde{\beta}\partial \tilde{\sigma}^2} \\ \frac{\partial^2 l}{\partial \tilde{\sigma}^2 \partial \tilde{\beta}'} & \frac{\partial^2 l}{\partial \tilde{\sigma}^4}\end{pmatrix}=\begin{pmatrix}-\frac{X'X}{\tilde{\sigma}^2} & -\frac{X'\tilde{\varepsilon}}{\tilde{\sigma}^4} \\ -\frac{\tilde{\varepsilon}'X}{\tilde{\sigma}^4} & \frac{n}{2\tilde{\sigma}^4}-\frac{\tilde{\varepsilon}'\tilde{\varepsilon}}{\tilde{\sigma}^6}\end{pmatrix}$$

注意，这里求期望时，真实参数不具有随机性，只有样本带有随机性。易知：$\mathrm{E}(\frac{n}{2\sigma^4}-\frac{\varepsilon'\varepsilon}{\sigma^6}|X)=\frac{n}{2\sigma^4}-\frac{n\sigma^2}{\sigma^6}=-\frac{n}{2\sigma^4}$，$\mathrm{E}(\frac{X'\varepsilon}{\sigma^4}|X)=\frac{X'}{\sigma^4}\mathrm{E}(\varepsilon|X)=0$，则信息矩阵为：

$$\mathcal{I}=-\mathcal{H}=-\mathrm{E}\,h(\tilde{\beta},\tilde{\sigma}^2;Y|X)=\begin{pmatrix}\frac{X'X}{\sigma^2} & 0 \\ 0 & \frac{n}{2\sigma^4}\end{pmatrix}$$

其次，直接由定义求解信息矩阵。得分函数与其转置相乘为：

$$\begin{pmatrix}\frac{\partial l}{\partial \tilde{\beta}} \\ \frac{\partial l}{\partial \tilde{\sigma}^2}\end{pmatrix}\begin{pmatrix}\frac{\partial l}{\partial \tilde{\beta}'} & \frac{\partial l}{\partial \tilde{\sigma}^2}\end{pmatrix}=\begin{pmatrix}\frac{X'\tilde{\varepsilon}\tilde{\varepsilon}'X}{\tilde{\sigma}^4} & (-\frac{n}{2\tilde{\sigma}^2}+\frac{\tilde{\varepsilon}'\tilde{\varepsilon}}{2\tilde{\sigma}^4})\frac{X'\tilde{\varepsilon}}{\tilde{\sigma}^2} \\ (-\frac{n}{2\tilde{\sigma}^2}+\frac{\tilde{\varepsilon}'\tilde{\varepsilon}}{2\tilde{\sigma}^4})\frac{\tilde{\varepsilon}'X}{\tilde{\sigma}^2} & (-\frac{n}{2\tilde{\sigma}^2}+\frac{\tilde{\varepsilon}'\tilde{\varepsilon}}{2\tilde{\sigma}^4})^2\end{pmatrix}$$

对上式求期望用到以下几个性质：$\mathrm{E}(\varepsilon'\varepsilon X'\varepsilon|X) = X'\mathrm{E}(\varepsilon'\varepsilon\varepsilon|X) = 0$，$\mathrm{E}((\varepsilon'\varepsilon)^2|X) = n(n+2)\sigma^4$。

同样，可以求得信息矩阵为：

$$\mathcal{I} = \begin{pmatrix} \dfrac{X'X}{\sigma^2} & 0 \\ 0 & \dfrac{n}{2\sigma^4} \end{pmatrix}$$

对应的克莱默—劳下界为：

$$\mathcal{I}^{-1} = \begin{pmatrix} \sigma^2(X'X)^{-1} & 0 \\ 0 & \dfrac{2\sigma^4}{n} \end{pmatrix}$$

3. 最佳无偏估计量

参数估计包括了 $\beta$ 的估计和方差 $\sigma^2$ 的估计，这里将最大似然估计量与最小二乘估计量进行比较。

首先，来看对 $\beta$ 的估计。可以看出，最大似然估计量 $\hat{\beta}_{MLE}$ 与最小二乘估计量 $\hat{\beta}$ 相同：$\hat{\beta}_{MLE} = \hat{\beta} = (X'X)^{-1}X'Y$。因此 $\hat{\beta}_{MLE}$ 同样具有无偏性，且 $\mathrm{Var}(\hat{\beta}_{MLE}|X) = \mathrm{Var}(\hat{\beta}|X) = \sigma^2(X'X)^{-1}$，达到了克莱默—劳下界，因此最小二乘估计量 $\hat{\beta}$ 不仅是最佳线性无偏估计量，还是最佳无偏估计量，即 $\hat{\beta}$ 不仅是BLUE，还是BUE。

其次，来看对方差 $\sigma^2$ 的估计，这可以从以下几点进行分析。

第一，由于 $\hat{\beta}_{MLE} = \hat{\beta}$，残差都可以使用 $e$ 来表示，则最大似然估计量 $\hat{\sigma}^2_{MLE}$ 与最小二乘估计量 $\hat{\sigma}^2$ 不同：

$$\hat{\sigma}^2_{MLE} = \frac{e'e}{n}, \quad \hat{\sigma}^2 = \frac{e'e}{n-k}$$

第二，最大似然估计量 $\hat{\sigma}^2_{MLE}$ 是通过优化问题推导出来，但最小二乘估计量 $\hat{\sigma}^2$ 并非通过直接推导获得，而是基于最小二乘法通过无偏性定义表示出来的。

第三，由于最小二乘估计量 $\hat{\sigma}^2$ 具有无偏性，则最大似然估计量 $\hat{\sigma}^2_{MLE}$ 不具有无偏性，这也意味着最大似然估计法并不能保证小样本的无偏性。但是，$\hat{\sigma}^2_{MLE}$ 从极限或渐近的角度看，满足渐近无偏性。注意到 $\hat{\sigma}^2_{MLE} = \dfrac{n-k}{n}\hat{\sigma}^2$，在 $n$ 趋于无穷时，$\hat{\sigma}^2_{MLE}$ 就具备了渐近无偏性。最大似然估计量的性质主要体现在大样本性质上，如一致性、渐近有效性和渐近正态性等。

第四，最小二乘估计量 $\hat{\sigma}^2$ 没有到达克莱默—劳下界，因此不是最佳无偏估计量。由 $\dfrac{(n-k)\hat{\sigma}^2}{\sigma^2}|X \sim \chi^2(n-k)$，可得：

$$\mathrm{Var}(\hat{\sigma}^2|X) = \frac{2\sigma^4}{n-k} > \frac{2\sigma^4}{n}, \quad \mathrm{Var}(\hat{\sigma}^2_{MLE}|X) = \frac{2(n-k)\sigma^4}{n^2} < \frac{2\sigma^4}{n}$$

可以看出，无偏估计量 $\hat{\sigma}^2$ 的方差没有到达克莱默—劳下界，但 $\hat{\sigma}^2_{MLE}$ 比克莱默—劳下界小，这并不矛盾。因为 $\hat{\sigma}^2_{MLE}$ 是有偏估计量，而在使用克莱默—劳下界度量时，一般以估计量的无偏性为前提。

第五，$\hat{\sigma}^2$ 无偏但是方差比克莱默—劳下界大，$\hat{\sigma}^2_{MLE}$ 有偏但是具有渐近无偏性，而且方差比克莱默—劳下界还低，两个估计量不好直接比较优劣。

这时候不妨使用均方误差标准。对于参数 $\theta$ 的估计量 $\theta^*$，均方误差为 $\mathrm{MSE}(\theta^*) = \mathrm{E}(\theta^* - \theta)^2$。如果 $\hat{\theta}$ 是 $\theta$ 的一个无偏估计量，可以构造估计量 $\theta^* = c\hat{\theta}$，常数 $c \neq 1$，则 $\theta^*$ 为有偏估计量。显然，$\theta^*$ 的均方误差可比无偏估计 $\hat{\theta}$ 小。则：

$$\begin{aligned} \mathrm{MSE}(\theta^*) &= \mathrm{E}(\theta^* - \theta)^2 \\ &= \mathrm{E}(\theta^* - \mathrm{E}\theta^* + \mathrm{E}\theta^* - \theta)^2 \\ &= \mathrm{E}(\theta^* - \mathrm{E}\theta^*)^2 + (\mathrm{E}\theta^* - \theta)^2 \\ &= c^2 \mathrm{Var}(\hat{\theta}) + (1-c)^2 \theta^2 \end{aligned}$$

则当 $c^* = \dfrac{\theta^2}{\mathrm{Var}(\hat{\theta}) + \theta^2}$ 时，$\mathrm{MSE}(\theta^*)$ 达到最小值。

此时，构建估计量 $(\hat{\sigma}^*)^2 = \dfrac{(\sigma^2)^2}{\mathrm{Var}(\hat{\sigma}^2_{OLS} \mid X) + (\sigma^2)^2} \hat{\sigma}^2 = \dfrac{n-k}{n-k+2} \hat{\sigma}^2$ 时，能够实现估计量对应的均方误差最小值。

## 第十节　模型假设的放宽

### 一、秩条件假设的放宽

1. 秩条件放宽后的问题

本章主要分析多元线性回归模型，因此对数据生成过程的假设不予分析。同时，分析也指出，随机误差项的条件期望为0假设一般也是个无害的假设，下面考虑其余三个假设，即秩条件假设、球形扰动假设和分布假设。首先来看秩条件假设。

在解释变量带有随机性之后，直接限制随机变量可逆的假设欠妥，因此从其特征值上加以限制。同时，因为解释变量带随机性，分析回归系数的估计量 $\hat{\beta}$ 时，需要给出随机误差项 $\varepsilon$ 和解释变量 $X$ 的联合分布。这时，可以借助条件期望，从技术层面上，将解释变量视为"外生",通过迭代期望定理给出估计量 $\hat{\beta}$ 的无偏性,但方差依旧是条件方差。

秩条件主要用来保证解释变量 $X$ 构成的矩阵 $(X'X)$ 可逆。除了估计量 $\hat{\beta}$ 的条件方差 $\mathrm{Var}(\hat{\beta}|X)$ 之外,还有 $\hat{\beta}$ 的条件均方误差 $\mathrm{MSE}(\hat{\beta}|X)$。$\hat{\beta}$ 的条件均方误差为:

$$\begin{aligned}\mathrm{MSE}(\hat{\beta}|X) &= \mathrm{E}((\hat{\beta}-\beta)'(\hat{\beta}-\beta)|X)\\ &= \mathrm{E}((\hat{\beta}-\mathrm{E}(\hat{\beta}|X)+\mathrm{E}(\hat{\beta}|X)-\beta)'(\hat{\beta}-\mathrm{E}(\hat{\beta}|X)+\mathrm{E}(\hat{\beta}|X)-\beta)|X)\\ &= \mathrm{E}((\hat{\beta}-\mathrm{E}(\hat{\beta}|X))'(\hat{\beta}-\mathrm{E}(\hat{\beta}|X))|X)+(\mathrm{E}(\hat{\beta}|X)-\beta)'(\mathrm{E}(\hat{\beta}|X)-\beta)\\ &= \sum_{j=1}^{k}\mathrm{Var}(\hat{\beta}_j|X)+\sum_{j=1}^{k}\mathrm{Bias}(\hat{\beta}_j|X)\end{aligned}$$

这可以看出,估计量的均方误差是单个估计量 $\hat{\beta}_j$ 的条件方差之和 $\sum_{j=1}^{k}\mathrm{Var}(\hat{\beta}_j|X)$ 加上估计量的偏差之和 $\sum_{j=1}^{k}\mathrm{Bias}(\hat{\beta}_j|X)$。现在假设随机误差项的条件期望为0成立,即 $\mathrm{E}(\varepsilon|X)=0$,这可以保证 $\mathrm{E}\hat{\beta}=\beta$,即 $\hat{\beta}$ 具有无偏性。$\mathrm{MSE}(\hat{\beta}|X)$ 简化为:

$$\begin{aligned}\mathrm{MSE}(\hat{\beta}|X) &= \mathrm{E}((\hat{\beta}-\beta)'(\hat{\beta}-\beta)|X)\\ &= \mathrm{E}(\varepsilon'X(X'X)^{-1}(X'X)^{-1}X\varepsilon|X)\\ &= \mathrm{E}\,\mathrm{tr}(\varepsilon'X(X'X)^{-1}(X'X)^{-1}X\varepsilon|X)\\ &= \mathrm{E}\,\mathrm{tr}((X'X)^{-1}(X'X)^{-1}X\varepsilon\varepsilon'X|X)\\ &= \mathrm{tr}\,\mathrm{E}((X'X)^{-1}(X'X)^{-1}X\varepsilon\varepsilon'X|X)\\ &= \sigma^2\,\mathrm{tr}(X'X)^{-1}\\ &= \sigma^2\sum_{j=1}^{k}\frac{1}{\lambda_j}\end{aligned}$$

上式中,第二步等式用到了 $\hat{\beta}=\beta+(X'X)^{-1}X\varepsilon$;第三步用到了迹算子 tr;第四步等式用到了迹算子中在一定条件下可以互换顺序的性质;第五步等式用到了迹算子与期望算子可以互换顺序的

性质；第六步等式用到了球形扰动假设 $\mathrm{Var}(\varepsilon|X)=\sigma^2 I_n$，此时有 $\mathrm{E}(\varepsilon\varepsilon'|X)=\sigma^2 I_n$；第七步等式中，假设 $\lambda_1,\cdots,\lambda_k$ 为矩阵 $(X'X)$ 的全部特征值，从而 $\mathrm{tr}(X'X)=\sigma^2\sum_{j=1}^{k}\lambda_j$。

现在如果 $(X'X)$ 接近于降秩，即矩阵 $(X'X)$ 的最小特征值接近于0，$\min_{j}\lambda_j \approx 0$，此时估计量 $\hat{\beta}$ 的条件均方误差 $\mathrm{MSE}(\hat{\beta}|X)$ 就会很大，最小二乘估计量 $\hat{\beta}$ 也就不能对回归系数 $\beta$ 给出一个良好的估计。

这也被称为解释变量的共线性问题。不妨举一个简化的例子加以解释。考虑线性回归模型 $Y_i=\beta_1+\beta_2 X_{i2}+\beta_3 X_{i3}+\varepsilon_i$。如果 $X_{i2}=2X_{i3}$，此时模型可以表示为 $Y_i=\beta_1+(2\beta_2+\beta_3)X_{i3}+\varepsilon_i$，最小二乘法给出的是 $(2\beta_2+\beta_3)$ 整体的估计量，但 $\beta_2$ 和 $\beta_3$ 则可以认为近乎不可估计。

因此，在 $\min_{j}\lambda_j \approx 0$ 的情形下，最小二乘估计量 $\hat{\beta}$ 不能被认为是一个很好的估计量，至少在均方误差的意义上是这样。但也不能就此认为，其他算法的估计量一定优于 $\hat{\beta}$，因为其他算法也不能克服解释变量 $X$ 自身所形成的问题。

为了降低估计量的均方误差，派生出了许多其他算法，如岭回归（ridge regression）、主成分估计（principal component estimate，PCE）等，但同样，每个算法也各有其优缺点，不能说绝对优于最小二乘法。

2. 岭回归法

当矩阵 $X'X$ 的最小特征值接近于0时，估计量的均方误差就会很大。为了降低均方误差，可以将矩阵 $X'X$ 的特征值提高，即将 $\lambda_j$ 调整为 $\lambda_j+\eta$，其中 $\eta>0$，这就是岭回归的主要思想。

不妨用 $\hat{\beta}(\eta)$ 表示岭回归下的估计量：

$$\hat{\beta}(\eta) = (X'X + \eta I_k)^{-1} X'Y$$

可以看出，岭回归直接目的就是提高矩阵 $(X'X)$ 的特征值。为建立 $\hat{\beta}(\eta)$ 与 $\hat{\beta}$ 的关系，做如下调整：

$$\begin{aligned}\hat{\beta}(\eta) &= (X'X + \eta I_k)^{-1} X'Y \\ &= (X'X + \eta I_k)^{-1} X'X(X'X)^{-1} X'Y \\ &= (X'X + \eta I_k)^{-1} X'X\hat{\beta} \\ &= (I_k + \eta (X'X)^{-1})^{-1} \hat{\beta} \\ &= A\hat{\beta}\end{aligned}$$

其中，第三步等式引入了最小二乘估计量 $\hat{\beta}$；第四步等式中，由于不存在严格共线性，$(X'X)$ 可逆；最后一步等式，将矩阵 $(I_k + \eta(X'X)^{-1})^{-1}$ 简记为 $A$。

下面论证 $\hat{\beta}(\eta)$ 的条件均方误差更低。显然：

$$\begin{aligned}\text{MSE}(\hat{\beta}(\eta)|X) &= \text{E}((\hat{\beta}(\eta) - \beta)'(\hat{\beta}(\eta) - \beta)|X) \\ &= \text{E}(A(\hat{\beta} - \beta) - (I - A)\beta)'(A(\hat{\beta} - \beta) - (I - A)\beta)|X) \\ &= \text{E}((\hat{\beta} - \beta)'A^2(\hat{\beta} - \beta)|X) + \beta'(I - A)^2 \beta\end{aligned}$$

上式中，第一步等式是 $\text{MSE}(\hat{\beta}(\eta)|X)$ 的定义；第二步用到了 $\hat{\beta}(\eta) = A\hat{\beta}$；第三步用到了性质 $A' = A$ 以及 $\text{E}\hat{\beta} = \beta$。此时，条件均方误差被拆解成了 $\text{E}((\hat{\beta} - \beta)'A^2(\hat{\beta} - \beta)|X)$ 与 $\beta'(I - A)^2 \beta$ 二者之和。

显然：

$$\begin{aligned}
\mathrm{E}((\hat{\beta}-\beta)'A^2(\hat{\beta}-\beta)\mid X) &= \mathrm{E}\,\mathrm{tr}(\varepsilon'X(X'X)^{-1}A^2(X'X)^{-1}X'\varepsilon\mid X) \\
&= \mathrm{E}\,\mathrm{tr}((X'X)^{-1}A^2(X'X)^{-1}X'\varepsilon\varepsilon'X\mid X) \\
&= \mathrm{tr}\,\mathrm{E}((X'X)^{-1}A^2(X'X)^{-1}X'\varepsilon\varepsilon'X\mid X) \\
&= \sigma^2\,\mathrm{tr}((X'X)^{-1}(I_k+\eta(X'X)^{-1})^{-1}(I_k+\eta(X'X)^{-1})^{-1}) \\
&= \sigma^2\,\mathrm{tr}((X'X+\eta I_k)^{-1}(I_k+\eta(X'X)^{-1})^{-1})
\end{aligned}$$

其中，第一步等式用到了 $\hat{\beta}=\beta+(X'X)^{-1}X\varepsilon$；第二步等式引入迹算子一定条件下可交换的性质；第四步等式中，将 $A=(I_k+\eta(X'X)^{-1})^{-1}$ 代入。

注意到：

$$\begin{aligned}
(I_k+\eta(X'X)^{-1})^{-1} &= X'X(X'X+\eta I_k)^{-1} \\
&= (X'X+\eta I_k-\eta I_k)(X'X+\eta I_k)^{-1} \\
&= I_k-\eta(X'X+\eta I_k)^{-1}
\end{aligned}$$

代入上式进一步简化可得：

$$\begin{aligned}
\mathrm{E}((\hat{\beta}-\beta)'A^2(\hat{\beta}-\beta)\mid X) &= \sigma^2\,\mathrm{tr}((X'X+\eta I_k)^{-1}(I_k+\eta(X'X)^{-1})^{-1}) \\
&= \sigma^2\,\mathrm{tr}((X'X+\eta I_k)^{-1}(I_k-\eta(X'X+\eta I_k)^{-1})) \\
&= \sigma^2\,\mathrm{tr}(X'X+\eta I_k)^{-1}-\eta\sigma^2\,\mathrm{tr}(X'X+\eta I_k)^{-2} \\
&= \sigma^2\sum_{j=1}^{k}\frac{1}{\lambda_j+\eta}-\eta\sigma^2\sum_{j=1}^{k}\frac{1}{(\lambda_j+\eta)^2} \\
&= \sigma^2\sum_{j=1}^{k}\frac{\lambda_j}{(\lambda_j+\eta)^2}
\end{aligned}$$

又易知：$\beta'(I-A)^2\beta=\eta^2\beta'(X'X+\eta I_k)^{-2}\beta$，因此：

$$\mathrm{MSE}(\hat{\beta}(\eta)\mid X)=\sigma^2\sum_{j=1}^{k}\frac{\lambda_j}{(\lambda_j+\eta)^2}+\eta^2\beta'(X'X+\eta I_k)^{-2}\beta=\varphi(\eta)$$

显然，$\varphi(0)=\sigma^2\sum_{j=1}^{k}\frac{1}{\lambda_j}=\mathrm{MSE}(\hat{\beta}\mid X)$，又：

$$\left.\frac{d\varphi(\eta)}{d\eta}\right|_{\eta=0} = -2\sigma^2 \sum_{j=1}^{k} \frac{1}{\lambda_j} < 0$$

当 $\eta > 0$ 时且在 0 附近时，必然有 $\varphi(\eta) < \varphi(0)$，即 $\mathrm{MSE}(\hat{\beta}(\eta)|X) < \mathrm{MSE}(\hat{\beta}|X)$。对岭回归估计量需要注意以下几点：

第一，解释变量形成的矩阵 $(X'X)$ 最小特征值接近 0 时，最小二乘估计量 $\hat{\beta}$ 的方差较大，均方误差也较大，借助岭回归方法，在 $(X'X)$ 的特征值基础上增加一个正数，可以降低估计量的均方误差，但此时可以看出，岭回归估计量不具有无偏性，这从矩阵 $A$ 的期望非单位阵可以直接看出。因此岭回归尽管降低了估计量的均方误差，但同时也丧失了无偏性等典型的小样本性质。

第二，从 $\varphi(\eta)$ 的表达式可以看出，想找到一个独立于参数 $\sigma^2$ 和 $\beta$ 的正常数 $\eta$，使 $\varphi(\eta) < \varphi(0)$ 成立，也很困难。因此 $\eta$ 的选择，与样本相关，但最优的选择无法确定，因为 $\sigma^2$ 和 $\beta$ 未知。

第三，由 $\hat{\beta}(\eta) = (I_k + \eta(X'X)^{-1})^{-1}\hat{\beta} = A\hat{\beta}$ 可以看出，若 $\eta > 0$ 且 $\hat{\beta} \neq 0$，必有 $\hat{\beta}'(\eta)\hat{\beta}(\eta) < \hat{\beta}'\hat{\beta}$，因此岭回归估计量 $\hat{\beta}(\eta)$ 是对最小二乘估计量 $\hat{\beta}$ 的压缩估计，但不是一种均匀压缩。若使用均匀压缩，如令 $\beta^*(\eta) = c\hat{\beta}$，这就回到了本章第九节分析的情形，相关分析较为简单。但是，此时又丧失了岭回归估计量 $\hat{\beta}(\eta)$ 依赖于样本特征的优势。

### 3. 主成分分析法

岭回归法主要在矩阵 $(X'X)$ 的最小特征值基础上增加一个正数，使得估计量的均方误差下降，主成分分析法也是从矩阵 $(X'X)$ 出发。考虑回归模型 $Y = X\beta + \varepsilon$，引入 $k \times k$ 的正交矩阵 $B$，则：

$$Y = X\beta + \varepsilon = XB'B\beta + \varepsilon = \tilde{X}\alpha + \varepsilon$$

其中，$\tilde{X} = XB'$，$\alpha = B\beta$。同样可以看出 $\beta = B^{-1}\alpha = B'\alpha$，由于 $B$ 可逆，原参数 $\beta$ 和新参数 $\alpha$ 之间通过可逆矩阵 $B$ 一一对应，即 $\alpha$ 是 $\beta$ 的线性组合。对上述模型做最小二乘回归，可得：

$$\hat{\alpha} = (\tilde{X}'\tilde{X})^{-1}\tilde{X}'Y = (BX'XB')^{-1}BX'Y = \Lambda^{-1}\tilde{Y}$$

其中，$\Lambda = \mathrm{diag}\{\lambda_1, \lambda_2, \cdots, \lambda_k\}$，$\tilde{Y} = BX'Y$。从这里可以看出，正交矩阵 $B$ 实际上是基于正定矩阵 $X'X$ 构造的，其特征值满足：$\lambda_1 \geq \lambda_2 \geq \cdots \geq \lambda_k > 0$，且 $B'\Lambda B = B^{-1}\Lambda B = X'X$，进而 $BX'XB' = \Lambda$。

显然有：

$$\hat{\alpha}_j = \frac{1}{\lambda_j}\tilde{Y}_j = (B\hat{\beta})_j$$

当 $\lambda_j$ 很小的时候，由 $\lambda_j\hat{\alpha}_j = \tilde{Y}_j$ 可以看出，参数 $\alpha_j$ 实际上在模型中作用不大又难以估计。因此不妨选定某个阈值，把在阈值之下的特征值 $\lambda_j$ 及其对应的参数 $\alpha_j$ 都消除，即 $\alpha$ 调整后的估计量为：

$$\hat{\alpha}_{PCE} = (\hat{\alpha}_1, \hat{\alpha}_2, \cdots, \hat{\alpha}_q, 0, \cdots, 0)'$$

再由 $\beta = B'\alpha$ 估计出 $\hat{\beta}_{PCE}$，即主成分估计量。

对主成分分析法，需要注意以下三点：

第一，主成分分析法，实际上是将原来带有相关性的一组解释变量 $X$，通过正交变化，转化成了一组相互无关的新的解释变量 $\tilde{X}$，这种新的变量 $\tilde{X}$ 就被称为主成分。因此，主成分分析法是一种降维分析方法。

第二，原回归模型 $Y = X\beta + \varepsilon$ 一般是根据金融理论模型构建的，新模型 $Y = \tilde{X}\alpha + \varepsilon$ 的参数 $\alpha$ 是原模型参数 $\beta$ 的线性组合，因此

$\hat{\beta}_{PCE}$ 是 $\hat{\alpha}_{PCE}$ 的线性组合，基于阈值对新模型进行变量的取舍，使用修正后的 $\hat{\beta}_{PCE}$ 尽管可以降低估计量的均方误差，但容易缺失相应的金融内涵。

第三，对特征值的阈值选择与岭回归中对 $\eta$ 的选择一样，很难有一个通行的标准，同时也不具备无偏性等小样本性质。

## 二、球形扰动假设的放宽

估计量要具备在一定标准下的方差最小、精度最高的性质，随机误差项的球形扰动假设至关重要。

如果不给定随机误差项的条件球形扰动假设，估计量就很难具备BLUE或者BUE性质，这时候可以对随机误差项的条件方差—协方差矩阵进行某种变换，使其满足最小二乘法的基本假设，此时估计量又会具备BLUE。将不满足最小二乘法的基本假设调整成满足基本假设，这种调整方法又被称为广义最小二乘法。本章附有相关习题，这里不再展开。

## 三、分布假设的放宽

要想进行假设检验，最关键的是要推导出参数估计量的分布。因此，随机误差项的条件正态分布是从估参数到推分布、做检验的关键。

如果没有随机误差项的分布假设，此时就需要借助大数定理和中心极限定理，研究样本量趋近于无穷时的渐近分布，这是下一章分析的核心。

## 本章小结

本章首先简要介绍了什么是小样本,指出小样本分析以估计量的精确分布为核心。将一元线性回归模型推广到多元线性模型后,本章给出了小样本分析常用的五个基本假设。除数据生成过程假设外,由于解释变量外生假设过于严格,本章假设解释变量带有随机性,结合矩估计法的思想,分析解释变量需要满足秩条件的缘由。在此基础上,引入条件期望,从而在"技术"处理上可以将解释变量视为外生。

随机误差项的条件期望为0,借助迭代期望定理,可以保证参数计量的无偏性。随机误差项的条件同方差与条件无自相关的假设,可以给出参数估计量的有效性证明,即高斯—马尔可夫定理,表明参数估计量为最佳线性无偏估计量。随机误差项的条件正态分布假设,可以推导出参数估计量的精确分布,从而有利于进行估计量的检验。小样本的假设检验以 $t$ 统计量和 $F$ 统计量为核心。在参数估计量通过显著性检验的基础上,可以进行相应的预测,可以推导出预测值精确的条件分布。

接着,本章从最大似然估计法出发,对高斯—马尔可夫定理进行了拓展分析。通过引入克莱默—劳下界,可以看出最小二乘估计量 $\hat{\beta}$ 不仅是最佳线性无偏估计量,还是最佳无偏估计量,但方差的估计量 $\hat{\sigma}^2$ 不具有该性质。

最后,本章将模型的秩条件、条件球形扰动、条件分布等基本假设放宽,分析其对估计量的影响。秩条件放宽后,估计量 $\hat{\beta}$ 的条件均方误差就会很大,为降低均方误差,派生出了如岭回归、主成分估计等多种算法。条件分布假设放宽后,就进入了大样本分析的框架,这是下一章的重点内容。

## 本章练习题

1. 试推导和说明：

（1）利用本章所采用的矩阵描述形式，将第一章讨论的一元线性回归模型导出为 $Y = X\beta + \varepsilon$，并注明 $Y$、$X$、$\beta$、$\varepsilon$ 的含义；

（2）利用 $\hat{\beta} = (X'X)^{-1}X'Y$，代入 $Y$、$X$ 的具体形式，导出 $\hat{\beta}$ 的结果；

（3）利用 $\text{Var}(\hat{\beta}|X) = \sigma^2(X'X)^{-1}$，代入 $X$ 的具体形式，导出 $\text{Cov}(\hat{\beta}_1, \hat{\beta}_2 | X)$ 的结果。

2. 考虑模型 $Y = X\beta + \varepsilon$，其中 $X$ 包含 $k$ 个解释变量的 $n \times k$ 的矩阵。但实际应用可能仅对 $k$ 个解释变量中的 $k_1$ 个感兴趣，而将其他 $k_2 (= k - k_1)$ 个解释变量当作控制变量。不妨设感兴趣的是 $X$ 的前 $k_1$ 列，因而将 $X$ 写作分块矩阵形式 $X = (X_1 \ X_2)$，$X_1$ 和 $X_2$ 的列数分别为 $k_1$ 和 $k_2$。相应地得到 $Y = X_1\beta_1 + X_2\beta_2 + \varepsilon$ 或记为：

$$Y = (X_1 \ X_2)\begin{pmatrix} \beta_1 \\ \beta_2 \end{pmatrix} + \varepsilon$$

（1）证明 $\beta_1$ 和 $\beta_2$ 的OLS估计量 $\hat{\beta}_1$ 和 $\hat{\beta}_2$ 满足下式：

$$\begin{pmatrix} X_1'X_1 & X_1'X_2 \\ X_2'X_1 & X_2'X_2 \end{pmatrix}\begin{pmatrix} \hat{\beta}_1 \\ \hat{\beta}_2 \end{pmatrix} = \begin{pmatrix} X_1'Y \\ X_2'Y \end{pmatrix}$$

（2）利用（1）证明：$\hat{\beta}_2 = (X_2'X_2)^{-1}X_2'(Y - X_1\hat{\beta}_1)$

（3）利用（1）和（2）的结果证明：

$$\hat{\beta}_1 = (X_1'M_2X_1)^{-1}X_1'M_2Y$$

其中 $M_2 = I - X_2(X_2'X_2)^{-1}X_2'$ 为 $X_2$ 构成的残差制造矩阵；

（4）利用 $M_2$ 的含义，解释（3）的结果。提示：可首先将 $\hat{\beta}_1$ 化为以下形式：

$$\hat{\beta}_1 = [(M_2 X_1)' M_2 X_1]^{-1} (M_2 X_1)' M_2 Y$$

3．考虑模型 $Y = X\beta + \varepsilon$，其中 $\text{Var}(\varepsilon | X) = \sigma^2 I_n$，对 $\beta$ 任意的线性无偏估计量 $\hat{\beta}^*$，其中的最小二乘估计量为 $\hat{\beta}$。

（1）试证明 $\text{E}\left[(\hat{\beta}^* - \hat{\beta})(\hat{\beta} - \beta)' | X\right] = 0$；

（2）利用（1）证明高斯—马尔可夫定理；

（3）若 $\text{Var}(\varepsilon | X) = diag\{\sigma_1^2, \sigma_2^2, \cdots, \sigma_n^2\}$，其中 $\sigma_1^2, \sigma_2^2, \cdots, \sigma_n^2$ 不全相等，试说明高斯—马尔可夫定理的结论是否成立。

4．条件球形扰动假设不成立时，OLS无法给出对参数的最佳估计。考虑模型 $Y = X\beta + \varepsilon$，满足假设2.1~2.3，但条件球形扰动假设不满足，即 $\text{Var}(\varepsilon | X) = \Omega \neq \sigma^2 I_n$，方差—协方差矩阵 $\Omega$ 是 $n$ 阶正定矩阵，且 $\Omega$ 已知。

（1）正定矩阵 $\Omega^{-1}$ 可分解为 $\Omega^{-1} = P'P$，$P$ 为一可逆矩阵。证明方差—协方差矩阵 $\text{Var}(P\varepsilon | X)$ 是单位阵 $I_n$；

（2）考虑 $PY = PX\beta + P\varepsilon$，说明 $PY$ 对 $PX$ 的回归满足条件球形扰动假设，从而导出 $\beta$ 的一个线性估计量为 $\hat{\beta} = (X'\Omega^{-1}X)^{-1} X'\Omega^{-1} Y$。这种估计参数值的方法称作广义最小二乘法（generalized least square，GLS）；

（3）参考本章正文对OLS估计量是最佳线性无偏估计量（BLUE）的证明过程，证明在球形扰动假设不成立的条件下，（2）中给出的GLS估计量具有BLUE性质。

5．考虑利用样本 $x$ 估计总体参数 $\theta \in \mathbb{R}^k$ 得到的一个无偏估计

量 $\hat{\theta}$，若对数似然函数为 $l(\tilde{\theta};x)$，相应的得分函数 $s(\tilde{\theta};x)$，$\mathcal{I}(\theta)$ 为费歇尔信息矩阵。

（1）试证明：

$$\text{Var}\begin{pmatrix} \hat{\theta} \\ s(\theta;x) \end{pmatrix} = \begin{pmatrix} \text{Var}(\hat{\theta}) & I_k \\ I_k & \mathcal{I}(\theta) \end{pmatrix}$$

（2）证明 $\begin{pmatrix} \text{Var}(\hat{\theta}) - (\mathcal{I}(\theta))^{-1} & O \\ O & \mathcal{I}(\theta) \end{pmatrix}$ 半正定。

## 本章附录

一、投影矩阵：幂等对称矩阵

如果 $n$ 阶方阵 $A$ 满足 $A' = A$ 且 $A^2 = A$，那么 $A$ 称作幂等对称矩阵。这里仅讨论实幂等对称矩阵的一些性质。

**性质1（特征值）**：幂等对称矩阵的特征值不是0就是1。

显然，对于幂等对称矩阵 $A$ 的特征值 $\lambda$ 满足 $\lambda^2 = \lambda$，故 $\lambda \in \{0,1\}$。

于是，由 $A$ 为实对称矩阵，可以正交对角化，可知存在正交矩阵 $T = (\xi_1, \xi_2, \cdots, \xi_n)$ 使得：

$$A\xi_i = \xi_i, \quad 1 \leqslant i \leqslant r$$
$$A\xi_i = 0, \quad r < i \leqslant n$$

即：

$$T'AT = \begin{pmatrix} I_r & O_{r \times (n-r)} \\ O_{(n-r) \times r} & O_{(n-r) \times (n-r)} \end{pmatrix}$$

那么对任意的列向量 $\eta = \sum_{i=1}^{n} c_i \xi_i$，$A\eta = \sum_{i=1}^{n} c_i A\xi_i = \sum_{i=1}^{r} c_i \xi_i$。这意味着，通过左乘 $A$，任意向量 $\eta = \sum_{i=1}^{n} c_i \xi_i$ 变换为 $\eta' = A\eta = \sum_{i=1}^{r} c_i \xi_i$，即变换为 $\eta$ 在 $\{\xi_1, \xi_2, \cdots, \xi_r\}$ 张成的子空间（即 $A$ 特征值为 1 的特征子空间）中的投影。由于这一原因，数学专业文献将投影矩阵视为幂等对称矩阵的等价概念。

由于正交变换不改变矩阵的迹（trace）和秩（rank），因此 $\text{tr}(A) = \text{tr}(T'AT) = r$，$\text{rank}(A) = \text{rank}(T'AT) = r$，于是 $\text{tr}(A) = \text{rank}(A)$，即幂等对称矩阵的秩和迹相等。

**性质2（迹秩相等）**：幂等对称矩阵的迹与秩相等。

具备 $P_L = L(L'L)^{-1}L'$ 形式的矩阵是幂等对称矩阵，其中 $L$ 是任意的 $n \times r$ 的列满秩矩阵。

**性质3**：$P_L$ 是秩为 $r$ 的幂等对称矩阵。它将任意 $n$ 维列向量 $Y$ 投影到 $L$ 的列向量组张成的 $r$ 维子空间中。

事实上，$\text{rank}(P_L) = \text{tr}(P_L) = \text{tr}(L(L'L)^{-1}L') = \text{tr}(L'L(L'L)^{-1}) = \text{tr}(I_r) = r$。由于 $P_L L = L$，所以 $L$ 的 $r$ 个列向量都是特征值为 1 对应的特征向量，且它们线性无关。所以，$L$ 的列向量组张成的空间就是 $P_L$ 特征值为 1 的特征子空间。因此 $P_L$ 将任意 $n$ 维列向量 $Y$ 投影到 $L$ 的列向量组张成的 $r$ 维子空间中。

正文主要用到以下两个基本的幂等对称矩阵，分别是 $P_L = L(L'L)^{-1}L'$ 在 $L = X$ 和 $L = l$ 的两个特例。

（1）$L = X$，$P = X(X'X)^{-1}X'$

在正文中提到的 $P = X(X'X)^{-1}X'$ 就是 $L = X$ 的特例。由于 $X_{n \times k}$ 列满秩，由线性代数知识可知，存在列满秩矩阵 $Z_{n \times (n-k)}$，且满足 $X$ 与 $Z$ 正交，即 $X'Z = O_{k \times (n-k)}$，从而可将 $X$ 扩展为 $L^* = (X \quad Z)$。则

由于 $L^*$ 可逆，那么 $Y$ 可由 $L^*$ 的列向量组唯一地表示出来，即可求出 $L^{*-1}Y$。

注意到：

$$\begin{pmatrix} (X'X)^{-1}X' \\ (Z'Z)^{-1}Z' \end{pmatrix} (X \quad Z) = \begin{pmatrix} I_k & O_{k\times(n-k)} \\ O_{(n-k)\times k} & I_{n-k} \end{pmatrix} = I_n$$

所以，

$$(L^*)^{-1} = \begin{pmatrix} (X'X)^{-1}X' \\ (Z'Z)^{-1}Z' \end{pmatrix}$$

于是，

$$I_n = L^*(L^*)^{-1} = (X \quad Z)\begin{pmatrix} (X'X)^{-1}X' \\ (Z'Z)^{-1}Z' \end{pmatrix} = X(X'X)^{-1}X' + Z(Z'Z)^{-1}Z'$$

注意到 $X(X'X)^{-1}X' = P$ 及 $P + M = I_n$，可以得到 $M = Z(Z'Z)^{-1}Z'$，因此残差制造矩阵 $M$ 也是投影矩阵，它可将任意向量投影到 $X$ 的列向量组张成空间的正交补空间，即 $Z$ 的列向量组张成的空间。

（2）$L = l$，$P_l = l(l'l)^{-1}l'$，$l$ 为每个元素都为 1 的 $n$ 维列向量 $l = (1, 1, \cdots, 1)'$。

$P_l = l(l'l)^{-1}l' = \dfrac{1}{n}ll'$，易知 $P_l$ 是一个所有元素均为 $\dfrac{1}{n}$ 的 $n$ 阶方阵。注意到：

$$P_l Y = (\bar{Y}, \bar{Y}, \cdots, \bar{Y})' = \bar{Y}l$$

即矩阵 $P_l$ 的作用是将 $Y$ 的每个元素变为 $Y$ 的平均值 $\bar{Y}$。

此外在正文中讨论决定系数 $R^2$ 时还用到 $M_o = I_n - P_l$，它也是一个幂等对称矩阵，对任意的 $n$ 维列向量 $Y$：

$$M_o Y = Y - P_o Y = Y - \bar{Y}l$$

则矩阵 $M_0$ 的作用是将 $Y$ 变换为离差的形式。

二、迭代期望定理

**定理**：随机变量 $Y$ 在随机向量 $X$ 下的条件期望 $\mathrm{E}(Y|X)$ 是 $X$ 的函数，那么 $\mathrm{E}(Y|X)$ 也是随机变量，且 $\mathrm{E}(Y|X)$ 的期望与 $Y$ 的期望相等，即 $\mathrm{E}[\mathrm{E}(Y|X)]=\mathrm{E}Y$。

**证明**：这里只给出在随机向量 $(X,Y)$ 的联合密度 $f(x,y)$、条件分布函数 $f_{Y|X}(y|x)$ 及 $X$ 的边缘分布密度 $f_X(x)\neq 0$ 存在的情况下迭代期望定理的证明。

$$\begin{aligned}\mathrm{E}[\mathrm{E}(Y|X)] &= \int\left[\int_{-\infty}^{+\infty} y f_{Y|X}(y|x)\mathrm{d}y\right]f_X(x)\mathrm{d}x \\ &= \iint_{-\infty}^{+\infty} y f_{Y|X}(y|x)f_X(x)\mathrm{d}y\mathrm{d}x \\ &= \iint_{-\infty}^{+\infty} y f(x,y)\mathrm{d}y\mathrm{d}x = \mathrm{E}Y\end{aligned}$$

三、三大统计量

$\chi^2$、$t$ 和 $F$ 是检验常用的三大统计量，基本性质如下：

（1）若 $X_1,\cdots,X_n$ 独立，$X_i \sim N(\mu_i,1)$，$i=1,\cdots,n$，则 $X=\sum_{i=1}^{n}X_i^2 \sim \chi_{n,\mu}^2$，其中 $n$ 为自由度，$\mu=\sqrt{\sum_{i=1}^{n}\mu_i^2}$ 为非中心参数。若 $\mu_i=0$，则 $\mu=0$，此时分布是中心的，$X=\sum_{i=1}^{n}X_i^2 \sim \chi^2(n)$。

（2）若 $X \sim \chi^2(n)$，则 $\mathrm{E}X=n$，$\mathrm{Var}\,X=2n$。

（3）若 $Y_1,\cdots,Y_n$ 独立，$Y_i \sim \chi_{n_i,\mu_i}^2$，则 $Y=\sum_{i=1}^{n}Y_i \sim \chi_{n,\mu}^2$，其中 $n=\sum_{i=1}^{n}n_i$，$\mu^2=\sum_{i=1}^{n}\mu_i^2$。

（4）若 $X_n \sim \chi^2(n)$，$n=1,2,\cdots$，则 $\dfrac{X_n-n}{\sqrt{2n}}\xrightarrow{d} N(0,1)$，其中，$\xrightarrow{d}$ 表示依分布收敛。

（5）若 $X=(X_1,\cdots,X_n)'$，$X_1,\cdots,X_n$ 独立，$X_i \sim N(\mu_i,1)$，

$i=1,\cdots,n$，$A$ 为 $n$ 阶对称方阵，则 $Y = X'AX$ 服从 $\chi^2$ 分布的充要条件是 $A$ 为幂等方阵。此时，$Y \sim \chi^2_{n,\mu}$，其中 $n = \text{rank}(A)$，$\mu = \sqrt{(\mu_1,\cdots,\mu_n)A(\mu_1,\cdots,\mu_n)'}$。

（6）若 $X = (X_1,\cdots,X_n)' \sim N(0,I_n)$，$Y_1 = X'A_1X \sim \chi^2(n_1)$，$Y_2 = X'A_2X \sim \chi^2(n_2)$，$A_3 = A_1 - A_2$ 为半正定矩阵且 $A_3 \neq 0$，则 $Y_3 = X'A_3X \sim \chi^2(n_3)$，$n_3 = n_1 - n_2$，$Y_3$ 与 $Y_2$ 独立，且 $Y_2Y_3 = 0$。该结论可以推广到非中心的情形。

（7）若 $X = (X_1,\cdots,X_n)' \sim N(\mu,\Omega)$，方差-协方差矩阵 $\Omega$ 满秩，即可逆，则 $Y = (X-\mu)'\Omega^{-1}(X-\mu) \sim \chi^2(n)$。

（8）若 $X$ 与 $Y$ 独立，$X \sim N(\mu,1)$，$Y \sim \chi^2(n)$，则 $Z = \dfrac{X}{\sqrt{Y/n}} \sim t_{n,\mu}$，其中 $n$ 为自由度，$\mu$ 为非中心参数。当 $\mu = 0$ 时，分布是中心的，则 $Z = \dfrac{X}{\sqrt{Y/n}} \sim t(n)$。

（9）若 $X \sim t(n)$，则 $\text{E}\,X = 0$，$\text{Var}\,X = \dfrac{n}{n-2}$，$n > 2$。

（10）若 $X_n \sim t_{n,\mu}$，$\mu$ 固定，$n = 1,2,\cdots$，则 $X_n \xrightarrow{d} N(\mu,1)$。若 $\mu = 0$，$X_n \xrightarrow{d} N(0,1)$。

（11）若 $X$ 与 $Y$ 独立，$X \sim \chi^2_{m,\mu}$，$Y \sim \chi^2(n)$，则 $Z = \dfrac{X/m}{Y/n} \sim F_{m,n,\mu}$，其中 $m$ 和 $n$ 分别为自由度，$\mu$ 为非中心参数。若 $\mu = 0$，分布为中心，$Z = \dfrac{X/m}{Y/n} \sim F(m,n)$。

（12）若 $X \sim F(m,n)$，则 $\text{E}\,X = \dfrac{n}{n-2}$，$n > 2$；$\text{Var}\,X = \dfrac{2n^2(m+n-2)}{m(n-2)^2(n-4)}$，$n > 4$。

（13）若 $X \sim t_{n,\mu}$，则 $X^2 \sim F_{1,n,\mu}$。

（14）$X_n \sim F_{m,n,\mu}$，$\mu$ 固定，$n = 1,2,\cdots$，则 $X_n \xrightarrow{d} \dfrac{1}{m}\chi^2_{m,\mu}$。若 $\mu = 0$，$X_n \xrightarrow{d} \dfrac{1}{m}\chi^2(m)$。

## 四、计量软件的报告结果呈现

自此,本章结束了对多元线性回归模型的小样本分析。金融计量建模的完整步骤包括:(1)从金融逻辑出发,设定金融计量模型;(2)估参数 $\beta$;(3)论估计量 $\hat{\beta}$ 的性质;(4)推分布;(5)构建 $t$ 和 $F$ 统计量做检验;(6)回到金融逻辑,进行解释和预测。前面章节,对这些步骤进行了完整的数学讨论。

现在,Stata、SAS、Matlab 等软件已经内置完成这些步骤的功能,这极大地方便了运用计量模型进行实证研究。只要输入样本数据和设定的模型,这些软件能够自动地计算并报告包括参数估计量 $\hat{\beta}$、$t$ 值、置信区间、$R^2$ 等在内的大部分感兴趣的量。下面以 Stata 的使用为例。

首先设定模型为:多元线性回归模型 $y = \_cons + \beta_1 \cdot x1 + \beta_2 \cdot x2 + \cdots + \varepsilon$,其中 $\_cons$ 为截距项,$x1, x2, \cdots$ 为其他 $k-1$ 个解释变量,模型满足所有基本假设 2.1~2.5。不妨以 Stata 为例,输入样本数据和命令,运行后可得到如下结果,位置[1]-[21]上的是软件自动计算出的具体数值。

```
      Source |       SS         df        MS         Number of obs =    [1]
-------------|------------------------------------   F([8], [11])  =    [2]
       Model |      [7]        [8]       [9]         Prob > F      =    [3]
    Residual |     [10]       [11]      [12]         R-squared     =    [4]
-------------|------------------------------------   Adj R-squared =    [5]
       Total |     [13]       [14]      [15]         Root MSE      =    [6]
-------------------------------------------------------------------------------
           y |    Coef.    Std. Err.      t       P>|t|    [95% Conf. Interval]
-------------|-----------------------------------------------------------------
          x1 |    [16]       [17]       [18]      [19]       [20]       [21]
          x2 |    [16]       [17]       [18]      [19]       [20]       [21]
         ... |     ...        ...        ...       ...        ...        ...
       _cons |    [16]       [17]       [18]      [19]       [20]       [21]
-------------------------------------------------------------------------------
```

**图 2.2　Stata 回归结果**

其中[1]~[6]和[16]~[21]是最核心的几条结果,也是本章重点讨论的内容,下面逐一解释它们所代表的含义。

[1]是样本容量 $n$。

[2]是对零假设 $\beta_2, \beta_3, \cdots = 0$ 进行 $F$ 检验得到的 $F$ 统计量,这里默认第一个解释变量为常数1。[8]和[11]给出 $F$ 所满足的 $F(n-1, n-k)$ 分布的自由度。

[3]是 $F$ 统计量的 $p$ 值。

[4]是决定系数 $R^2$。

[5]是调整 $\bar{R}^2$。

[6]是 $\sigma^2$ 估计值 $\hat{\sigma}^2$ 的算术平方根。

[16]各行分别为是 $\beta_1, \beta_2, \cdots$ 等各参数及截距项 _cons 的OLS估计值。

[17]各行分别为是与[16]对应的估计量的标准误。

[18]各行分别为对零假设 $\beta_1 = 0, \beta_2 = 0, \ldots, \beta_{k-1} = 0$ 和 _cons=0 进行 $t$ 检验得到的 $t$ 统计量。

[19]各行分别为[18]给出的 $t$ 统计量对应的 $p$ 值。

[20][21]各行分别给出95%置信水平下各参数的置信区间的左右端点。

不同的软件汇报的结果形式不同,但蕴含的数学逻辑是一致的,这也是本书侧重于逻辑证明的原因。某种程度上讲,本章就是围绕统计软件汇报结果的目的展开的。下表抽象出Stata汇报结果中[1]~[21]的数学形式,所用的数学符号与本章正文保持一致,供读者对照,对小样本理论做一回顾。

第二章　多元线性回归的小样本分析 | 115

| [1]<br>$n$ | [2]<br>$F = \dfrac{R^2}{1-R^2} \cdot \dfrac{n-k}{k-1}$ | [3]<br>$p_F = 1 - \psi(F)$ |
|---|---|---|
| [4]<br>$R^2 = \dfrac{\hat{Y}'M_o\hat{Y}}{Y'M_oY} = 1 - \dfrac{e'e}{Y'M_oY}$ | [5]<br>$\bar{R}^2 = 1 - \dfrac{e'e/(n-k)}{Y'M_oY/(n-1)}$ | [6]<br>$\sqrt{\hat{\sigma}^2} = \sqrt{\dfrac{e'e}{n-k}}$ |
| [7]<br>$\hat{Y}'M_o\hat{Y}$ | [8]<br>$k-1$ | [9]<br>$\dfrac{\hat{Y}'M_o\hat{Y}}{k-1}$ |
| [10]<br>$e'e$ | [11]<br>$n-k$ | [12]<br>$\dfrac{e'e}{n-k}$ |
| [13]<br>$Y'M_oY = \hat{Y}'M_o\hat{Y} + e'e$ | [14]<br>$n-1$ | [15]<br>$\dfrac{Y'M_oY}{n-1}$ |
| [16]<br>$\hat{\beta} = (X'X)^{-1}X'Y$ | [17]<br>$se(\hat{\beta}_j) = \sqrt{\hat{\sigma}^2(X'X)^{-1}_{jj}}$ | [18]<br>$t_j = \dfrac{\hat{\beta}_j}{se(\hat{\beta}_j)}$ |
| [19]<br>$p_t = 1 - \phi(t_j)$ | [20][21]<br>$[\hat{\beta}_j - t_{\alpha/2}se(\hat{\beta}_j), \hat{\beta}_j + t_{\alpha/2}se(\hat{\beta}_j)], \alpha = 0.05$ | |

# 第三章
# 多元线性回归的大样本分析

## 第一节 什么是大样本

### 一、金融计量学中的三类逻辑

金融计量学要保证金融逻辑、数学逻辑与统计逻辑三者的统一。数学逻辑用严谨的数学语言刻画了金融逻辑的内在一致性，使金融思想从抽象的哲学层面具化为科学层面，这就完成了第一步。但是，金融逻辑还需要和统计逻辑二者统一，从金融理论出发构建的计量模型，能够通过统计上的检验，使得理论能够解释并指导实践，同时实践中的数据又能够支持理论。本书"重中间，轻两头"，即重数学逻辑和统计逻辑，轻金融逻辑。在数学逻辑与统计逻辑之间，又更重统计逻辑，但二者的边界，正如经济与金融之间，难以被界定清晰，本书同样不加以明确界定。

统计逻辑或统计推断，基本问题是由样本推断总体，统计推断也因此主要分为三个部分：点估计、区间估计与假设检验。所谓总体，就是随机变量所服从的概率分布。所谓样本，就是随机变量的实现值或观测值。如果概率分布已经知晓，那就根本不需要进行统计推断了，也就是说，此时并不需要统计逻辑。但是，总体的分布要么完全未知，要么部分未知。这时候，就需要利用样本的信息，对总体概率分布或者某个数字特征，如期望、方差等，做出尽可能精确可靠的推断。但是，样本并不一定含有总体的全部信息，这就派生出了充分统计量的问题。为了实现利用样本推断总体分布，就需要对样本施加假设与限制。

点估计，主要就是基于对总体的假设，利用一系列算法，如最小二乘法、最小一乘法、矩估计法、最大似然估计法、贝叶斯估计法等，给出参数的估计量。区间估计，则是基于样本，估计参数可能位于的区间。区间由于基于样本算出，也带有随机性。假设检验，就是设定一个检验规则或标准，依据这个规则或标准，每个抽取的样本，都能回答选择接受或者拒绝参数的某个假设。

从金融逻辑出发，由数学逻辑完善，再经过统计逻辑检验，最后回到金融逻辑去解释和预测，这就是完整的金融计量学链条。金融逻辑是金融理论研究的核心，是金融计量模型设定的基础。数学逻辑，在这里应用更多的是算法或优化，贯穿于金融逻辑与统计逻辑。统计逻辑，则是利用收集整理的金融数据，通过样本来推断总体，检验金融逻辑是否与现实一致。金融计量的"设模型、估参数、论性质、推分布、做检验、做预测"这六个核心步骤，就是从金融逻辑出发，经由数学逻辑和统计逻辑，再回到金融逻辑。这三种逻辑的相互关系，就是前两章分析的核心。

## 二、为何需要大样本分析

第二章已经指出,大样本理论与小样本理论相比,应用出现在前,命名却在后,这是因为,在使用统计方法分析数据的初期,分析的数据样本量就比较大,如生物统计数据、社会统计数据等。皮尔逊也正是在此基础上,通过研究样本的概率分布,提炼出了分布族的概念,这是他对统计学的伟大贡献之一。

统计推断的核心是,从样本,即总体随机变量的实现值,来推断该随机变量的分布或其数字特征。小样本分析,最关键的假设就是随机误差项的正态分布或者条件正态分布,即 $\varepsilon \sim N(0, \sigma^2 I_n)$ 或 $\varepsilon | X \sim N(0, \sigma^2 I_n)$,这是从点估计或参数估计转向假设检验的最关键一步。否则,得不到估计量的精确分布,如得不到回归系数估计量 $\hat{\beta} | X \sim N(\beta, \sigma^2 (X'X)^{-1})$ 和方差估计量 $\frac{(n-k)\hat{\sigma}^2}{\sigma^2} | X \sim \chi^2(n-k)$。有了精确分布,就可以计算估计量的期望、方差等数字特征,在精确分布基础上,才能构建 $t$ 统计量与 $F$ 统计量进行假设检验。金融计量模型如果没有分布假设,也就不存在精确分布。而且显然,施加这种分布假设极强。没有分布假设,如何进行假设检验?大样本分析,就可以用来克服这一缺陷,在不对模型施加分布假设的基础上,同样可以完成估参数、论性质、推分布、做检验等核心步骤。

大样本理论之所以重要,从以下四点可以看出。

第一,研究估计量,最重要的就是研究出估计量的分布。模型总体带随机性设定,估计量就带有随机性。在样本大小固定时,对总体不施加假设,就很难知道估计量的分布。但是当样本量无限增加、趋于无穷时，估计量的分布可能收敛至一些常见的简单分布，如正态分布。这种极限分布，被称为渐近分布（asymptotic distribution）。一旦有了随机变量的渐近分布，就近似等于知道了估计量的全部信息。

第二，研究估计量的某种最优性质，在样本量固定时，很难给出某种最优性质的估计量。小样本下的无偏性与有效性，都需要对样本施加很强的假设，例如，要想均方误差与方差等价，就必须估计量具有无偏性。大样本下，可以放宽样本的假设，在样本量趋于无穷时，依旧可以分析估计量的最优性质。

第三，有了估计量的渐近分布，就打通了对参数和模型进行检验的链条。没有渐近分布，就完成不了"推分布、做检验"的步骤，也就实现不了从金融逻辑出发再回到金融逻辑的路径。

第四，从技术层面讲，小样本分析中，要想估计量具有无偏性，最重要的假设是随机误差项的条件期望为0，这实质上排除了很多动态模型。一旦放宽该假设，就需要给出解释变量与随机误差项的联合概率分布，因此很难进行无偏性和有效性的分析，这也是小样本中估计量最重要的两个性质。放宽条件期望为0假设，使模型更符合金融逻辑，在大样本下依旧可以进行分析，这也是大样本分析的优势。

大样本分析与小样本分析相比，研究的是样本量趋于无穷时，估计量的极限性质。可以简单地这么认为，只要涉及到极限计算，都可以视为大样本分析。矩估计法和最大似然估计法这两个算法，估计量的优良性质都体现在大样本上。分析最小二乘法下估计量所具有的性质，还是要结合矩估计法和最大似然估计法，这两个算法也与皮尔逊与费歇尔两个统计学家密切联系在一起。例如，第二章中，引入解释变量的秩条件假设，借助了矩估计法；为证明最小二乘估计量是最佳无偏估计量，借助了最大似然估计法。

# 第二节 大数定理与中心极限定理

## 一、大样本分析与小样本分析

大数定理（law of large numbers，LLN）和中心极限定理（central limit theorem，CLT）是大样本分析的两大基石。这里不妨举一个具体的例子，将大样本分析与小样本分析进行比较，在分析中引入大数定理和中心极限定理。

现在假设给定样本 $\{(x_1', Y_1), \cdots, (x_n', Y_n)\}$，可以求出：$\hat{\beta}^n = \beta + (X'X)^{-1}X'\varepsilon^n$，这里估计量加上角标 $n$，是为了表明估计量基于 $n$ 个样本计算出来的。对 $\hat{\beta}^n$ 进行分析，到底算小样本分析还是大样本分析？这取决于探讨参数的何种性质。如果分析 $\hat{\beta}^n$ 的无偏性与有效性，这就是小样本分析，因为这类性质的获得，不依赖于 $n \to \infty$。如果参数估计量的性质需要以 $\cdots$ 为前提，如一致性（consistency）、渐近有效性（asymptotic efficiency）和渐近正态性（asymptotic normality），这就是大样本分析。

大样本分析下，样本量趋近于无穷，这时候其实将样本 $\{X^n, Y^n\}$ 再记为 $\{X, Y\}$ 并不太合适。讨论样本量变化时，实际上涉及到一串估计量。在 $n \to \infty$ 时，估计量实际是一串估计量

$\{\hat{\beta}^1, \hat{\beta}^2, \cdots, \hat{\beta}^n, \cdots\}$,不同的样本容量下,估计量基本都不一样。在不引起歧义的情况下,依旧使用 $\hat{\beta}$ 表示 $\hat{\beta}^n$,读者应注意到小样本分析与大样本分析下这种标记的区别。

## 二、大数定理

进一步以单个系数 $\beta_j$ 的估计量 $\hat{\beta}_j$ 为例,只要样本量足够大,$\hat{\beta}_j$ 能够依概率收敛到被估计的参数真实值本身 $\beta_j$。可以这么来理解:只要样本量足够大,即 $n$ 足够大,估计量 $\hat{\beta}_j$ 可以用任意接近于1的概率将 $\beta_j$ 估计到任何想要的精度。这在数学上就是大数定理,在统计学或金融计量学里,就被称为一致性或者相合性。

回到 $\hat{\beta}$ 的表达式,可以将其改写为样本矩的表达式:

$$\hat{\beta} = (\frac{1}{n}\sum_{i=1}^{n} x_i x_i')^{-1}(\frac{1}{n}\sum_{i=1}^{n} x_i y_i) = \beta + (\frac{1}{n}\sum_{i=1}^{n} x_i x_i')^{-1}(\frac{1}{n}\sum_{i=1}^{n} x_i \varepsilon_i)$$

这里,$\frac{1}{n}\sum_{i=1}^{n} x_i x_i'$ 或 $\frac{1}{n}\sum_{i=1}^{n} x_i \varepsilon_i$ 表示样本矩。样本是随机变量的实现值或观测值,假设随机变量对应的总体矩存在,表示为 $\mathrm{E} x_i x_i'$ 或者 $\mathrm{E} x_i \varepsilon_i$,大数定理就是研究样本矩在何种条件下以何种方式收敛到总体矩。如果采用依概率收敛的方式,显然,只要能够满足:

$$\frac{1}{n}\sum_{i=1}^{n} x_i x_i' \xrightarrow{p} \mathrm{E} x_i x_i', \quad \frac{1}{n}\sum_{i=1}^{n} x_i \varepsilon_i \xrightarrow{p} \mathrm{E} x_i \varepsilon_i = 0$$

就能够得到:

$$\hat{\beta} \xrightarrow{p} \beta + (\mathrm{E} x_i x_i')^{-1}(\mathrm{E} x_i \varepsilon_i) \xrightarrow{p} \beta + (\mathrm{E} x_i x_i')^{-1} \cdot 0 \xrightarrow{p} \beta$$

这就表明,$\hat{\beta}$ 具有一致性,是大数定理的直接应用。

其中，$\xrightarrow{p}$ 表示依概率收敛。对于随机变量序列 $\{\hat{\beta}_j^n\}$，$\forall \epsilon > 0$，满足：$\lim\limits_{n\to\infty} P(|\hat{\beta}_j^n - \beta_j| > \epsilon) = 0$，则称 $\hat{\beta}_j^n$ 依概率收敛于 $\beta_j$，表示为 $\hat{\beta}_j^n \xrightarrow{p} \beta_j$。可以看出，上式定义的是"概率的极限"，因此也经常表示为 $\plim\limits_{n\to\infty} \hat{\beta}_j^n = \beta_j$。

另一个容易与之产生混淆的概念是"极限的概率"：对于随机变量序列 $\{\hat{\beta}_j^n\}$，$\forall \epsilon > 0$，满足：$P\{\lim\limits_{n\to\infty}|\hat{\beta}_j^n - \beta_j| < \epsilon\} = 1$，称 $\hat{\beta}_j^n$ 几乎必然收敛（almost sure convergence）于 $\beta_j$，可表示为 $\hat{\beta}_j^n \xrightarrow{a.s.} \beta_j$，有时也称为依概率1收敛（convergence with probability 1）。

几乎必然收敛是依概率收敛的充分条件，即几乎必然收敛强于依概率收敛。一般与几乎必然收敛相联系的大数定理称为强大数定理（strong law of large numbers，SLLN），与依概率收敛相联系的大数定理称为弱大数定理（weak law of large numbers，WLLN）。

### 三、中心极限定理

对 $\beta_j$ 的估计量 $\hat{\beta}_j$ 而言，如果 $\hat{\beta}_j$ 的方差 $\sigma_j^2$ 有限，只要 $n$ 足够大，就可以得到以下常见的中心极限定理：

$$\frac{\sqrt{n}(\hat{\beta}_j^n - \beta_j)}{\sigma_j} \xrightarrow{d} N(0,1)$$

这就表明，在 $n$ 足够大时，可以近似地计算出 $\hat{\beta}_j$ 落入 $\beta_j$ 某个邻域的概率有多大，当然，这又涉及到对 $\sigma_j$ 的估计，后续再分析。

其中，$\xrightarrow{d}$ 表示依分布收敛。依分布收敛，顾名思义，就是随机变量的分布收敛到某个已知的简单的分布。估计量调整后收敛至正态分布的性质，称为渐近正态性。因此，估计量的渐近正态性是中心极限定理的一个应用。需要知道的是，依概率收敛强于依分布收敛。

为了直观地表现中心极限定理的作用，这里任意选择一种分布进行简单的蒙特卡洛（Monte Carlo）数值模拟。假设随机变量 $x$ 服从Gamma分布，概率密度函数为：

$$f(x;k,\theta) = \frac{1}{\Gamma(k)\theta^k} x^{k-1} e^{-\frac{x}{\theta}}$$

其中 $k$ 为形状（shape）参数，$\theta$ 为尺度（scale）参数，在模拟中设置 $k=7.5$，$\theta=1$。$\Gamma(\cdot)$ 为Gamma函数。Gamma分布的期望为 $\mathrm{E}(x) = k\theta$，方差为 $\mathrm{Var}(x) = k\theta^2$。由于一、二阶矩存在，从总体中抽取多组 $x$ 的随机样本 $\{x_i\}_{i=1}^n$，分别用 $n=1,2,5,10$ 计算：$\bar{x}_n = \frac{1}{n}\sum_{i=1}^n x_i$，估计量 $\sqrt{n}(\bar{x}_n - k\theta)$ 的频率分布可见图3.1。可以看出，当 $n=1$ 时，$\bar{x}_n = x_i$，$\sqrt{1}(x_i - k\theta)$ 的分布不对称，但随着样本容量 $n$ 的增加，其分布逐渐变得对称，并逐渐"填满"正态分布的概率密度分布曲线。产生这种现象的原因是随机样本 $\{x_i\}_{i=1}^n$ 在 $n \to \infty$ 时服从独立同分布的中心极限定理，使得 $\sqrt{n}(\bar{x}_n - k\theta)$ 逐渐收敛至正态分布 $N(0, k\theta^2)$。通过这个例子，可以将中心极限定理简单理解为：将非正态分布的随机变量经过多次抽样"叠加"起来，最后会表现为正态分布。

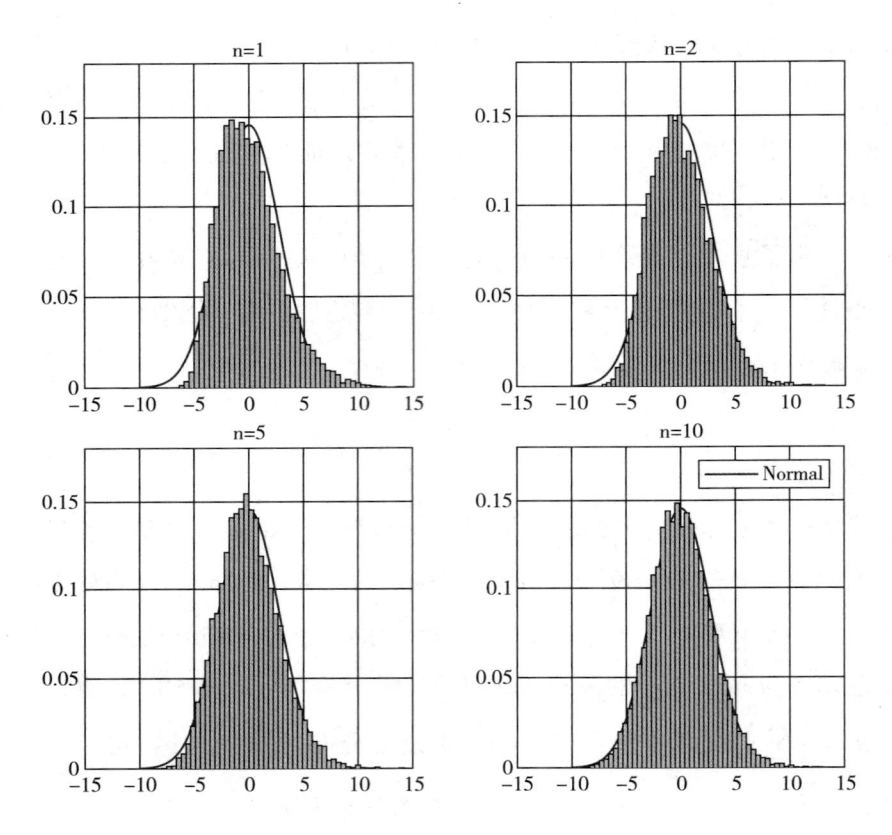

图 3.1 $\sqrt{n}(\bar{x}_n - k\theta)$ 的抽样分布

下面通过 $\hat{\beta} = \beta + (\frac{1}{n}\sum_{i=1}^{n} x_i x_i')^{-1}(\frac{1}{n}\sum_{i=1}^{n} x_i \varepsilon_i)$，来看为什么会用到中心极限定理。由前面分析知：$\frac{1}{n}\sum_{i=1}^{n} x_i x_i' \xrightarrow{p} \mathrm{E} x_i x_i'$，$\frac{1}{n}\sum_{i=1}^{n} x_i \varepsilon_i \xrightarrow{p} \mathrm{E} x_i \varepsilon_i = 0$。也就是说，连续使用两次大数定理，依旧只能得到 $\hat{\beta} \xrightarrow{p} \beta$。这时候，想知道估计量 $\hat{\beta}$ 更精确的信息，就得用到中心极限定理。显然，如果能够满足以下条件：

$$\mathrm{Var}(\frac{1}{n}\sum_{i=1}^{n} x_i \varepsilon_i) = \frac{1}{n^2}\mathrm{Var}(\sum_{i=1}^{n} x_i \varepsilon_i) = \frac{1}{n}\mathrm{E}\,\varepsilon_i^2 x_i x_i'$$

其中，假设随机变量 $x_i\varepsilon_i$ 在不同的 $i$ 下不相关，利用中心极限定理，就能够知道：

$$\frac{1}{n}\sum_{i=1}^{n}x_i\varepsilon_i \xrightarrow{d} N(0,\frac{1}{n}\mathrm{E}\,\varepsilon_i^2 x_i x_i')$$

注意到 $n\to\infty$ 时，$\mathrm{Var}(\frac{1}{n}\sum_{i=1}^{n}x_i\varepsilon_i)\to 0$，因而上式还是一个退化分布。为避免方差收敛至0，以获得更多的信息，会用 $\sqrt{n}$ 左乘 $\frac{1}{n}\sum_{i=1}^{n}x_i\varepsilon_i$，整理可得：

$$\frac{1}{\sqrt{n}}\sum_{i=1}^{n}x_i\varepsilon_i \xrightarrow{d} N(0,\mathrm{E}\,\varepsilon_i^2 x_i x_i')$$

因为依概率收敛强于依分布收敛，可得：

$$(\frac{1}{n}\sum_{i=1}^{n}x_i x_i')^{-1}(\frac{1}{\sqrt{n}}\sum_{i=1}^{n}x_i\varepsilon_i) \xrightarrow{d} N(0,(\mathrm{E}\,x_i x_i')^{-1}\mathrm{E}\,\varepsilon_i^2 x_i x_i'(\mathrm{E}\,x_i x_i')^{-1})$$

进一步整理可得：

$$\sqrt{n}(\hat{\beta}-\beta) = (\frac{1}{n}\sum_{i=1}^{n}x_i x_i')^{-1}(\frac{1}{\sqrt{n}}\sum_{i=1}^{n}x_i\varepsilon_i) \xrightarrow{d} N(0,(\mathrm{E}\,x_i x_i')^{-1}\mathrm{E}\,\varepsilon_i^2 x_i x_i'(\mathrm{E}\,x_i x_i')^{-1})$$

这里，$\frac{1}{n}(\mathrm{E}\,x_i x_i')^{-1}\mathrm{E}\,\varepsilon_i^2 x_i x_i'(\mathrm{E}\,x_i x_i')^{-1}$ 可以视为 $\hat{\beta}$ 的方差，因为在极限下取得，称之为 $\hat{\beta}$ 的渐近方差（asymptotic variance，Avar）。

结合上一章在最大似然估计法中提及的费歇尔信息量，在一定条件下，$\mathcal{I}^{-1}(\theta)$ 是无偏估计量在样本 $n$ 下的方差下界。在 $n\to\infty$ 及一定的假设条件下，如果一致估计量 $\hat{\theta}=(\hat{\beta}',\hat{\sigma}^2)'$ 的渐近方差达到克莱默—劳下界，就称估计量具有渐近有效性。

因此，估计量在大样本下的性质简要归纳如下：

第一，一致性是大数定理的应用；

第二,渐近正态性是中心极限定理的应用;

第三,渐近有效性是费歇尔信息量的应用。

**参数估计量要想具备一致性、渐近正态性与渐近有效性,本质上就是要将样本空间限制到能够使用大数定理、中心极限定理和费歇尔信息量的前提假设条件上。**

## 四、定理的三类假设条件

前面涉及大数定理和中心极限定理,只是讲了怎么使用,并未涉及两个定理所使用的前提假设条件。而要想参数估计量具备一致性、渐近正态性和渐近有效性等性质,核心是样本空间能否满足使用定理的假设条件。

需要注意,大数定理和中心极限定理并不只是两个定理,而是两大类定理的总称,有很多种版本。这里不妨以柯尔莫格罗夫(Kolmogorov)强大数定理为例。

**大数定理**:对于独立同分布(independent and identically distributed, i.i.d.)的随机变量序列 $\{Y_i\}_{i=1}^n$。若 $n \to \infty$,当且仅当 $E|Y_i| = \mu < \infty$ 时,有:

$$Y_n = \frac{1}{n} \sum_{i=1}^n Y_i \xrightarrow{a.s.} E(Y_i) = \mu$$

从形式上看,等式两边分别是样本矩和总体矩,若总体矩存在,当 $n \to \infty$ 时,样本矩收敛到总体矩的概率为1,此时样本矩"几乎"实现了对于真实值的估计。

再以林德伯格—列维(Lindeberg-Lévy)中心极限定理为例。

**中心极限定理**:假设 $\{Y_i\}_{i=1}^n$ 为独立同分布的随机样本,且

$E(Y_i) = \mu$，方差 $\text{Var}(Y_i) = \sigma^2 < \infty$，则有：

$$\frac{\sqrt{n}(\bar{Y}^n - \mu)}{\sigma} \xrightarrow{d} N(0,1)$$

其中 $\bar{Y}^n = \frac{1}{n}\sum_{i=1}^{n} Y_i$，表示在样本总量为 $n$ 的情形下的平均值。

以上可以看出，大数定理和中心极限定理成立的条件，包括三类：

第一，相依性（dependence），即样本是否独立。

第二，异质性（heterogeneity），即样本是否同分布。

第三，矩条件（moments），即上定理中的 $E|Y_i| = \mu < \infty$。

显然，若满足独立、同分布假设，则矩条件只需要存在就可以使用大数定理，使估计量具备一致性。但样本若不满足独立或者同分布假设，就需要进一步加强矩条件的限制。对金融数据而言，独立或同分布都很难满足，此时对矩条件的限制就会极强，这也是金融计量建模的难点所在。

因此，所有的金融数据样本，本质上都可以依据相依性、异质性和矩条件来进行划分，如独立同分布的数据、独立不同分布（independent and heterogeneous distribution）的数据、不独立但同分布（dependent and identical distribution）的数据等。

小样本的分析中，假设随机误差项服从同方差、无自相关的正态分布，实际上也就表明样本满足独立同分布假设。但这类数据，在金融实践中很难出现。例如，今天的证券价格涨幅会和昨天的证券价格涨幅相关，这类数据经常称为时间序列数据，在金融计量模型中最为常见。如果独立性很难满足，只能退而求其次，用遍历性（ergodicitiy）来近似，遍历性又被称为渐近独立性。同分布则经常使用平稳性（stationarity）来替代，而平稳又有严平稳和宽平稳之分，这将在后续章节逐步展开分析。

在对矩条件进行限制时，基本都是数学技术环节，这里不妨在相依性和异质性假设的条件下，假设能够使用大数定理或中心极限定理的矩条件都满足，以简化分析。

## 第三节　独立同分布与遍历平稳

### 一、不独立随机变量

要使用大数定理和中心极限定理以获得估计量的一致性与渐近正态性，最理想的是对样本施加独立同分布的假设，这时候对矩条件的限制较弱。在小样本分析中，通常假设样本观测点是从总体中通过随机抽样（random sampling）的方式得到的，这种随机抽样方式保证了独立同分布。

但对金融数据而言，很难保证彼此独立，某个证券今天的价格总会和昨天的价格高度相关。为简化分析，考虑随机变量序列 $\{Y_i\}_{i=1}^n$，现在假设该随机变量之间不独立，即存在相关性，且 $E(Y_i) = \mu$，方差 $Var(Y_i) = \sigma^2 < \infty$。

显然：

$$E\bar{Y}^n = \frac{1}{n} E \sum_{i=1}^n Y_i = \frac{1}{n} \cdot n\mu = \mu$$

在上一节的中心极限定理中，因为 $\{Y_i\}_{i=1}^n$ 独立同分布，实际上要求 $\text{Var}(\sqrt{n}(\bar{Y}^n - \mu)) \to \sigma^2$ 或者 $\text{Var}(\bar{Y}^n - \mu) \to \dfrac{\sigma^2}{n}$。放宽独立性假设后，同样考虑 $(\bar{Y}^n - \mu)$ 的方差：

$$\text{Var}(\sqrt{n}(\bar{Y}^n - \mu)) = n \text{Var}\, \bar{Y}^n = \sigma^2 + \frac{1}{n}\sum_{i=1}^n \sum_{j \neq i} \text{Cov}(Y_i, Y_j)$$

而 $\sum_{i=1}^n \sum_{j \neq i} \text{Cov}(Y_i, Y_j)$ 中，协方差的个数为 $n(n-1)$，与 $n^2$ 同阶，有时也表示为 $O(n^2)$。如果以下条件成立：

$$\frac{1}{n}\sum_{i=1}^n \sum_{j \neq i} \text{Cov}(Y_i, Y_j) \to c$$

就能够保证 $\text{Var}(\sqrt{n}(\bar{Y}^n - \mu)) \to \sigma^2 + c$，再加强矩条件，就能够获得一致性与渐近正态性。

## 二、遍历性与独立性

首先看一个简单的情形，若 $\forall i \neq j$，$\text{Cov}(Y_i, Y_j) = d$，则 $\sum_{i=1}^n \sum_{j \neq i} \text{Cov}(Y_i, Y_j) = n(n-1)d$，此时：

$$\frac{1}{n}\sum_{i=1}^n \sum_{j \neq i} \text{Cov}(Y_i, Y_j) = (n-1)d \to \infty$$

此时，$\sqrt{n}(\bar{Y}^n - \mu)$ 的方差将不收敛。

因此，要想 $\dfrac{1}{n}\sum_{i=1}^n \sum_{j \neq i} \text{Cov}(Y_i, Y_j)$ 收敛至 $c$，一个理想的限制是，在 $i \neq j$ 时，$\text{Cov}(Y_i, Y_j) \neq 0$ 的个数与 $n$ 同阶。这时如果 $|j-i| \to \infty$，有 $\text{Cov}(Y_i, Y_j) \to 0$，就能够实现不为 0 的协方差个数与 $n$ 同阶。

如果 $\{Y_1, Y_2, \cdots, Y_i\}$ 和 $\{Y_j, Y_{j+1}, \cdots, Y_n\}$ 在 $j - i > h$ 时独立，且

$j-i \leqslant h$ 时不独立，称序列 $\{Y_i\}_{i=1}^n$ 是 $h$ 阶相依。当 $n \to \infty$ 且 $h \to \infty$ 时，从渐近的角度看，两组随机变量就可以近似视为独立的，这种渐近独立性就称为遍历性。

遍历性字面意思是"各个状态值都取到"，实际上是对随机变量相依性的限制，也就是说，只要时间足够长，两个随机变量之间的关系就可以近似视为独立的，渐近独立可以保证渐近协方差为0。

### 三、平稳性与同分布

要使用大数定理或中心极限定理获得估计量的一致性和渐近正态性，除了需要限制"独立"，还需要限制"同分布"。

前面指出，大样本分析 $n \to \infty$ 时的情形。样本估计量 $\overline{Y}$ 实际上是在每个不同样本容量下的估计量，从而形成一个估计量的序列，即 $\{\overline{Y}^1, \overline{Y}^2, \cdots, \overline{Y}^n, \cdots\}$。统计推断的核心任务是从样本推总体，即通过样本构建估计量来推断总体随机变量的分布或者其数字特征。如果每个不同的样本都来自不同的总体分布，对总体的推断将过于繁杂，意义也不太大。如果假设样本来自相同的总体，这时候不仅可以简化分析，研究意义也会相应增强，这就是"平稳性"概念出现的初衷。

首先，介绍严平稳（strict stationarity）。对随机变量序列 $\{Y_i\}_{i=1}^n$，如果 $\forall t$，$\forall i$，两组随机变量 $\{Y_1, Y_2, \cdots, Y_i\}$ 和 $\{Y_{t+1}, Y_{t+2}, \cdots, Y_{t+i}\}$ 的联合概率分布相同，就称之为严平稳。样本的联合概率分布与起点 $t$ 无关，或者说，样本的联合密度独立于起点 $t$，可以理解成将联合密度进行"平移"，即分布平移不变。显然，如果 $\{Y_i\}_{i=1}^n$ 严平稳，就能保证 $Y_1$、$Y_2$、$Y_3$ 等每个随机样本的分布相同。

与严平稳常联系在一起的另一个概念是宽平稳（wide-sense stationarity）或弱平稳（weak stationarity），它将随机变量限制在一阶矩和二阶矩上。对随机变量序列 $\{Y_i\}_{i=1}^n$，对 $\forall t$、$\forall i$，$E(Y_i) = \mu$，$\text{Var}(Y_i) = \sigma^2 < \infty$，$\text{Cov}(Y_t, Y_{t+i}) = \gamma_i$，则称 $\{Y_i\}_{i=1}^n$ 宽平稳。$\gamma_i$ 被称为协方差或自协方差。如果说严平稳是样本的联合概率分布与样本起点 $t$ 无关，则宽平稳就是样本的一阶矩和二阶矩与样本起点 $t$ 无关，即期望、方差和协方差都与样本起点 $t$ 无关，有时也这样表示：$\text{Var}(Y_i) = \text{Cov}(Y_i, Y_i) = \gamma_0$。因为是对二阶矩的限制，宽平稳又被称为协方差平稳（covariance stationarity）。

严平稳与宽平稳需要注意以下几点：

第一，严平稳不是宽平稳的充分条件，即严平稳不一定能推出宽平稳。严平稳是对概率分布的限制，但并未对矩的存在性进行限制。例如，对Cauchy分布而言，它的概率密度为 $f(x) = \dfrac{1}{\pi(1+x^2)}$，此时任意阶矩都不存在，因此不满足宽平稳假设。

第二，若一阶矩和二阶矩有限，那么严平稳就是宽平稳的充分条件，即严平稳就可以直接推出宽平稳。

第三，宽平稳一般不是严平稳，因为宽平稳只是限制在矩上，并未对联合分布施加限制。

第四，正态平稳既是严平稳又是宽平稳，因为正态分布密度函数只需要期望和方差就可以描述，此时严平稳与宽平稳等价。

为表述方便，用平稳代替严平稳，当使用宽平稳的概念时，会特别指出。

现在回到对 $\bar{Y}^n$ 的分析，可以看出严平稳和宽平稳都是为了使 $\frac{1}{n}\sum_{i=1}^{n}\sum_{j\neq i}\mathrm{Cov}(Y_i, Y_j) \to c$ 成立。现在假设序列 $\{Y_i\}_{i=1}^{n}$ 平稳，二阶矩有限，因此它也是宽平稳。这里做一下调整，将方差 $\mathrm{Var}(Y_i)$ 用 $\gamma_0$ 表示，直接研究 $\mathrm{Var}(\sqrt{n}(\bar{Y}^n - \mu)) = \frac{1}{n}\sum_{i=1}^{n}\sum_{j=1}^{n}\mathrm{Cov}(Y_i, Y_j)$。

$$\frac{1}{n}\sum_{i=1}^{n}\sum_{j=1}^{n}\mathrm{Cov}(Y_i, Y_j) = \frac{1}{n}(n\gamma_0 + 2(n-1)\gamma_1 + 2(n-2)\gamma_2 + \cdots + 2\gamma_{n-1})$$

$$= \gamma_0 + \frac{n-1}{n}2\gamma_1 + \frac{n-2}{n}2\gamma_2 + \cdots + \frac{1}{n}2\gamma_{n-1}$$

$$\leqslant \gamma_0 + \frac{n-1}{n}|2\gamma_1| + \frac{n-2}{n}|2\gamma_2| + \cdots + \frac{1}{n}|2\gamma_{n-1}|$$

$$\leqslant \gamma_0 + |2\gamma_1| + |2\gamma_2| + \cdots + |2\gamma_{n-1}|$$

此时，如果增加条件：

$$\sum_{i=0}^{\infty}|\gamma_i| < \infty$$

就能够实现收敛的目的：$\mathrm{Var}(\sqrt{n}(\bar{Y}^n - \mu)) \to \sigma^2 + c$，即 $\mathrm{Var}(\bar{Y}^n) \to 0$。如果随机变量的渐近方差为0，可以认为该随机变量具有一致性。这里增加一个新的收敛形式。

如果对序列 $\{Y_i\}_{i=1}^{n}$ 而言，$\exists r > 0$，有 $\lim_{n\to\infty}\mathrm{E}|\bar{Y}^n - \mu|^r = 0$，称 $\bar{Y}^n$ 依 $r$ 阶中心矩收敛（convergence in $r$th mean）至 $\mu$，记为 $\bar{Y}^n \xrightarrow{r.m.} \mu$。一个常用的 $r$ 为 $r = 2$，此时又被称为依均方收敛（mean square convergence）。在本例中，显然有，$\bar{Y}^n \xrightarrow{m.s.} \mu$。需要注意的是：

第一，依均方收敛与几乎必然收敛一样，都是依概率收敛的充分条件。这由切比雪夫不等式（Chebyshev's inequity）可以直接得到：$\mathrm{P}(|\bar{Y}^n - \mu| > \epsilon) \leqslant \dfrac{\mathrm{E}|\bar{Y}^n - \mu|^r}{\epsilon^r} \to 0$。

第二，依均方收敛与几乎必然收敛谁强谁弱，需要施加额外的条件来判定，这里不予分析。

第三，依概率收敛是依分布收敛的充分条件。

此时，可以有以下结论：假设样本序列 $\{Y_i\}_{i=1}^n$ 平稳，二阶矩有限，$\mathrm{E}(Y_i)=\mu$，$\mathrm{Cov}(Y_t, Y_{t+i})=\gamma_i$，$\sum_{i=0}^{\infty}|\gamma_i|<\infty$，则 $\bar{Y}^n = \sum_{i=1}^n Y_i \xrightarrow{m.s.} \mu$。当然，也可以得到 $\bar{Y}^n \xrightarrow{p} \mu$。

## 四、遍历平稳下的一致性

### 1. 遍历性定理

遍历性表明，只要两个样本之间的距离足够长，就可以将这两个样本视为渐近独立，从而保证 $\mathrm{Cov}(Y_i, Y_j) \neq 0$ 的个数与 $n$ 同阶，这实际上也就表明了条件 $\sum_{i=0}^{\infty}|\gamma_i|<\infty$ 满足，因此可以得到以下定理：

**定理3.1（遍历平稳随机变量的大数定律）**：随机变量序列 $\{Y_t\}_{t=1}^{\infty}$ 遍历平稳，若满足 $\mathrm{E}|Y_i|<\infty$，则有：

$$\bar{Y}_n = \frac{1}{n}\sum_{t=1}^n Y_t \xrightarrow{a.s.} \mathrm{E}Y_i = \mu$$

前面论述中实际已经给出了证明，这里不再重复。

### 2. 遍历性定理的含义

如果金融数据样本存在序列相关或者相依性，如何对样本总体进行估计？遍历性定理实际上提供了一个思路。

假设某个证券的价格有一个客观存在的概率分布，但无法知晓，且每天只有一个价格出现。想要估计证券价格的期望，理想的情况是可以在这个时间点做重复抽样,但无法实现。因为价格虽然是随机变量,但每天只出现一次,即只有一个样本。

现在假设证券价格每天都能出现一个。如果证券价格的总体概率分布发生了变化,这就变成了刚才的情形,很难加以研究。此时,假设总体概率分布在这些天之间都不发生变化,实际上就是对这一串价格样本施加了平稳性假设。遍历性表明只要时间间隔足够长,当前的证券价格几乎不受很久之前的证券价格影响。这时候,就可以用这段时间的证券价格算平均,来近似求得证券价格的总体期望,克服价格每天只出现一次形成的估算困难。而且天数越多,平均价格就越接近总体期望。

由于时间具有一维性,价格作为随机变量,表现出来的就是一条时间轨迹。要求每个时点期望,可以设想在这个时点不断地进行重复抽样,从而设想存在一条"空间轨迹",对空间轨迹求平均,可以直接估计总体期望,但无法实现。假设距离相同的时点数据之间联合分布相同,施加平稳性假设后,对时间轨迹求平均来估计总体期望就等价于对"空间轨迹"求平均。这就是遍历性定理的内涵,显然,该定理更适用于金融实践。

因此,遍历、平稳的样本数据可以用来近似代替独立同分布的样本数据,简言之,遍历平稳可近似代替独立同分布。

## 第四节 一致性和内生性

### 一、一致性

1. 最小二乘估计量的一致性

有了大数定理、中心极限定理以及使这两个定理成立的前提假设条件，就可以正式地分析多元线性回归模型的大样本性质。

**假设3.1（数据生成过程）**：DGP为：$y_i = x_i'\beta + \varepsilon_i$，$i = 1, 2, \cdots, n$。

这一假设与小样本下假设相同。

**假设3.2（秩条件）**：$\frac{1}{n}\sum_{i=1}^{n} x_i x_i' = \frac{1}{n} X'X \xrightarrow{p} \mathrm{E} x_i x_i'$，$\mathrm{E} x_i x_i'$ 正定，$\mathrm{E}|x_i x_i'| < \infty$。

本章引入收敛方式后，更容易理解这一假设。$\mathrm{E}|x_i x_i'| < \infty$ 是用来控制样本矩收敛的技术性假设。

**假设3.3（遍历平稳）**：$\{(x_1', y_1), \cdots, (x_n', y_n)\}$ 遍历平稳。

样本 $\{x_i', Y_i\}_{i=1}^{n}$ 遍历平稳，表明 $\{x_i x_i'\}_{i=1}^{n}$、$\{x_i \varepsilon_i\}_{i=1}^{n}$ 等都是遍历平稳的过程。

**假设3.4（正交）**：$\mathrm{E} x_i \varepsilon_i = 0$，$\mathrm{E}|x_i \varepsilon_i| < \infty$。

这一假设表明对 $i$ 个样本而言，解释变量与当期的随机误差项不相关。由于总是假设第一个解释变量取值恒为1，因此该假设蕴含着 $\mathrm{E}\varepsilon_i = 0$。只要回归模型带有截距项，$\mathrm{E}\varepsilon_i = 0$ 总是个无害的假设。同时，$\mathrm{E}|x_i \varepsilon_i| < \infty$ 是用来控制收敛的矩条件。

这一假设也是与小样本分析的核心区别，因为在此假设下，无法得出随机误差项的条件期望为0假设，即无法得出$E(\varepsilon|X)=0$，因此也就无法得出最小二乘估计量$\hat{\beta}$具有无偏性，无法展开小样本分析。

**定理**3.2：基于假设3.1～3.4，$\hat{\beta}\xrightarrow{p}\beta$。

将估计量表示成样本矩的形式可以更加直观地看出参数估计量的收敛性：$\hat{\beta}=(\frac{1}{n}\sum_{i=1}^{n}x_ix_i')^{-1}(\frac{1}{n}\sum_{i=1}^{n}x_iy_i)=\beta+(\frac{1}{n}\sum_{i=1}^{n}x_ix_i')^{-1}(\frac{1}{n}\sum_{i=1}^{n}x_i\varepsilon_i)$。详细的证明在本章第二节已经通过论述的过程展示，这里不再重复。从对样本的假设也可以看出，对样本施加的限制，主要就是能够满足使用相应大数定理的前提假设条件。

也就是说，假设3.1～3.4保证了与遍历性定理成立的前提假设条件一致。估计量的一致性就是大数定理的直接应用。

**2. 一致性、渐近一致性与无偏性**

一致性和无偏性容易混淆，二者之间还有一个渐近无偏性的概念，需要注意以下两点：

第一，若估计量$\beta^*$具备无偏性，则它一定具备渐近无偏性，即若$E\beta^*=\beta$，显然有$\lim_{n\to\infty}E\beta^*=\beta$；

第二，若$\beta^*$具备渐近无偏性，且$\text{Var}(\beta^*)\to 0$，则$\beta^*\xrightarrow{p}\beta$。

为了直观地表现估计量在具有无偏性和一致性时，究竟是何种意义上的精确，这里进行一个简单的数值模拟。假设$\varepsilon_i$和$X_i$均服从标准正态分布，二者不相关，真实的数据生成过程为：

$$Y_i=\alpha+\beta X_i+\varepsilon_i$$

其中设定真实的 $\alpha = 0.1$，$\beta = 0.2$。随机（i.i.d.）从总体中抽取约500万个样本。由于 $\varepsilon_i$ 与 $X_i$ 独立，因此估计量具有无偏性 $E(\hat{\beta}) = \beta$。多次随机抽取30个样本进行最小二乘估计，每次的 $\hat{\beta}$ 值见图3.2（左）。易知 $\hat{\beta}$ 具有一致性。抽取样本个数从1起，逐步增加至3000，每抽样一次均进行一次最小二乘估计，每次得到的 $\hat{\beta}$ 估计值见图3.2（右）。

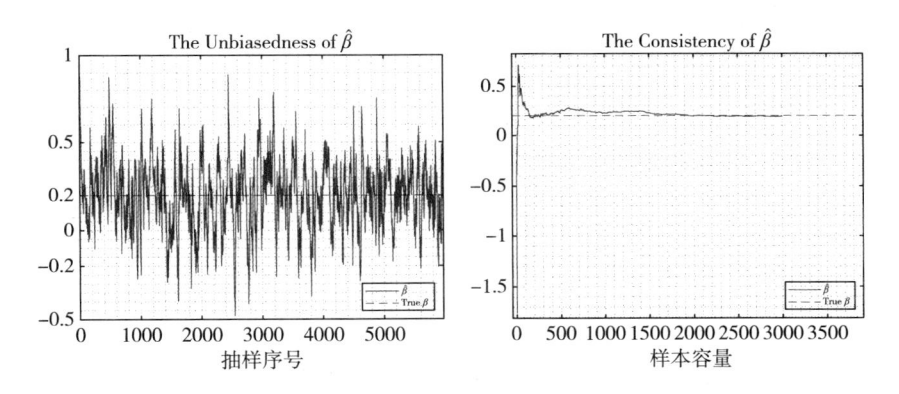

图3.2 无偏性（左）与一致性（右）的比较

从图3.2（左）中可以看出，估计量 $\hat{\beta}$ 的值围绕真实的 $\beta$ 值上下波动，绝大多数的 $\hat{\beta}$ 都落在其期望值 $\beta$ 附近，这正是无偏性的体现，是一种"平均意义上"的精确，与样本容量的大小无关。一致性的概念与无偏性不同，随着用于估计 $\hat{\beta}$ 的样本个数增加，估计量 $\hat{\beta}$ 将逐渐收敛至 $\beta$。在图3.2（右）中，虽然当样本容量为250左右的时候，$\hat{\beta}$ 的值已经接近于真实值，但随着更多样本的加入，精度又开始变差。当样本容量增加至2000以上时，$\hat{\beta}$ 对于 $\beta$ 的估计精度已经达到了较高水平。

## 二、内生性

### 1. 内生性的定义

如果假设3.4不满足，即$E(x_i\varepsilon_i)\neq 0$，解释变量与随机误差项相关时，估计量$\hat{\beta}$就无法获得一致性，这是显然的：$(\frac{1}{n}\sum_{i=1}^{n}x_ix_i')^{-1}(\frac{1}{n}\sum_{i=1}^{n}x_i\varepsilon_i)$无法依概率收敛至0，$\hat{\beta}$也因此无法依概率收敛至真实值$\beta$。

如果估计量不满足一致性，就称回归模型具有内生性（endogeneity）。一旦模型具有内生性，无论样本容量有多大，估计量$\hat{\beta}$都不会收敛至真实值$\beta$。

进一步可以看出，如果回归模型具有内生性，随机误差项条件期望为0的假设一定也不成立。因为$E(\varepsilon|X)=0$是$Ex_i\varepsilon_i=0$的充分条件，若$Ex_i\varepsilon_i\neq 0$，则一定有$E(\varepsilon|X)\neq 0$。而条件期望为0的假设不成立时，参数估计就不具备无偏性，此时小样本分析也失效。

可见，内生性是所有金融计量回归模型都必须面对并需尽力克服的问题。常见的模型产生内生性的来源主要有三个：相关解释变量缺失（omitted-variable bias）、联立性偏误（simultaneity bias）和解释变量带测量误差（measurement error）。也就是说，一旦出现以上三种情形之一，就会导致$E(x_i\varepsilon_i)\neq 0$，解释变量与随机误差项相关，就会产生内生性。

### 2. 相关解释变量缺失

假设回归模型为：$y_i=x_i'\beta+\varepsilon_i$，其中$\varepsilon_i=x_{iq}\delta+v_i$，$Ex_iv_i=0$

也就是说遗漏了解释变量 $x_q$。本来真实的总体模型为：$y_i = x_i'\beta + x_{iq}\delta + v_i$，但在实际做回归时忽略了变量 $x_q$。基于最小二乘法，可得：

$$\hat{\beta} = \beta + (\frac{1}{n}\sum_{i=1}^{n} x_i x_i')^{-1}(\frac{1}{n}\sum_{i=1}^{n} x_i \varepsilon_i) = \beta + (\frac{1}{n}\sum_{i=1}^{n} x_i x_i')^{-1}(\frac{1}{n}\sum_{i=1}^{n} x_i x_{iq} + \frac{1}{n}\sum_{i=1}^{n} x_i v_i)$$

显然，只要 $\mathrm{E}\, x_i x_{iq} = 0$，由 $(\frac{1}{n}\sum_{i=1}^{n} xx_i')^{-1} \xrightarrow{p} \mathrm{E}\, x_i x_i'$，$\frac{1}{n}\sum_{i=1}^{n} x_i x_{iq} \xrightarrow{p} 0$，$\frac{1}{n}\sum_{i=1}^{n} x_i v_i \xrightarrow{p} \mathrm{E}\, x_i v_i = 0$，依旧可以得到：$\hat{\beta} \xrightarrow{p} \beta$。但是如果 $\mathrm{E}\, x_i x_{iq} \neq 0$，估计量 $\hat{\beta}$ 就无法得到一致性。因此，缺失解释变量并不意味着一定有内生性，只要缺失的解释变量不和既有的解释变量相关，就不会产生内生性。这就是"相关解释变量缺失"中，"相关"一词的含义。

这里不妨结合小样本分析来进一步阐释。假设真实的数据生成过程为：

$$Y_i = a + bX_{1i} + cX_{2i} + \varepsilon_i$$

其中随机扰动项 $\varepsilon_i \sim N(0,1)$，与解释变量独立，因此必然有 $\mathrm{E}(\varepsilon_i \mid X_{2i}) = 0$，$\mathrm{E}(\varepsilon_i \mid X_{1i}) = 0$。假设现在有一组独立同分布的观测样本 $\{Y_i, X_{1i}\}_{i=1}^n$，由于真实数据生成过程未知，考虑设定以下线性模型进行"错误的"最小二乘回归：

$$Y_i = a + b\, X_{1i} + u_i$$

易知 $u_i = cX_{2i} + \varepsilon_i$。此时，考察设定的模型是否满足条件期望为0假设：

$$\mathrm{E}(u_i \mid X_{1i}) = \mathrm{E}(cX_{2i} + \varepsilon_i \mid X_{1i}) = c\mathrm{E}(X_{2i} \mid X_{1i})$$

如果 $E(X_{2i}|X_{1i})=0$，那么条件期望为0的假设满足，容易证明最小二乘估计量 $\hat{b}$ 具有无偏性。然而现实情况是，由于某些数据难以获得，通常只能获得观测值 $\{Y_i, X_{1i}\}_{i=1}^n$，这时可能完全无法注意到另一个解释变量 $X_{2i}$ 的存在，或者是无法得到 $X_{2i}$ 的数据。只有当两个解释变量之间恰好满足 $E(X_{2i}|X_{1i})=0$，那么才能得到无偏的估计量。

继续考察 $\hat{b}$ 是否具有一致性。将真实数据生成过程代入 $b$ 的最小二乘估计量中，得到：

$$\hat{b}=\frac{\sum_{i=1}^n x_{1i}Y_i}{\sum_{i=1}^n x_{1i}^2}=\frac{\sum_{i=1}^n x_{1i}(a+bX_{1i}+cX_{2i}+\varepsilon_i)}{\sum_{i=1}^n x_{1i}^2}=b+c\frac{\sum_{i=1}^n x_{1i}X_{2i}}{\sum_{i=1}^n x_{1i}^2}$$

假设随机变量 $X_{1i}$、$X_{2i}$ 的二阶矩存在且有限，那么由独立同分布的大数定理，则有：

$$\hat{b}=b+c\frac{\frac{1}{n}\sum_{i=1}^n x_{1i}X_{2i}}{\frac{1}{n}\sum_{i=1}^n x_{1i}^2}\xrightarrow{p} b+c\frac{E(X_{1i}X_{2i})-E(X_{1i})E(X_{2i})}{Var(X_{1i})}$$

此时，只有当两个解释变量之间恰好是不相关的，即：

$$Cov(X_{1i},X_{2i})=E(X_{1i}X_{2i})-E(X_{1i})E(X_{2i})=0$$

才可得到 $\hat{b}\xrightarrow{p}b$，即证明 $\hat{b}$ 具有一致性。反之，如果模型中缺失了与 $X_{1i}$ 相关的解释变量 $X_{2i}$，那么最小二乘估计量 $\hat{b}$ 不具备一致性。

### 3. 联立性偏误

假设回归模型为：$y_i = x'_{i1}\beta + x_{iq}\delta + \varepsilon_i$，即考虑到了解释变量 $x_q$，没有相关解释变量缺失。但 $x_q$ 的生成过程为 $x_{iq} = x'_{i2}\lambda + v_i$，若 $E\varepsilon_i v_i \neq 0$，显然：

$$E x_{iq}\varepsilon_i = E((x'_{i2}\lambda + v_i)\varepsilon_i) = E v_i\varepsilon_i \neq 0$$

令 $x_i = (x'_{i1}, x_{iq})'$，有：$E x_i\varepsilon_i \neq 0$。因此估计量同样会产生不一致。

### 4. 解释变量带测量误差

假设回归模型为：$y_i = x'_i\beta + \varepsilon_i$，由于真实的解释变量 $\tilde{x}_i$ 无法获得，它与观测值 $x_i$ 之间存在如下关系 $x_i = \tilde{x}_i + v_i$，其中 $v_i$ 是测量误差。也就是说，真实的模型应该是：$y_i = \tilde{x}'_i\beta + \eta_i = x'_i\beta - v'_i\beta + \eta_i$，$\varepsilon_i = -v'_i\beta + \eta_i$。

$$\hat{\beta} = \beta + (\frac{1}{n}\sum_{i=1}^{n} x_i x'_i)^{-1}(\frac{1}{n}\sum_{i=1}^{n} x_i\varepsilon_i) = \beta + (\frac{1}{n}\sum_{i=1}^{n} x_i x'_i)^{-1}(-\frac{1}{n}\sum_{i=1}^{n} x_i v'_i\beta + \frac{1}{n}\sum_{i=1}^{n} x_i\eta_i)$$

$E x_i v'_i \neq 0$ 表明，$\hat{\beta}$ 不具有一致性。

## 三、克服内生性的方法

当解释变量与随机误差项相关，即 $E(x_i\varepsilon_i) \neq 0$ 时，为缓解或克服内生性问题，发展出了工具变量法、两阶段最小二乘法、三阶段最小二乘法、面板数据分析法、广义矩估计法等多种算法，其中经常会涉及到工具变量 $z_i$。

这里不妨以工具变量法为例，此时工具变量的个数 $l$ 与具有内生性的解释变量个数 $k$ 相同：$l=k$。显然，合适的工具变量应该满足以下两个基本条件：

第一，$E(z_i x_i') \neq 0$。这表明工具变量 $z_i$ 和解释变量 $x_i$ 具有相关性，如果与解释变量没有关系，就不能成为工具变量。

第二，$E(z_i \varepsilon_i) = 0$。这表明工具变量与随机误差性不相关，这是保证估计量具有一致性的关键条件。

此时，除假设条件3.1不变化外，假设3.2～3.4相应调整为：

**假设3.2'**（秩条件）：$\frac{1}{n}\sum_{i=1}^{n} z_i x_i' = \frac{1}{n}Z'X \xrightarrow{p} E z_i x_i'$，$E z_i x_i'$ 正定，$E|z_i x_i'| < \infty$。

**假设3.3'**（遍历平稳）：$\{(z_1', x_1', y_1), \cdots, (z_n', x_n', y_n)\}$ 遍历平稳。

**假设3.4'**（正交）：$E z_i \varepsilon_i = 0$，$E|z_i \varepsilon_i| < \infty$。

在假设3.1，假设3.2'～3.4'下，利用工具变量法，对应估计量 $\hat{\beta}_{IV}$ 为：

$$\hat{\beta}_{IV} = (Z'X)^{-1} Z'Y = \beta + (\frac{1}{n}\sum_{i=1}^{n} z_i x_i')^{-1}(\frac{1}{n}\sum_{i=1}^{n} z_i \varepsilon_i) \xrightarrow{p} \beta$$

显然，这时候基本假设又与可以使用遍历性定理的假设条件一致，从而工具变量下的估计量 $\hat{\beta}_{IV}$ 具有一致性。

这里需要注意以下三点：

第一，若 $E x_i \varepsilon_i = 0$，可以将每个解释变量视为自己的工具变量，也就是说，最小二乘法是工具变量法的特例。

第二，若工具变量的个数超过具有内生性的解释变量个数，即 $l > k$，此时 $E z_i x_i'$ 不是方阵，就不适合使用工具变量法，这时可以使用两阶段最小二乘法、广义矩估计法等，这里不展开讨论。

第三，工具变量个数不低于内生性的解释变量个数，即 $l \geq k$，也被称为阶条件（order condition）。

## 第五节　推分布：渐近正态性

### 一、独立同分布情形

这里不妨首先分析样本 $\{(x_1',y_1),\cdots,(x_n',y_n)\}$ 为独立同分布的简化情形，此时利用林德伯格—列维中心极限定理，只需要增加高阶矩条件，即可证明估计量的渐近正态分布。

**定理3.3（独立同分布下的渐近正态分布）**：给定DGP为 $y_i = x_i'\beta + \varepsilon_i$，$\{(x_1',y_1),\cdots,(x_n',y_n)\}$ 独立同分布（i.i.d.），$\mathrm{E}\, x_i\varepsilon_i = 0$，$\mathrm{E}\left|\varepsilon_i^2 x_i x_i'\right| < \infty$，$\mathrm{Var}(n^{-1/2}\sum_{i=1}^{n} x_i\varepsilon_i) = \mathrm{E}\,\varepsilon_i^2 x_i x_i'$ 正定，$\mathrm{E}\, x_i x_i'$ 正定，$\mathrm{E}\left|x_i x_i'\right| < \infty$，则：

$$\sqrt{n}(\hat{\beta} - \beta) \xrightarrow{d} N(0, (\mathrm{E} x_i x_i')^{-1} \mathrm{E}(x_i x_i' \varepsilon_i^2)(\mathrm{E} x_i x_i')^{-1})$$

对样本进行的限制，满足了可以使用林德伯格—列维中心极限定理的前提条件，正如获得一致性需要对样本限制使其可以使用对应的大数定理一样。在本章的第二节已经描述过推导过程，这里不再重复。事实上，只要注意到：

$$\frac{1}{\sqrt{n}}\sum_{i=1}^{n} x_i \varepsilon_i \xrightarrow{d} N(0, \mathrm{E}\,\varepsilon_i^2 x_i x_i')$$

再结合依概率收敛就可以得到对应的渐近分布。

## 二、遍历平稳情形

显然，独立同分布一定是遍历平稳的，但前面已指出，遍历平稳更适用于金融数据样本的分析。

样本之间独立表明样本之间不相关。遍历性表明，"相距很远"的样本之间渐近独立，可以近似认为不相关，但"相距很近"的样本之间不能保证不相关，这时候需要对邻近的样本之间施加不相关性质的假设。只要将假设 $\mathrm{E}\,x_i\varepsilon_i=0$ 强化为鞅差分序列（martingale difference sequence，MDS），即可获得 $\{x_i\varepsilon_i\}_{i=1}^n$ 的不相关性。

若 $\mathrm{E}(x_i\varepsilon_i\,|\,x_{i-1}\varepsilon_{i-1},x_{i-2}\varepsilon_{i-2},\cdots x_1\varepsilon_1)=0$，$i\geqslant 2$，称 $\{x_i\varepsilon_i\}_{i=1}^n$ 为鞅差分序列。利用迭代期望定理，显然可以得到 $\mathrm{E}\,x_i\varepsilon_i=0$，因此鞅差分序列假设是对 $\mathrm{E}\,x_i\varepsilon_i=0$ 的加强。同时，基于迭代期望定理，可以进一步得到：$\mathrm{Cov}(x_i\varepsilon_i,x_{i-j}\varepsilon_{i-j})=0$，$\forall j\neq 0$。这可以看出，相邻的样本之间不相关，因此，鞅差分序列假设，实际上是对样本施加了不相关性的假设。

**假设3.5（鞅差分序列）**：$\{x_i\varepsilon_i\}_{i=1}^n$ 为鞅差分序列，$\mathrm{Var}(n^{-1/2}\sum_{i=1}^n x_i\varepsilon_i)=\mathrm{E}\,\varepsilon_i^2 x_i x_i'$ 正定，$\mathrm{E}\left|\varepsilon_i^2 x_i x_i'\right|<\infty$。

**定理3.4（遍历平稳下的中心极限定理）**：基于假设3.1～3.3和假设3.5，$\sqrt{n}(\hat{\beta}-\beta)\xrightarrow{d}N(0,(\mathrm{E}\,x_i x_i')^{-1}\mathrm{E}(x_i x_i'\varepsilon_i^2)(\mathrm{E}\,x_i x_i')^{-1})$。

证明过程与定理3.3类似，不再重复。这个定理实际上用到了遍历平稳鞅差分序列的中心极限定理，即若 $\{Y_i\}_{i=1}^n$ 为遍历平稳的鞅差分序列，$\mathrm{Var}(Y_i)=\mathrm{E}\,Y_i Y_i'$ 有限、正定，则 $\sqrt{n}\,\bar{Y}^n=\dfrac{1}{\sqrt{n}}\sum_{i=1}^n Y_i\xrightarrow{d}N(0,\mathrm{E}\,Y_i Y_i')$。

因此，渐近正态性与一致性类似，都需要对样本施加一定的假设，以满足相对应的中心极限定理或大数定理的前提假设条件。

对独立不同分布或者不独立不同分布的样本，只需对样本施加假设条件，能够使用中心极限定理或者大数定理，就能获得估计量的一致性或者渐近正态性。但显然，对"独立同分布"的假设越宽松，对矩条件施加的限制就越强，可以想象成"跷跷板"的关系。

## 第六节　做检验

### 一、渐近方差的估计

1. 独立同分布情形

由于 $E(x_i x_i' \varepsilon_i^2)$ 未知，在进行各种检验之前，须对渐近方差进行估计。一种做法是假设条件同方差，即 $E(\varepsilon_i^2 | x_i) = \sigma^2 < \infty$，此时有：

$$\text{Avar}(\hat{\beta}) = \frac{1}{n}(Ex_i x_i')^{-1} E(x_i x_i' E(\varepsilon_i^2 | x_i))(Ex_i x_i')^{-1} = \frac{1}{n}(Ex_i x_i')^{-1}\sigma^2$$

另一种做法是仅假设不相关和同方差，即 $\text{Cov}(x_i x_i', \varepsilon_i^2) = 0$，$E(\varepsilon_i^2) = \sigma^2$，当真实的数据生成过程符合这两个假设时，有：

$$\text{Cov}(x_i x_i', \varepsilon_i^2) = E(x_i x_i' \varepsilon_i^2) - E(x_i x_i')E(\varepsilon_i^2) = 0$$

此时，$\hat{\beta}$ 的渐近方差为：

$$\text{Avar}(\hat{\beta}) = \frac{1}{n}(\text{E}x_i x_i')^{-1} \text{E}(x_i x_i') \text{E}(\varepsilon_i^2) (\text{E}x_i x_i')^{-1} = \frac{1}{n}(\text{E}x_i x_i')^{-1} \sigma^2$$

首先考虑随机误差项同方差（homoskedasticity）的情形。在小样本分析的基本假设下，已经证明了 $\hat{\sigma}^2 = \dfrac{e'e}{n-k}$ 是 $\sigma^2$ 的无偏估计量，现在在大样本的基本假设下，证明它的一致性。

**定理3.5（$\hat{\sigma}^2$ 的一致性）**：基于假设3.1～3.4，$\text{E}(\varepsilon_i^2) < \infty$，$\text{E}x_i x_i'$ 正定，$\text{E}|x_i x_i'| < \infty$，$\hat{\sigma}^2 = \dfrac{e'e}{n-k}$ 是 $\sigma^2$ 的一致估计量。

**证明**：利用第2章中得到的最小二乘的代数结论，对 $\hat{\sigma}^2$ 进行分解，得到：

$$\begin{aligned}
\hat{\sigma}^2 &= \frac{e'e}{n-k} = \frac{\varepsilon' M \varepsilon}{n-k} = \frac{1}{n-k}\varepsilon'(I_n - X(X'X)^{-1}X')\varepsilon \\
&= \frac{1}{n-k}(\varepsilon'\varepsilon - \varepsilon'X(X'X)^{-1}X'\varepsilon) \\
&= \frac{n}{n-k}(\frac{1}{n}\sum_{i=1}^{n}\varepsilon_i^2 - (\frac{1}{n}\sum_{i=1}^{n}x_i'\varepsilon_i)(\frac{1}{n}\sum_{i=1}^{n}x_i x_i')^{-1}(\frac{1}{n}\sum_{i=1}^{n}x_i'\varepsilon_i))
\end{aligned}$$

已知随机变量序列 $\{\varepsilon_i^2\}$、$\{x_i \varepsilon_i\}$ 以及 $\{x_i x_i'\}$ 均是独立同分布的，利用大数定理可得：

$$\frac{1}{n}\sum_{i=1}^{n}\varepsilon_i^2 \xrightarrow{p} \text{E}(\varepsilon_i^2), \quad (\frac{1}{n}\sum_{i=1}^{n}x_i x_i')^{-1} \xrightarrow{p} (\text{E}x_i x_i')^{-1}, \quad \frac{1}{n}\sum_{i=1}^{n}x_i \varepsilon_i \xrightarrow{p} \text{E}(x_i \varepsilon_i) = 0$$

由于 $k$ 不随样本容量 $n$ 变化，因此进一步可以得到 $\hat{\sigma}^2 \xrightarrow{p} \text{E}(\varepsilon_i^2)$。

由此，可使用估计量 $\hat{V}^0 = \dfrac{1}{n}(\dfrac{X'X}{n})^{-1}\hat{\sigma}^2 = (X'X)^{-1}\hat{\sigma}^2$ 对同方差情形下 $\hat{\beta}$ 的渐近方差 $\text{Avar}(\hat{\beta}) = \dfrac{1}{n}(\text{E}x_i x_i')^{-1}\sigma^2$ 进行一致估计。$\hat{V}^0$ 在异方差情形下仍具有一致性，因此在实证研究中被广泛采用。

其次考虑异方差（heteroskedasticity）的情形，此时 $E(\varepsilon_i^2) = \sigma_i^2$，且可能与 $x_i$ 相关。根据 $\hat{\beta}$ 的渐近方差表达式：

$$\text{Avar}(\hat{\beta}) = \frac{1}{n}(E x_i x_i')^{-1} E(x_i x_i' \varepsilon_i^2)(E x_i x_i')^{-1}$$

异方差情形下的渐近方差具有"夹心"的形式，即两个矩阵 $E(x_i x_i')^{-1}$ "夹"着一个方阵 $E(x_i x_i' \varepsilon_i^2)$。若施加更强的矩条件假设，可以证明：

$$\frac{1}{n}\sum_{i=1}^{n} x_i x_i' e_i^2 \xrightarrow{p} E(x_i x_i' \varepsilon_i^2)$$

异方差稳健（heteroskedasticity-robust）方差估计量为：

$$\hat{V}^W = \frac{1}{n}(\frac{1}{n}\sum_{i=1}^{n} x_i x_i')^{-1}(\frac{1}{n}\sum_{i=1}^{n} x_i x_i' e_i^2)(\frac{1}{n}\sum_{i=1}^{n} x_i x_i')^{-1} = (\sum_{i=1}^{n} x_i x_i')^{-1}(\sum_{i=1}^{n} x_i x_i' e_i^2)(\sum_{i=1}^{n} x_i x_i')^{-1}$$

易知 $\hat{V}^W$ 是对异方差下渐近方差的一致估计，因此其也被称为异方差一致（heteroskedasticity-consistent，HC）的方差估计量。有了以上估计量后，就可以在大样本情形下构造统计量对估计量进行假设检验。

2. 遍历平稳情形

与独立同分布情形类似，遍历平稳情形下只需利用遍历平稳的大数定理就可以得到渐近方差的一致估计，因此相关的证明过程不再赘述。

## 二、假设检验

### 1. 独立同分布情形

回忆第二章中介绍过的 $F$ 检验，其零假设为 $H_0: R\beta = r$，$R$ 为 $m \times k$ 的系数矩阵。在小样本理论中，已经证明了 $R\hat{\beta} - r$ 服从正态分布：

$$R\hat{\beta} - r \sim N(0, \sigma^2 R(X'X)^{-1}R')$$

由此可得：

$$(R\hat{\beta} - r)'(\sigma^2 R(X'X)^{-1}R')^{-1}(R\hat{\beta} - r) \sim \chi^2(m)$$

由于 $\sigma^2$ 是未知参数，因此在小样本分析中，必须结合 $\dfrac{e'e}{\sigma^2} \sim \chi^2(n-k)$ 来构造 $F$ 统计量。在大样本分析中，虽然统计量的分布是未知的，但利用大数定理和中心极限定理可以直接构造渐近服从卡方分布的伍德（Wald）统计量。当零假设 $H_0$ 成立，并假设随机项是同方差的，可以构造如下的渐近 $\chi^2$ 检验。

**定理 3.6（同方差下的渐近 $\chi^2$ 检验）**：基于假设 3.1~3.4，$E(\varepsilon_i^2) < \infty$，$E x_i x_i'$ 正定，$E|x_i x_i'| < \infty$，$E(\varepsilon_i^2) = \sigma^2$，$Cov(x_i x_i', \varepsilon_i^2) = 0$，若零假设 $R\beta = r$ 成立，则伍德统计量 $\mathcal{W}$ 渐近服从 $\chi^2(m)$ 分布：

$$\mathcal{W} = \frac{(R\hat{\beta} - r)'(R(X'X)^{-1}R')^{-1}(R\hat{\beta} - r)}{\hat{\sigma}^2} \xrightarrow{d} \chi^2(m)$$

**证明**：由同方差假设和 $\hat{\beta}$ 的渐近正态性，可得：

$$\sqrt{n} R(\hat{\beta} - \beta) \xrightarrow{d} N(0, \sigma^2 R(E x_i x_i')^{-1} R')$$

令 $\Omega = R(\mathrm{E}x_i x_i')^{-1} R'$，根据定义，矩阵 $R$ 行满秩，$(\mathrm{E}x_i x_i')^{-1}$ 为正定矩阵，因此 $\Omega = R(\mathrm{E}x_i x_i')^{-1} R'$ 也为正定矩阵，故有平方根分解：$\Omega = \Omega^{1/2}\Omega^{1/2}$，$\Omega^{1/2}$ 为正定矩阵，矩阵的平方根证明见本章附录。进而有：

$$\sqrt{n}\sigma^{-1}\Omega^{-1/2}R(\hat{\beta} - \beta) \xrightarrow{d} N(0, I_m)$$

根据 $\chi^2$ 分布的定义，有：

$$(\sqrt{n}\sigma^{-1}\Omega^{-1/2}R(\hat{\beta} - \beta))'(\sqrt{n}\sigma^{-1}\Omega^{-1/2}R(\hat{\beta} - \beta))$$
$$= \sigma^{-2}n(R\hat{\beta} - r)'\Omega^{-1}(R\hat{\beta} - r)$$
$$= n(R\hat{\beta} - r)'(R(\mathrm{E}x_i x_i')^{-1} R'\sigma^2)^{-1}(R\hat{\beta} - r)$$
$$\xrightarrow{d} \chi^2(m)$$

利用 $(X'X/n)^{-1} \xrightarrow{p} \Omega$ 和 $\hat{\sigma}^2 \xrightarrow{p} \sigma^2$，有：

$$\mathcal{W} = n(R\hat{\beta} - r)'(R(\frac{X'X}{n})^{-1} R'\hat{\sigma}^2)^{-1}(R\hat{\beta} - r) \xrightarrow{d} \chi^2(m)$$

命题得证。

容易发现，伍德统计量与 $F$ 统计量的关系为 $\mathcal{W} = mF$。因此，在放宽了条件正态的经典假设之后，大样本下就无法构建精确服从 $F$ 分布的 $F$ 统计量了。当 $n \to \infty$ 时，$F$ 统计量则是有效力的。另外，当 $m = 1$ 时，容易证明伍德统计量与小样本中的 $t$ 统计量有如下关系：$\mathcal{W} = t^2$，不同的是，此时 $t$ 统计量渐近服从于正态分布：

$$Z = \frac{R\hat{\beta} - r}{\sqrt{\hat{\sigma}^2 R(X'X)^{-1} R'}} \xrightarrow{d} N(0, 1)$$

在小样本经典回归模型中，当随机误差项的存在条件异方差时，无法构建精确服从 $t$ 和 $F$ 分布的统计量来进行参数的假设检验。然而在大样本条件下，结合诸如怀特（White）异方差一致的方差估计量，可以相应地在渐近情形下构建 $\chi^2$ 和正态统计量。例如，可以证明伍德统计量 $\mathcal{W}$ 渐近服从 $\chi^2$ 分布：

$$\mathcal{W} = (R\hat{\beta}-r)'[R(\sum_{i=1}^n x_i x_i')^{-1}(\sum_{i=1}^n x_i x_i' e_i^2)(\sum_{i=1}^n x_i x_i')^{-1}R']^{-1}(R\hat{\beta}-r) \xrightarrow{d} \chi^2(m)$$

2. 遍历平稳情形

与独立同分布情形类似，结合遍历平稳的大数定理和遍历平稳鞅差分序列中心极限定理，可以构造同方差和异方差情形下的渐近 $\chi^2$ 检验和正态检验，具体证明过程不再重复。

## 本章小结

对估计量进行分析，最重要的是分析出估计量的分布。在样本大小固定时，若对总体不施加假设，就很难知道估计量的分布，也很难对估计量进行最优性的分析。这时候可以研究样本量趋近于无穷时的情形，即大样本分析。

大样本分析以大数定理和中心极限定理为基石。估计量的一致性是大数定理的应用，估计量的渐近正态性是中心极限定理的应用，估计量的渐近有效性则以渐近方差是否达到费歇尔信息量为标准。因此，要想估计量具备一致性或渐近正态性，本质上就是对样本施加限制，使其满足能够使用大数定理和中心极限定理的前提假设。这种限制基本包括三类条件：相依性、异质性和矩条件。本章以独立同分布的样本和遍历平稳的样本为例，结合矩条件，分析估计量的一致性与渐近正态性。估计量违背一致性又被称为内生性。金融计量回归模型一旦存在内生性，估计量就会有偏不一致，小样本分析与大样本分析同时失效，这时候回归分析就没有意义。常见的内生性来源包括：相关解释变量缺失、联立性偏误和解释变量带测量误差等。工具变量法、两阶段最小二乘法、广义矩估计法等许多算法可以缓解和克服内生性。

估计量一旦具备渐近正态分布，就可以构建标准正态分布统计量和卡方统计量对估计量进行检验。金融计量模型在服从统计逻辑的基础上，可以回到金融逻辑，解释模型的金融内涵，并进行一定的预测，这和小样本的分析一致。

## 本章练习题

1. 给定独立同分布的样本 $\{Y_i\}_{i=1}^{\infty}$，共同的期望和方差分别为 $\mu, \sigma^2$，令 $\bar{Y}_n = \sum_{i=1}^{n} Y_i / n$，试求以下随机变量的概率极限：

（1）$\bar{Y}_n^2$；（2）$\dfrac{1}{\bar{Y}_n^2}$；（3）$\exp\{\bar{Y}_n\}$；（4）$\dfrac{1}{\bar{Y}_n - \mu}$。

2. 给定独立同分布的样本 $\{y_i, x_i\}$，假定一系列大样本下的假设均满足，考虑线性回归模型 $y_i = x_i'\beta + \varepsilon_i$，$e_i$ 为残差。试证明：残差 $e_i$ 是随机项 $\varepsilon_i$ 的一致估计量。

3. 岭回归（ridge regression）的优化问题如下：

$$\min_{\beta}(Y - X\beta)'(Y - X\beta), \ s.t. \sum_{i=1}^{k} \beta_i^2 = c$$

其中 $c$ 为任意常数。试证明：

（1）$\hat{\beta}_R = (X'X + \lambda I)^{-1} X'Y$，其中 $I$ 为单位阵，$\lambda$ 为拉格朗日乘子；

（2）$\hat{\beta}_R$ 是 $\beta$ 的一致估计量。

4．假设 $\{y_i^*, x_i\}$ 的数据生成过程为 $y_i^* = x_i'\beta + \varepsilon_i$，且：

$$E(x_i, \varepsilon_i) = 0, \, y_i = y_i^* + v_i$$

其中 $y_i^*$ 不可观测，$y_i$ 和 $x_i$ 可观测，$v_i$ 为独立的随机测量偏误，$\hat{\beta}$ 为 $y_i = x_i'\beta + \varepsilon_i$ 的OLS估计量，试证明或求解：

（1）$\hat{\beta}$ 是 $\beta$ 的一致估计量；

（2）$\sqrt{n}(\hat{\beta} - \beta)$ 的渐近分布。

5．考虑以下线性模型：

$$y_i = x_i'\beta + \varepsilon_i$$

$x_i$ 为 $k \times 1$ 的向量，$E(x_i \varepsilon_i) \neq 0$，假设现在有 $l \times 1$ 的工具变量 $z_i$，且 $l > k$。

（1）若用 $n \times k$ 的解释变量矩阵 $X$ 对 $n \times l$ 的工具变量矩阵 $Z$ 进行回归，试求 $\hat{X}$；

（2）用解释变量 $Y$ 对 $\hat{X}$ 进行回归，回归模型为 $Y = \hat{X}\beta + \eta$，试求 $\hat{\beta}$ 的表达式；

（3）假设（2）中回归的残差为 $e = Y - \hat{X}\hat{\beta}$，令 $\hat{\sigma}^2 = \dfrac{e'e}{n}$，试问 $\hat{\sigma}^2$ 是否是 $\varepsilon_i^2$ 的一致估计量？

## 本章附录

一、概率极限

1．几乎必然收敛

对于随机变量序列 $\{\xi_n\}_{n=1}^{\infty}$ 和 $\xi$，$\forall \epsilon > 0$，若 $P\{\lim\limits_{n \to \infty} |\xi_n -$

$\xi|<\epsilon\}=1$，称 $\xi_n$ 几乎必然收敛到 $\xi$。有时也将条件表示为 $P\{\lim\limits_{n\to\infty}\xi_n=\xi\}=1$。

2. 均方收敛

对于随机变量序列 $\{\xi_n\}_{n=1}^{\infty}$ 和 $\xi$，$E|\xi_n|^2$ 和 $E|\xi|^2$ 有限，$n\to\infty$ 时，若 $E|\xi_n-\xi|^2\to 0$，称 $\xi_n$ 依均方收敛到 $\xi$，有时也称为 $L^2$ 收敛，记为 $\xi_n\xrightarrow{m.s.}\xi$ 或 $\xi_n\xrightarrow{L^2}\xi$。

与此对应，若 $E|\xi_n|$ 和 $E|\xi|$ 有限，$E|\xi_n-\xi|\to 0$，称 $\xi_n$ $L^1$ 收敛到 $\xi$，记为 $\xi_n\xrightarrow{L^1}\xi$。给定 $q>0$，若 $E|\xi_n|^q$ 和 $E|\xi|^q$ 有限，$E|\xi_n-\xi|^q\to 0$，称 $\xi_n$ $L^q$ 收敛到 $\xi$，记为 $\xi_n\xrightarrow{L^q}\xi$，因为涉及到中心矩的概念，有时也称为依 $q$ 阶中心矩收敛。

给定 $0<r<q$，$L^q$ 收敛是 $L^r$ 收敛的充分条件。

3. 依概率收敛

对于随机变量序列 $\{\xi_n\}_{n=1}^{\infty}$ 和 $\xi$，$\forall\epsilon>0$，若 $\lim\limits_{n\to\infty}P(|\xi_n-\xi|\geq\epsilon)=0$，称 $\xi_n$ 依概率收敛到 $\xi$，记为 $\xi_n\xrightarrow{p}\xi$。

4. 依分布收敛

对于随机变量序列 $\{\xi_n\}_{n=1}^{\infty}$ 和 $\xi$，$\xi_n\sim F_n(x)$，$\xi\sim F(x)$，$F(\cdot)$ 为分布函数。若对 $F(x)$ 每个连续点 $x$，有 $F_n(x)\to F(x)$，称 $\xi_n$ 依分布收敛到 $\xi$，记为 $\xi_n\xrightarrow{d}\xi$。依分布收敛可以不考虑 $F(x)$ 的非连续点。

5. 收敛的强弱排序

（1）从强到弱收敛顺序为：$L^2$ 收敛，$L^1$ 收敛，依概率收敛，依分布收敛。

（2）从强到弱收敛顺序为：几乎必然收敛，依概率收敛，依分布收敛。

（3）若 $\xi_n$ 依概率收敛到 $\xi$，则存在子列 $\{\xi_{nk}\}$，使得 $\xi_{nk}$ 几乎必然收敛到 $\xi$。

（4）随机变量列的依概率极限如果存在，就几乎必然唯一。

6. 斯拉茨基定理

斯拉茨基（Slutsky）定理如下：

若 $\xi_n \xrightarrow{d} \xi$，$\varsigma_n \xrightarrow{p} c$，$c$ 为常数，则：

（1）$\xi_n + \varsigma_n \xrightarrow{d} \xi + c$；

（2）$\xi_n \varsigma_n \xrightarrow{d} c\xi$；

（3）$\dfrac{\xi_n}{\varsigma_n} \xrightarrow{d} \dfrac{\xi}{c}$，$c \neq 0$。

## 二、正定矩阵的分解

**性质1**：若 $A$ 为一秩为 $r$ 的 $n \times n$ 半正定矩阵，存在半正定的矩阵 $B$ 使得 $B^2 = A$，$B$ 矩阵被称为 $A$ 的平方根，写作 $A^{1/2}$。

**证明**：由 $A = S\Lambda S'$，$SS' = I_n$. 令 $B = S\Lambda^{1/2} S'$，那么：

$$BB = B^2 = S\Lambda^{1/2} S' S \Lambda^{1/2} S' = S\Lambda S'$$

因此 $B$ 也为半正定矩阵。易证当 $A$ 正定时，$B$ 也正定。

# 第四章
# 时间序列模型初步

## 第一节 时间序列模型简介

第三章主要根据随机序列的类型,分别介绍了相应的大数定理和中心极限定理统计工具,以及相应的统计推断过程。本章将介绍时间序列的相关内容。在金融实践中,时间序列是最常见的数据类型之一。对于时间序列数据来说,其本质决定了至少在短期内,随机变量之间存在或多或少的相关性,因此独立性假设是不适用的,只能通过遍历性假设进行限制。也就是说,只有通过相当长的时间序列数据,才有可能比较准确地推断出总体的均值、方差和协方差。

第三章引入了严平稳的概念,若时间序列是严平稳的,那么固定长度的任意一段时间内的随机变量之间的联合分布将保持恒定。不难看出,这是一个相当强的假设。金融市场是瞬息万变的,即便是以分钟为单位,也很难保证市场内在的数据生成过程或者联合分布保持不变。因此,需要放宽这一假设。如果时间序列能够围绕一个定值上下波动，且没有明显的增加或减少的变化趋势，那么可以假设时间序列服从宽平稳过程，其只对总体的一、二阶矩进行限制，并且仍能够满足大数定理和中心极限定理的使用要求，因此不失为一个比较折中的选择。

在实践中，大多数时间序列并不是宽平稳的，其走势往往具有很强的上升或下降的趋势。例如，一个公司的股价通常会随着看多或看空力量的变化而形成特定的趋势，从而对应着不同的数据生成过程。如果季报显示公司的业绩向好，那么股价在一段时间内倾向于上升，这显然不符合宽平稳假设的要求。因此，在处理非平稳时间序列数据时，传统的统计方法，特别是中心极限定理，不再适用，这时，常见的做法便是将非平稳序列转变为平稳序列进行处理。

由于方差通常是风险的代理指标，因此对随机变量的方差进行预测是金融领域的一个热点问题。方差本身有可能具有时间序列的特征。以马科维茨的均值—方差模型为例，在一般情况下，拿到一组股票的收益率样本 $\{R_{it}\}_{t=1}^{T}$，可以直接计算均值、方差和协方差的矩估计量：$\bar{R}_i = \sum_{t=1}^{T} R_{it}/T$、$\hat{\sigma}_i^2 = \sum_{t=1}^{T}(R_{it}-\bar{R}_i)^2/(T-1)$ 和 $\hat{\sigma}_{ij} = \sum_{t=1}^{T}(R_{it}-\bar{R}_i)(R_{jt}-\bar{R}_j)/(T-1)$ 作为均值—方差模型的估计量。这种做法的前提是：第一，市场状态不会发生太大的变化；第二，矩估计量具有一致性。如果市场状态发生变化，即便估计量足够精确，那也只是对于过去的估计，若强行利用历史信息计算出来的均值和方差进行分散化投资，就有可能遭受很大的损失。因此，期望收益率和方差的预测极其重要。

本章将在第二节中对一些常见的时间序列模型进行介绍，由于使用了宽平稳假设，因此属于平稳时间序列的内容。第三节对 ARCH和GARCH模型进行了初步介绍。根据波动率变化的一些规律，它们分别代表了不同的波动率时间序列模型，能够实现波动率的估计和预测。

## 第二节　平稳时间序列

### 一、基本概念

若对由不同时点上的随机变量组成的随机序列 $\{y_t\}_{t=1}^{\infty}$ 进行建模，一种最自然的形式是：

$$y_t = f(y_{t-1}, y_{t-2}, \cdots) + \varepsilon_t$$

其中 $f(\cdot)$ 是由滞后变量所组成的函数，$\varepsilon_t$ 为随机误差项，为突出时间概念，本章使用 $t$ 来表示样本个体。$\{y_t\}_{t=1}^{\infty}$ 和 $\{y_t\}$ 在本章都表示一串随机序列。若 $f(\cdot)$ 为滞后变量的线性函数，那么模型变为：

$$y_t = c + b_1 y_{t-1} + b_2 y_{t-2} + \cdots + \varepsilon_t$$

假设 $\{y_t\}_{t=1}^{\infty}$ 的期望、方差和协方差存在，由于每一期的 $y_t$ 只有一次实现，因此必须对 $\{y_t\}_{t=1}^{\infty}$ 施加一定的限制，才可以继续研究它的期望、方差和协方差等统计特征。一个很好的起点便是宽平稳。

首先回忆宽平稳的定义。对于一个时间序列过程 $\{Y_t\}_{t=1}^{\infty}$ 来说，宽平稳（wide-sense stationary）意味着：

（1）均值 $\mathrm{E}y_t = \mu$ 与 $t$ 无关；

（2）随机变量间的自协方差（autocovariance）：

$$\gamma_j \equiv \mathrm{Cov}(y_t, y_{t-j}) = \mathrm{E}(y_t - \mu)(y_{t-j} - \mu)$$

与 $t$ 无关，仅与 $j$ 有关。

当 $j = 0$ 时，$\{y_t\}$ 的自协方差为：$\gamma_0 = \mathrm{Cov}(y_t, y_{t-j}) = \mathrm{Var}(y_t) = \sigma^2 < \infty$。自协方差是时间序列中平稳性研究的重要概念。

此外，还可以相应定义 $\{y_t\}$ 的自相关系数函数（autocorrelation function，ACF）：

$$\rho_j \equiv \mathrm{Corr}(y_t, y_{t-j}) = \frac{\mathrm{Cov}(y_t, y_{t-j})}{\sqrt{\mathrm{Var}(y_t)}\sqrt{\mathrm{Var}(y_{t-j})}} = \frac{\gamma_j}{\gamma_0}$$

在介绍各种时间序列模型之前，先引入一个非常重要的基础性概念：白噪声（white noise，WN）。作为一种"噪声"，白噪声既是不可预测的部分，又是绝大多数平稳时间序列的唯一组成成分。其定义如下：如果随机序列 $\{\varepsilon_t\}_{t=1}^{\infty}$ 为白噪声过程：$\{\varepsilon_t\} \sim \mathrm{WN}(0, \sigma^2)$，那么其满足：

（1）零均值：$\mathrm{E}(\varepsilon_t) = 0$；

（2）同方差：$\mathrm{Var}(\varepsilon_t) = \sigma^2$；

（3）不相关：$\forall j \neq 0$，$\mathrm{Cov}(\varepsilon_t, \varepsilon_{t-j}) = \gamma_j = 0$。

如果 $\{\varepsilon_t\}$ 为白噪声，且为独立的随机过程，那么称其为独立白噪声过程。对于一般的时间序列来说，由于每期随机变量之间存在相关性，这意味着有可能根据历史信息对时间序列进行预测。独立白噪声则完全无法进行预测。此外，如果 $\{\varepsilon_t\}$ 为白噪声，且服从联合正态分布，那么称其为高斯白噪声过程。对高斯白噪声来说，每一期的白噪声之间是不相关的，因此由联合正态分布的性质知，高斯白噪声必然是独立白噪声。

在开始进一步介绍之前，需要引入滞后算子（lag operator），用字母"$L$"来表示。滞后算子是研究时间序列的重要简化工具。其定义如下：假设存在时间序列 $\{y_t\}_{t=1}^{\infty}$，对 $\{y_t\}_{t=1}^{\infty}$ 分别进行滞后 $0,1,2,\cdots,p$ 阶操作等价于：

$$L^0 y_t = y_t, L y_t = L^1 y_t = y_{t-1}, L^2 y_t = y_{t-2}, \cdots, L^p y_t = y_{t-p}$$

从下一小节开始，将介绍移动平均（moving averaging，MA）、自回归（autoregressive，AR）和自回归移动平均（ARMA）等过程的模型设定形式，并着重介绍模型之间如何进行相互转化。

## 二、移动平均模型

### 1. 一阶移动平均过程

作为最常用的时间序列模型之一，当移动平均（MA）模型由常数项加上有限个白噪声线性组合而成时，MA无论如何都是宽平稳的。因此，MA也是最基本的时间序列模型。

如果时间序列过程 $\{y_t\}_{t=1}^{\infty}$ 为一阶移动平均过程MA（1），那么其满足以下线性模型：

$$y_t = \mu + \varepsilon_t + \theta_1 \varepsilon_{t-1}$$

其中 $\{\varepsilon_t\}$ 为白噪声过程。下面来研究一下 $\{y_t\}$ 的统计性质。

MA(1) 的期望为：

$$Ey_t = \mu + E(\varepsilon_t) + \theta_1 E(\varepsilon_{t-1}) = \mu$$

MA(1) 的方差为：

$$\gamma_0 = Var(y_t) = E(y_t - \mu)^2 = E(\varepsilon_t + \theta_1 \varepsilon_{t-1})^2$$

由白噪声的定义，$Cov(\varepsilon_t, \varepsilon_{t-1}) = 0$，有：

$$\gamma_0 = Var(y_t) = \sigma^2 + \theta_1^2 \sigma^2 = (1+\theta_1^2)\sigma^2$$

一阶滞后的自协方差为：

$$\begin{aligned}\gamma_1 &= Cov(y_t, y_{t-1}) = E(y_t - \mu)(y_{t-1} - \mu) \\ &= E(\varepsilon_t + \theta_1\varepsilon_{t-1})(\varepsilon_{t-1} + \theta_1\varepsilon_{t-2}) = \theta_1 E(\varepsilon_{t-1}^2) = \theta_1 \sigma^2\end{aligned}$$

更高阶的自协方差（$j > 1$）为：

$$\begin{aligned}\gamma_j &= Cov(y_t, y_{t-j}) = E(y_t - \mu)(y_{t-j} - \mu) \\ &= E(\varepsilon_t + \theta_1\varepsilon_{t-1})(\varepsilon_{t-j} + \theta_1\varepsilon_{t-j-1}) \\ &= 0\end{aligned}$$

因此有：

$$\gamma_j = \begin{cases} \theta_1 \sigma^2, & j = 1 \\ 0, & j > 1 \end{cases}$$

可见 $\gamma_j$ 与时间点 $t$ 无关，仅与 $j$ 有关，因此 $\{y_t\}$ 是宽平稳的，且其"记忆性"只有一期。自相关函数（ACF）为：

$$\rho_j = \frac{\gamma_j}{\gamma_0} = \begin{cases} \dfrac{\theta_1}{(1+\theta_1^2)}, & j = 1 \\ 0, & j > 1 \end{cases}$$

## 2. $q$ 阶移动平均过程

更一般地，如果随机过程 $\{y_t\}_{t=1}^{\infty}$ 为 $q$ 阶移动平均过程 MA($q$)，那么其满足以下线性模型：

$$y_t = \mu + \varepsilon_t + \sum_{i=1}^{q} \theta_i \varepsilon_{t-i}$$

其中 $\{\varepsilon_t\}$ 为白噪声过程。MA($q$) 的期望为：

$$Ey_t = \mu + E(\varepsilon_t) + \sum_{i=1}^{q} \theta_i E(\varepsilon_{t-i}) = \mu$$

MA($q$) 的方差为：

$$\gamma_0 = \text{Var}(y_t) = E(y_t - \mu)^2 = E(\varepsilon_t + \sum_{i=1}^{q} \theta_i \varepsilon_{t-i})^2$$

由白噪声的定义，$\text{Cov}(\varepsilon_t, \varepsilon_{t-j}) = 0$，有：

$$\gamma_0 = \text{Var}(y_t) = \sigma^2 + \sum_{i=1}^{q} \theta_i^2 \sigma^2$$

如果滞后阶数 $1 \le j < q$，那么 MA($q$) 的自协方差（ACF）为：

$$\gamma_j = \text{Cov}(y_t, y_{t-j}) = E((\varepsilon_t + \sum_{i=1}^{q} \theta_i \varepsilon_{t-i})(\varepsilon_{t-j} + \sum_{i=1}^{q} \theta_i \varepsilon_{t-j-i}))$$

$$= E(\theta_j \varepsilon_{t-j}^2 + \sum_{k=j+1}^{q} \theta_k \theta_{k-j} \varepsilon_{t-k}^2) = (\theta_j + \sum_{k=j+1}^{q} \theta_k \theta_{k-j}) \sigma^2$$

由于 $\{\varepsilon_t\}$ 为白噪声过程，$\text{Cov}(\varepsilon_t, \varepsilon_{t-j}) = E(\varepsilon_t \varepsilon_{t-j}) = 0$，因此上式中 $\varepsilon_t$ 交乘项的期望均为 0。由上式的结果易知，MA($q$) 的自协方差 $\gamma_j$ 仅与滞后阶数 $j$ 有关，与 $t$ 无关，因此 MA($q$) 恒为宽平稳过程。

如果滞后阶数 $j > q$，那么易知 MA($q$) 的 ACF 为零。因此对于MA（q）过程，称其自相关函数ACF在q阶后存在截尾（cut off），即在某一期自相关函数值突变为零。

当$q \to \infty$时，称MA（q）为无穷阶移动平均过程MA（∞）。如果随机过程$\{y_t\}_{t=1}^{\infty}$为MA（∞），那么其满足以下线性模型：

$$y_t = \mu + \sum_{i=0}^{\infty} \theta_i \varepsilon_{t-i}$$

其中$\{\varepsilon_t\}$为白噪声过程，常系数满足绝对可和（absolutely summable）：

$$\sum_{i=0}^{\infty} |\theta_i| < \infty$$

绝对值之和有穷，保证了MA（∞）的宽平稳性。在这一假设下，可以计算MA（∞）的期望：

$$\mathrm{E} y_t = \mu + \sum_{i=0}^{\infty} \theta_i \mathrm{E} \varepsilon_{t-i} = \mu$$

MA（∞）的方差为：

$$\gamma_0 = \mathrm{E}(y_t - \mu)^2 = \mathrm{E}(\sum_{i=0}^{\infty} \theta_i \varepsilon_{t-i})^2 = \sum_{i=0}^{\infty} \theta_i^2 \sigma^2$$

MA（∞）的自协方差为：

$$\gamma_j = \mathrm{E}(y_t - \mu)(y_{t-j} - \mu) = \sum_{i=0}^{\infty} \theta_i \theta_{i+j} \sigma^2$$

利用蒙特卡洛方法生成不同阶数的MA过程，见图4.1，截取最近的一段上证指数走势图见图4.2。可以看出，上证指数与MA（100）的走势有一些相似之处。

**图 4.1 移动平均过程示意**

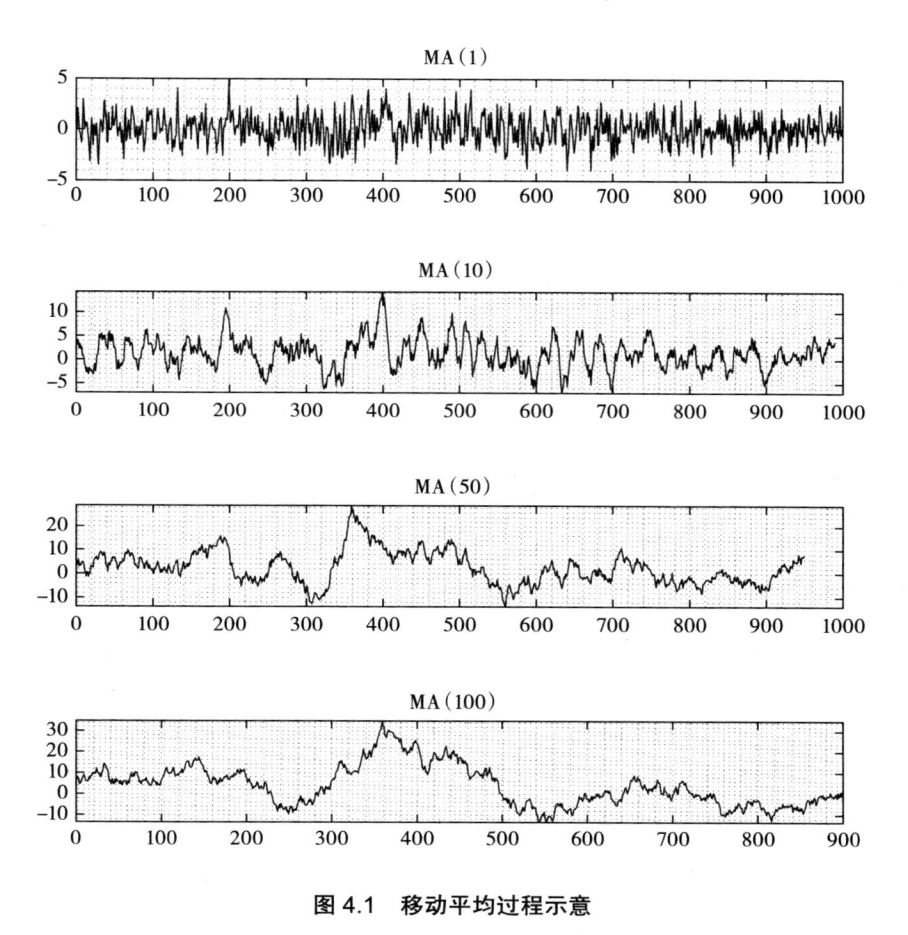

那么，如果随机序列为 MA 过程，它是可预测的吗？答案是当 MA 满足可逆性（invertibility）条件时，MA（$q$）可以转换为由滞后的被解释变量 $\{y_{t-1}, y_{t-2}, \cdots\}$ 和白噪声组成的自回归（AR）模型。这样一来，有了滞后被解释变量，就能够利用历史信息进行预测。因此，接下来将介绍 AR 模型。

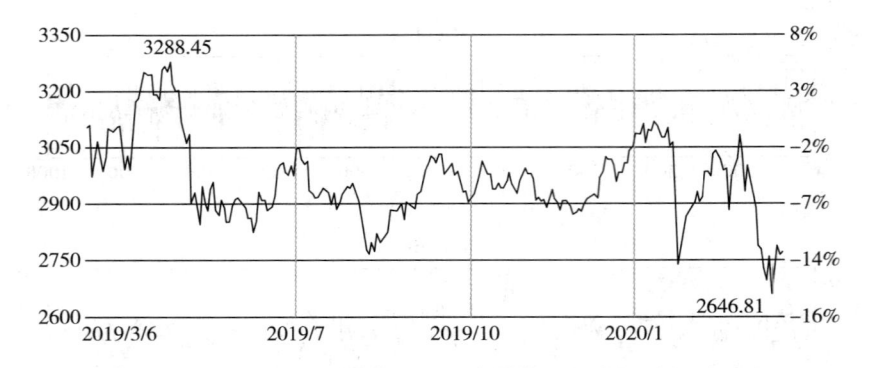

图 4.2　上证指数（000001.SH）走势图

### 三、自回归模型

**1. AR（1）、AR（2）和AR（$p$）**

如果随机过程 $\{y_t\}_{t=1}^{\infty}$ 为一阶自回归过程AR（1），那么其满足以下线性模型：

$$y_t = c + by_{t-1} + \varepsilon_t$$

其中 $\{\varepsilon_t\}$ 为白噪声过程。将 $y_{t-1}, y_{t-2}, \cdots$ 不断代入上式，可以得到一个无穷的序列或无穷级数：

$$y_t = c + \varepsilon_t + b(c + \varepsilon_{t-1}) + b^2(c + \varepsilon_{t-2}) + \cdots = \sum_{k=0}^{\infty} b^k(c + \varepsilon_{t-k})$$

若 $|b|<1$，继续整理有：

$$y_t = \sum_{k=0}^{\infty} b^k c + \sum_{k=0}^{\infty} b^k \varepsilon_{t-k} = \frac{c}{1-b} + \sum_{k=0}^{\infty} b^k \varepsilon_{t-k}$$

可以看出，AR（1）的期望为：

$$Ey_t = \frac{c}{1-b}$$

AR（1）的方差为：

$$\gamma_0 = E(y_t - \frac{c}{1-b})^2 = \sum_{k=0}^{\infty}(b^2)^k \sigma^2 = \frac{\sigma^2}{1-b^2}$$

AR（1）的自协方差为：

$$\begin{aligned}\gamma_j = \text{Cov}(y_t, y_{t-j}) &= E\left[(y_t - Ey_t)(y_{t-j} - Ey_{t-j})\right] \\ &= E\left[\sum_{i=0}^{\infty}b^i \varepsilon_{t-i} \sum_{k=0}^{\infty}b^k \varepsilon_{t-j-k}\right] \\ &= E\left[(\sum_{i=0}^{j-1}b^i \varepsilon_{t-i} + b^j \sum_{k=0}^{\infty}b^k \varepsilon_{t-j-k})\sum_{k=0}^{\infty}b^k \varepsilon_{t-j-k}\right] \\ &= b^j \sigma^2 \sum_{k=0}^{\infty}(b^2)^k \\ &= \frac{b^j \sigma^2}{1-b^2}\end{aligned}$$

因此，当$|b|<1$时，AR（1）为宽平稳过程。自相关函数为：

$$\rho_j = \frac{\gamma_j}{\gamma_0} = b^j$$

容易发现，模型是否包含截距项$c$是无关紧要的，因为总是可以将包含截距项的模型转换为去中心化（demeaned）的新模型：

$$y_t - Ey_t = b(y_{t-1} - E(y_{t-1})) + \varepsilon_t.$$

如果$|b|<1$，那么$\{y_t\}$是宽平稳过程，因此$Ey_t = E(y_{t-1}) = \mu$，此时的去中心化模型为：

$$y_t - \mu = b(y_{t-1} - \mu) + \varepsilon_t$$

引入白噪声的目的之一便是将一些不便于建模的外生影响纳

入随机误差项中，那么这些外生影响是如何影响$\{y_t\}$的呢？假设下一时刻为$t$，如果想知道一个外生的白噪声扰动$\varepsilon_t$对$j$期后的$y_{t+j}$的影响，已知$y_{t+j}$为：

$$y_{t+j} = \frac{c}{1-b} + \sum_{k=0}^{\infty} b^k \varepsilon_{t+j-k}$$

那么一单位$\varepsilon_t$的变化对$y_{t+j}$所产生的影响为：

$$\frac{\partial y_{t+j}}{\partial \varepsilon_t} = b^j$$

其中，$\frac{\partial y_{t+j}}{\partial \varepsilon_t}$被称为动态乘子（dynamic multipliers）。从上式可知，其仅与间隔的期数$j$有关，因此又被称为时间序列$\{y_t\}$对于随机冲击$\varepsilon_t$的脉冲响应函数（impulse-response function，IRF）。

如果$|b|<1$，那么当$j \to \infty$，$b^j \to 0$，即某一时刻发生的随机冲击对$y$所产生的影响会随着时间逐渐趋于零。如果$|b|>1$，那么当$j \to \infty$，$b^j \to \infty$，这种影响是持续而不断扩大的，因此$y_{t+j}$必然不是平稳的。如果$|b|=1$，那么影响将一直恒定持续下去，因此$y_{t+j}$也必然不是平稳的。

现在假设$|b|<1$，如果想观察随机冲击对于$y_t$系统的持续影响，那么可以定义累积脉冲响应函数（cumulative impulse-response function，CIRF）：

$$\sum_{j=0}^{\infty} \frac{\partial y_{t+j}}{\partial \varepsilon_t} = \sum_{j=0}^{\infty} b^j = \frac{1}{1-b}$$

可以看出，当$b$趋于1，那么外生随机冲击对于系统的累积影响将趋于无穷。

如果时间序列过程$\{y_t\}_{t=1}^{\infty}$为二阶自回归过程AR（2），那么其满足以下线性模型：

$$y_t = c + b_1 y_{t-1} + b_2 y_{t-2} + \varepsilon_t$$

其中 $\{\varepsilon_t\}$ 为白噪声过程。若用滞后算子改写，上式可写为：

$$(1 - b_1 L - b_2 L^2) y_t = b(L) y_t = c + \varepsilon_t$$

假设 $\{y_t\}$ 是宽平稳的，有 $\mathrm{E} y_t = \mathrm{E}(y_{t-1}) = \mathrm{E}(y_{t-2}) \cdots = \mu$ 那么对上式两边同时取期望，得到：

$$\mathrm{E} y_t = c + b_1 \mathrm{E}(y_{t-1}) + b_2 \mathrm{E}(y_{t-2}) + \mathrm{E}(\varepsilon_t)$$

可以解得：$\mathrm{E} y_t = \dfrac{c}{1 - b_1 - b_2} = \mu$。假设 $b(L)$ 项可以进行以下分解，并假设存在两个不相等的实数 $\lambda_1 \neq \lambda_2$，有：

$$b(L) = (1 - b_1 L - b_2 L^2) = (1 - \lambda_1 L)(1 - \lambda_2 L)$$

易知 $\lambda_1 + \lambda_2 = b_1$，$\lambda_1 \lambda_2 = -b_2$。

如果时间序列过程 $\{y_t\}_{t=1}^{\infty}$ 为 AR($p$)，那么其满足以下线性模型：

$$y_t = c + b_1 y_{t-1} + b_2 y_{t-2} + \cdots + b_p y_{t-p} + \varepsilon_t$$

其中 $\{\varepsilon_t\}$ 为白噪声过程。

同理，假设 $\{y_t\}$ 为宽平稳过程，那么容易解得 $\mathrm{E} y_t = \mu = \dfrac{c}{1 - b_1 - b_2 - \cdots - b_p}$。

**2. AR 转换为 MA**

已知 AR（1）可以被表示为无穷的序列 $y_t = \sum\limits_{k=0}^{\infty} b^k (c + \varepsilon_{t-k})$，这

说明AR（1）可以很自然地被转换为MA（∞）。这种转换有助于了解AR过程的本质。可以看出，除非无穷级数满足一定的收敛条件，否则AR并不一定是平稳的。若使用滞后算子改写AR（1）：

$$(1-bL)y_t = c + \varepsilon_t$$

对上式的两边乘以 $\sum_{k=0}^{\infty}(bL)^k = 1 + bL + b^2L^2 + b^3L^3 + \cdots$，得到：

$$\sum_{k=0}^{\infty}(bL)^k(1-bL)y_t = \sum_{k=0}^{\infty}(bL)^k c + \sum_{k=0}^{\infty}(bL)^k \varepsilon_t$$

其中：

$$\sum_{k=0}^{\infty}(bL)^k(1-bL) = \sum_{k=0}^{\infty}(bL)^k - \sum_{k=1}^{\infty}(bL)^k = 1$$

另外，由于 $c$ 为恒定的常数，$L^k c = c$，有：

$$\sum_{k=0}^{\infty}(bL)^k c = \sum_{k=0}^{\infty} b^k c = \frac{c}{1-b}$$

因此，AR（1）可以转换为MA（∞）过程：

$$\sum_{k=0}^{\infty}(bL)^k(1-bL)y_t = y_t = \frac{c}{1-b} + \sum_{k=0}^{\infty}(bL)^k \varepsilon_t = \frac{c}{1-b} + \sum_{k=0}^{\infty} b^k \varepsilon_{t-k}$$

由于 $\sum_{k=0}^{\infty}(bL)^k(1-bL) = 1$，若 $|b|<1$，可以定义 $\sum_{k=0}^{\infty}(bL)^k$ 为 $(1-bL)$ 的逆（inverse）：

$$(1-bL)^{-1} = \sum_{k=0}^{\infty}(bL)^k$$

易证 $(1-bL)^{-1}(1-bL) = (1-bL)(1-bL)^{-1} = 1$。令 $b = -\theta$，$\theta$ 也满足 $|\theta|<1$，那么定义算子 $(1+\theta L)$ 的逆为：

$$(1+\theta L)^{-1} = \sum_{k=0}^{\infty}(-\theta L)^k$$

利用算子的逆的概念，可方便地将AR（1）表示为以下MA（∞）形式：

$$y_t = (1-bL)^{-1}c + (1-bL)^{-1}\varepsilon_t$$

AR（2）同样可以变换为MA（∞）的形式。

由 $b(L) = (1-b_1L-b_2L^2) = (1-\lambda_1 L)(1-\lambda_2 L)$，知 $\lambda_1 + \lambda_2 = b_1$，$\lambda_1\lambda_2 = -b_2$。如果 $|\lambda_1|<1$，$|\lambda_2|<1$，可以利用算子逆的性质得到：

$$\begin{aligned}y_t &= \sum_{i=0}^{\infty}(w_1\lambda_1^i + w_2\lambda_2^i)L^i(c+\varepsilon_t) \\ &= \sum_{i=0}^{\infty}(w_1\lambda_1^i + w_2\lambda_2^i)c + \sum_{i=0}^{\infty}(w_1\lambda_1^i + w_2\lambda_2^i)\varepsilon_{t-i}\end{aligned}$$

其中 $w_1 = \lambda_1/(\lambda_1-\lambda_2)$，$w_2 = -\lambda_2/(\lambda_1-\lambda_2)$，$w_1+w_2 = 1$，因此上式是MA（∞）。

对等式的两边取期望，可以得到：

$$\begin{aligned}Ey_t &= \sum_{i=0}^{\infty}(w_1\lambda_1^i + w_2\lambda_2^i)c = (\frac{w_1}{1-\lambda_1} + \frac{w_2}{1-\lambda_2})c \\ &= \frac{c}{\lambda_1-\lambda_2}(\frac{\lambda_1}{1-\lambda_1} - \frac{\lambda_2}{1-\lambda_2}) = \frac{c}{(1-\lambda_1)(1-\lambda_2)}\end{aligned}$$

进一步利用 $\lambda_1+\lambda_2 = b_1$，$\lambda_1\lambda_2 = -b_2$，可得：

$$Ey_t = \frac{c}{(1-\lambda_1)(1-\lambda_2)} = \frac{c}{1-(\lambda_1+\lambda_2)+\lambda_1\lambda_2} = \frac{c}{1-b_1-b_2}$$

AR（2）的脉冲响应函数为：

$$\frac{\partial y_{t+j}}{\partial \varepsilon_t} = w_1\lambda_1^j + w_2\lambda_2^j$$

与 AR（1）类似，当 $j \to \infty$ 时，如果 $|\lambda_1| \geq 1$ 或 $|\lambda_2| \geq 1$，那么外生冲击对系统的冲击将不会消失，此时 AR（2）必然不是平稳的。

算子 $b(L) = 1 - b_1 L - b_2 L^2$ 对应的方程 $b(z) = 1 - b_1 z - b_2 z^2$ 为 AR（2）系统的特征方程（characteristic equation）。$z_1 = 1/\lambda_1$ 和 $z_2 = 1/\lambda_2$ 为该方程的根。如果 $|\lambda_1| < 1$，$|\lambda_2| < 1$，称特征方程的根 $z_1$ 和 $z_2$ 都位于单位圆（unit circle）外，此时 AR（2）是稳定的；若 $|\lambda_1| = 1$，$|\lambda_2| = 1$，称特征方程的根 $z_1$ 和 $z_2$ 都位于单位圆上，因此 $z_1$ 和 $z_2$ 为方程的两个单位根（unit root）；若 $|\lambda_1| > 1$，$|\lambda_2| > 1$，称特征方程的根 $z_1$ 和 $z_2$ 都位于单位圆内。

与 AR（2）类似，可以利用逆算子的性质，将 AR（$p$）转换为 MA（$\infty$）的形式。与 $b(L)$ 对应的特征方程为：

$$1 - b_1 z - b_2 z^2 - \cdots - b_p z^p = 0$$

如果 $p$ 个根都在单位圆外，那么 $|\lambda_1| < 1, |\lambda_2| < 1, \cdots, |\lambda_p| < 1$，AR（$p$）由此可以写成 MA（$\infty$）的形式：

$$y_t = \mu + \sum_{k=0}^{\infty} \left( \sum_{i=1}^{p} w_i \lambda_i^k \right) \varepsilon_{t-k}$$

其中，

$$w_i = \frac{\lambda_i^{p-1}}{\prod_{j \neq i}^{p} (\lambda_i - \lambda_j)}$$

可证明 $\varepsilon_t$ 项的系数为 $\sum_{i=1}^{p} w_i = 1$，因此 $y_t$ 为 MA（$\infty$）。由此，可以计算脉冲响应函数：

$$\frac{\partial y_{t+j}}{\partial \varepsilon_t} = \sum_{i=1}^{p} w_i \lambda_i^j$$

可以看出，当 $|\lambda_1|<1, |\lambda_2|<1, \cdots, |\lambda_p|<1$ 时，系统会自动趋于稳定。

将期望代入AR（$p$）中，得到：

$$y_t - \mu = b_1(y_{t-1} - \mu) + b_2(y_{t-2} - \mu) + \cdots + b_p(y_{t-p} - \mu) + \varepsilon_t$$

进而可将AR（$p$）写成更加紧凑的形式：

$$b(L)(y_t - \mu) = \varepsilon_t$$

### 3. MA转换为AR

现在考虑上节结束时提出的问题，一个时间序列如何转换为AR？要回答这个问题，需要考虑该时间序列是否具有可逆性（invertibility）。

考虑以下MA（1）模型：

$$y_t = \mu + \varepsilon_t + \theta \varepsilon_{t-1} = \mu + (1 + \theta L)\varepsilon_t$$

由算子逆的定义知，如果 $|\theta|<1$，那么算子 $(1+\theta L)$ 的逆为：

$$(1+\theta L)^{-1} = \lim_{i \to \infty}(1 - \theta L + \theta^2 L^2 - \theta^3 L^3 + \cdots + (-1)^i \theta^i L^i) = \sum_{i=0}^{\infty}(-\theta L)^i$$

那么，可以进一步得到：

$$(1+\theta L)^{-1}(y_t - \mu) = \sum_{i=0}^{\infty}(-\theta L)^i(y_t - \mu) = \varepsilon_t$$

这样MA（1）就转化成了AR（$\infty$）的形式：

$$y_t - \mu = -\sum_{i=1}^{\infty}(-\theta)^i(y_{t-i} - \mu) + \varepsilon_t$$

如果一个时间序列能够转化为AR的形式，那么就称该时间序列是可逆的。可逆性和宽平稳性均是时间序列模型的重要性质。可逆性使得MA能够将当前值与历史值关联起来，从而有可能对MA进行预测。对于AR来说，由于其模型设定形式便是当前值与过去值关联，那么必然可逆。宽平稳性则是使用大数定理和中心极限定理的最低要求，其尽可能保证随机变量来自相似的总体，从而使预测成为可能。由于缺乏对非平稳时间序列进行预测的工具，宽平稳性是对现实的一种妥协。如果一个时间序列过程是非平稳的，但其一个或多个特征方程的根位于单位圆上，那么会对其进行一次或多次差分来获得一个新的宽平稳过程，这样就可以利用各种熟悉的统计工具进行估计、检验和预测。

**4. 自回归分布滞后模型**

以上AR或者MA过程均只包含了一个时间序列过程$\{y_t\}$，比如一只股票的日度收益率$r_t$。然而在实证研究中，影响股票收益率的因素肯定不仅仅包括其自身的滞后变量，还可能包括其他的解释变量如上一期的宏观经济变量、公司盈利水平的变化甚至上一期其他股票收益率的变化等等。因此，可以在AR模型的基础上加入其他外生的解释变量，即自回归分布滞后（autoregressive distributed lag，ADL）模型。其定义为：如果时间序列过程$\{y_t\}_{t=1}^{\infty}$为ADL($p,r$)，那么其满足以下线性模型：

$$y_t = c + \sum_{i=1}^{p} b_i y_{t-i} + \sum_{j=1}^{r} \eta_j X_{t-j} + \varepsilon_t$$

其中$\{\varepsilon_t\}$为白噪声过程，$\{X_{t-1},\cdots,X_{t-r}\}$为外生解释变量序列。

可以将ADL写成紧凑形式：

$$b(L)y_t = c + \eta(L)X_t + \varepsilon_t$$

其中：

$$b(L) = 1 - \sum_{i=1}^{p} b_i L^i, \quad \eta(L) = \sum_{j=1}^{r} \eta_j L^j$$

$b(L)$ 对应的特征方程为：

$$b(z) = 1 - b_1 z^1 - b_2 z^2 - \cdots - b_p z^p = 0$$

当所有根均位于单位圆外时，即 $|z_1|, \cdots, |z_p| > 1$，算子的逆 $b(L)^{-1}$ 存在。对ADL两边同乘 $b(L)^{-1}$，得到：

$$\begin{aligned} y_t &= b(L)^{-1} c + b(L)^{-1} \eta(L) X_t + b(L)^{-1} \varepsilon_t \\ &= \frac{c}{1 - \sum_{i=1}^{p} b_i} + \beta(L) X_t + e_t \end{aligned}$$

其中 $\beta(L) = b(L)^{-1} \eta(L)$ 是一个无穷的滞后算子序列，$e_t = b(L)^{-1} \varepsilon_t$ 为一个新的随机扰动项。这一变换相当于将AR（$p$）转换为MA（$\infty$），上式比原始ADL模型具有更直观的经济学含义。

## 四、自回归移动平均模型

### 1. ARMA（$p$, $q$）

若将AR和MA进行结合，那么可以得到ARMA模型。如果

$\{y_t\}_{t=1}^{\infty}$ 为 ARMA（p，q）过程，那么其满足以下线性模型：

$$y_t = c + \sum_{i=1}^{p} b_i y_{t-i} + \sum_{j=1}^{q} \theta_j \varepsilon_{t-j} + \varepsilon_t$$

其中 $\{\varepsilon_t\}$ 为白噪声过程。用滞后算子可写作：

$$(1 - \sum_{i=1}^{p} b_i L^i) y_t = c + (1 + \sum_{j=1}^{q} \theta_j L^j) \varepsilon_t$$

假设 $\{y_t\}$ 为宽平稳过程，那么对式两边同时取期望，可得：

$$\mu = \frac{c}{1 - b_1 - b_2 - \cdots - b_p}$$

进而有：

$$y_t - \mu = \sum_{i=1}^{p} b_i (y_{t-i} - \mu) + \sum_{j=1}^{q} \theta_j \varepsilon_{t-j} + \varepsilon_t$$

**2. ARMA转换为MA或AR**

将ARMA（p，q）写成更加紧凑的形式：

$$b(L)(y_t - \mu) = \theta(L) \varepsilon_t$$

其中 $b(L) = 1 - \sum_{i=1}^{p} b_i L^i$，$\theta(L) = 1 + \sum_{j=1}^{q} \theta_j L^j$，二者均为滞后算子 $L$ 的多项式算子。如果 $b(L)$ 对应的特征方程 $b(z) = 1 - b_1 z - b_2 z^2 - \cdots - b_p z^p = 0$ 的根均位于单位圆外，那么对等式 $b(L)(y_t - \mu) = \theta(L) \varepsilon_t$ 两边同乘 $b^{-1}(L)$，可以得到：

$$y_t = \mu + b^{-1}(L) \theta(L) \varepsilon_t$$

从而将ARMA（p，q）转化成了一个MA（∞）过程，此时该ARMA（$p$，$q$）过程满足宽平稳的条件。如果 $\theta(L)$ 对应的特征方程 $\theta(z)=1+\theta_1 z+\theta_2 z^2+\cdots+\theta_q z^q=0$ 的根均位于单位圆外，那么对 $b(L)(y_t-\mu)=\theta(L)\varepsilon_t$ 两边同乘 $\theta^{-1}(L)$，可以得到：

$$\theta^{-1}(L)b(L)(y_t-\mu)=\varepsilon_t$$

从而将ARMA（$p$，$q$）转化成了一个AR（$\infty$）过程，此时该ARMA（$p$，$q$）过程满足可逆性的条件。

### 3. ARMAX

如果将外生解释变量引入ARMA过程中，可以得到ARMAX过程。如果时间序列过程 $\{y_t\}_{t=1}^{\infty}$ 为ARMAX（$p$，$q$）过程，那么其满足以下线性模型：

$$y_t=c+\sum_{i=1}^{p}b_i y_{t-i}+\sum_{j=1}^{k}\beta_j X_{t-j}+\sum_{l=1}^{q}\theta_l \varepsilon_{t-l}+\varepsilon_t$$

其中 $\{\varepsilon_t\}$ 为白噪声过程，$\{X_{t-1}\}$ 为外生解释变量。

## 五、参数估计

### 1. AR（1）的估计

考虑宽平稳的AR（1）模型：

$$y_t=c+by_{t-1}+\varepsilon_t$$

其中 $\varepsilon_t \sim \mathrm{WN}(0,\sigma^2)$ 为独立白噪声过程，$\mathrm{E}y_t=\mu$，$\mathrm{Var}(y_t)=\sigma^2$，$|b|<1$。假设现在有 $T+1$ 个样本 $\{y_t\}_{t=0}^{T}$，令 $x_t=(1,y_{t-1})'$，$\beta=(c,b)'$，那么可以得到线性模型：

$$y_t = x_t'\beta + \varepsilon_t$$

利用 $T$ 个样本意味着滞后一期损失一个样本，计算线性模型的最小二乘估计量：

$$\hat{\beta} = (\sum_{t=1}^{T}(x_t x_t'))^{-1}(\sum_{t=1}^{T}(x_t y_t)) = \beta + (\sum_{t=1}^{T}(x_t x_t'))^{-1}(\sum_{t=1}^{T}(x_t \varepsilon_t))$$

由于 $y_t$ 是宽平稳的，为了证明 $\hat{\beta}$ 具有一致性，需要用到宽平稳过程的大数定理，见第三章第三节。

**定理 4.1（一致性）**：对于宽平稳的 AR（1）过程：$y_t = c + b y_{t-1} + \varepsilon_t$，$\varepsilon_t \sim \mathrm{WN}(0, \sigma^2)$ 为独立白噪声过程，$Ey_t = \mu$，$\mathrm{Var}(y_t) = \sigma^2 < \infty$。最小二乘估计量 $\hat{\beta}$ 具有一致性。

**证明**：由于 $y_t$ 为宽平稳过程，$x_t = (1, y_{t-1})'$ 必然为宽平稳过程，那么由宽平稳过程的大数定理，可以得到：

$$\frac{1}{T}\sum_{t=1}^{T} x_t \xrightarrow{p} \mathrm{E}(x_t)$$

$$\frac{1}{T}\sum_{t=1}^{T} x_t x_t' \xrightarrow{p} \mathrm{E}(x_t x_t')$$

接下来证明最小二乘估计量 $\hat{\beta}$ 具有一致性。首先考察 $\mathrm{E}(x_t x_t')$ 的正定性：

$$\mathrm{E}(x_t x_t') = \begin{pmatrix} 1 & \mathrm{E}(y_{t-1}) \\ \mathrm{E}(y_{t-1}) & \mathrm{E}(y_{t-1}^2) \end{pmatrix} = \begin{pmatrix} 1 & \mu \\ \mu & \sigma^2 + \mu^2 \end{pmatrix}$$

可见 $\mathrm{E}(x_t x_t')$ 必然正定，$\mathrm{E}(x_t x_t')^{-1}$ 存在。继续考察 $\mathrm{E}(x_t \varepsilon_t)$，由于 $y_{t-1}$ 可转化为 MA（$\infty$），且由于 $\{y_{t-1}\}$ 为宽平稳过程，可以得到：

$$y_{t-1} = b(L)^{-1}c + b(L)\varepsilon_{t-1} = \frac{c}{1-b} + \sum_{i=0}^{\infty} b^i \varepsilon_{t-i-1}$$

其包含 $\varepsilon_{t-1}, \varepsilon_{t-2}, \cdots$，因此 $\varepsilon_t$ 与 $x_t = (1, y_{t-1})'$ 之间独立，那么不相关假设 $E(x_t\varepsilon_t) = 0$ 自动满足。此外，可以证明 $\{x_t\varepsilon_t\} = (\varepsilon_t, y_{t-1}\varepsilon_t)'$ 为鞅差分序列。$\varepsilon_t$ 为独立的白噪声序列，满足 $E(\varepsilon_t) = 0$，$E(\varepsilon_t \mid \varepsilon_{t-1}, \varepsilon_{t-2}\cdots, y_{t-1}, y_{t-2}, \cdots) = 0$，因此为鞅差分序列。考虑 $y_{t-1}\varepsilon_t$，由迭代期望定理，可以得到：

$$\begin{aligned} E(y_{t-1}\varepsilon_t \mid y_{t-2}\varepsilon_{t-1}, y_{t-3}\varepsilon_{t-2}, \cdots) &= E(E(y_{t-1}\varepsilon_t \mid y_{t-2}\varepsilon_{t-1}, y_{t-3}\varepsilon_{t-2}, \cdots) \mid y_{t-1}, y_{t-2}\varepsilon_{t-1}, y_{t-3}\varepsilon_{t-2}, \cdots) \\ &= E(y_{t-1}E(\varepsilon_t \mid y_{t-2}\varepsilon_{t-1}, y_{t-3}\varepsilon_{t-2}, \cdots) \mid y_{t-1}, y_{t-2}\varepsilon_{t-1}, y_{t-3}\varepsilon_{t-2}, \cdots) \\ &= 0 \end{aligned}$$

因此 $\{y_{t-1}\varepsilon_t\}$ 也为鞅差分序列。此时，利用鞅差分序列的大数定理可得 $\frac{1}{T}\sum_{t=1}^{T} y_{t-1}\varepsilon_t \xrightarrow{a.s.} 0$。因此：

$$\hat{\beta} = \beta + (\frac{1}{T}\sum_{t=1}^{T}(x_t x_t'))^{-1}(\frac{1}{T}\sum_{t=1}^{T}(x_t\varepsilon_t)) \xrightarrow{p} \beta + E(x_t x_t')^{-1}E(x_t\varepsilon_t) = \beta$$

因此，宽平稳独立白噪声AR（1）的最小二乘估计量 $\hat{\beta}$ 具有一致性。

接下来，考虑渐近正态性，易知：

$$\beta = E(x_t x_t')^{-1} E(x_t y_t) = \begin{pmatrix} 1 & \mu \\ \mu & \sigma^2 + \mu^2 \end{pmatrix}^{-1} \begin{pmatrix} \mu \\ \gamma_1 - \mu^2 \end{pmatrix} = \frac{1}{\sigma^2}\begin{pmatrix} \sigma^2\mu + \mu\gamma_1 \\ \gamma_1 \end{pmatrix}$$

**定理4.2（渐近正态性）**：对于宽平稳的AR（1）过程：$y_t = c + by_{t-1} + \varepsilon_t$，$\varepsilon_t \sim WN(0, \sigma^2)$ 为独立白噪声过程，$Ey_t = \mu$，$Var(y_t) = \sigma^2 < \infty$。最小二乘估计量 $\hat{\beta}$ 具有渐近正态性：

$$\sqrt{n}(\hat{\beta} - \beta) \xrightarrow{d} N(0, E(x_t x_t')^{-1}\sigma^2)$$

**证明：** $\hat{\beta}$ 可以变换为：

$$\hat{\beta} = \beta + \frac{1}{\sqrt{T}}(\frac{1}{T}\sum_{t=1}^{T}(x_t x_t'))^{-1}(\frac{1}{\sqrt{T}}\sum_{t=1}^{T}(x_t \varepsilon_t))$$

上面已经证明了 $\{x_t\varepsilon_t\}$ 是鞅差分序列，$\mathrm{E}(x_t\varepsilon_t)=0$，$\mathrm{Var}(x_t\varepsilon_t) = \mathrm{E}(x_t x_t' \varepsilon_t^2)$，这里直接使用鞅差分序列的中心极限定理。

$$\frac{1}{\sqrt{T}}(\sum_{t=1}^{T} x_t\varepsilon_t) \xrightarrow{d} N(0, \mathrm{E}(x_t x_t' \varepsilon_t^2))$$

由于 $\varepsilon_t$ 与 $x_t$ 独立，因此 $\mathrm{E}(x_t x_t' \varepsilon_t^2) = \mathrm{E}(x_t x_t')\mathrm{E}(\varepsilon_t^2) = \mathrm{E}(x_t x_t')\sigma^2$。

除最小二乘法之外，还可以使用矩估计方法。事实上，如果 $\{\varepsilon_t\}$ 为独立同分布的白噪声且满足一定的矩条件，那么可以得到总体自协方差 $\gamma_j$ 的一致估计量：

$$\hat{\gamma}_j = \frac{1}{T-j+1}\sum_{t=j}^{T}(y_t - \frac{1}{T}\sum_{t=1}^{T}y_t)(y_{t-j} - \frac{1}{T}\sum_{t=1}^{T}y_t) \xrightarrow{p} \mathrm{E}(y_t - \mu)(y_{t-j} - \mu)$$

将 AR（1）变换为以下形式：

$$\mathrm{E}(y_t - \mu)(y_{t-j} - \mu) = c\mathrm{E}(y_{t-j} - \mu) + \mathrm{E}(y_{t-1} - \mu)(y_{t-j} - \mu) + \mathrm{E}(\varepsilon_t(y_{t-j} - \mu))$$

可以得到 $\gamma_j = b\gamma_{j-1}$。令 $j=1$，将系数 $b$ 用自协方差函数进行表示：

$$b = \frac{\gamma_1}{\gamma_0} = \frac{\gamma_1}{\sigma^2}$$

因此，可以直接用矩估计 $\hat{\gamma}_1/\hat{\sigma}^2$ 计算 $\hat{b}$，再利用 $\mu = c/(1-b)$，便可估计 $\hat{c}$。

**2. AR（$p$）的估计**

考虑宽平稳的 AR（$p$）模型：

$$y_t = c + \sum_{i=1}^{p} b_i y_{t-i} + \varepsilon_t$$

其中 $\varepsilon_t \sim \text{WN}(0,\sigma^2)$ 为独立白噪声过程，$Ey_t = \mu$。其特征方程 $1 - b_1 z - b_2 z^2 - \cdots - b_p z^p = 0$ 的根都位于单位圆外。令 $x_t = (1, y_{t-1}, y_{t-2}, \cdots, y_{t-p})$，大多数情况下，$E(x_t x_t')$ 均为非奇异矩阵：

$$\begin{aligned}
E(x_t x_t') &= E \begin{bmatrix} 1 & y_{t-1} & y_{t-2} & \cdots & y_{t-p} \\ y_{t-1} & y_{t-1}^2 & y_{t-2}y_{t-1} & \cdots & y_{t-p}y_{t-1} \\ y_{t-2} & y_{t-1}y_{t-2} & y_{t-2}^2 & \cdots & y_{t-p}y_{t-2} \\ \vdots & \vdots & \vdots & \ddots & \vdots \\ y_{t-p} & y_{t-1}y_{t-p} & y_{t-2}y_{t-p} & \cdots & y_{t-p}^2 \end{bmatrix} \\
&= \begin{bmatrix} 1 & \mu & \mu & \cdots & \mu \\ \mu & \gamma_0 + \mu^2 & \gamma_1 + \mu^2 & \cdots & \gamma_{p-1} + \mu^2 \\ \mu & \gamma_1 + \mu^2 & \gamma_0 + \mu^2 & \cdots & \gamma_{p-2} + \mu^2 \\ \vdots & \vdots & \vdots & \ddots & \vdots \\ \mu & \gamma_{p-1} + \mu^2 & \gamma_{p-2} + \mu^2 & \cdots & \gamma_0 + \mu^2 \end{bmatrix}
\end{aligned}$$

结合自协方差的一致估计量 $\hat{\gamma}_j = \sum_{t=j}^{T}(y_t - \frac{1}{T}\sum_{t=1}^{T} y_t)(y_{t-j} - \frac{1}{T}\sum_{t=1}^{T} y_t)/(T-j+1)$，可以得到 $E(x_t x_t')$ 的一致估计量。与 AR（1）类似，容易证明最小二乘估计量 $\hat{\beta}$ 具有一致性和渐近正态性，估计量的代价则是会损失 $p$ 个样本。

3. MA（1）的估计

考虑 MA（1）模型：

$$y_t = \varepsilon_t + \theta \varepsilon_{t-1}$$

其中 $\varepsilon_t \sim \text{WN}(0,\sigma^2)$ 为独立的白噪声过程，$|\theta|<1$。其自相关函数 ACF 在 $j>1$ 时截尾，由已知条件：

$$\rho_1 = \frac{\gamma_j}{\gamma_0} = \frac{\theta\sigma^2}{(1+\theta^2)\sigma^2} = \frac{\theta}{(1+\theta^2)}$$

$y_t$ 为宽平稳过程，利用其自相关系数的一致估计量 $\hat{\rho}_1$，可以很容易解得 $\theta$ 的估计量：

$$\hat{\theta} = \frac{1}{2\hat{\rho}_1} \pm \sqrt{\frac{1}{4\hat{\rho}_1^2} - 1}$$

然而这一估计方法并非是渐近有效的，因此通常不被采用。因此，可以尝试使用最小二乘法对系数进行估计。最小二乘法的优化问题为：

$$\hat{\theta} = \arg\min_{\theta} \sum_{t=2}^{T} \varepsilon_t^2 = \arg\min_{\theta} \sum_{t=2}^{T} (y_t - \theta\varepsilon_{t-1})^2$$

由于 $\varepsilon_{t-1}$ 不可观测，将 MA（1）转换为 AR（∞）：

$$\varepsilon_t = y_t + \sum_{j=1}^{\infty} (-\theta)^j y_{t-j}$$

利用滞后样本，得到：

$$\varepsilon_t = y_t + \sum_{j=1}^{t-1} (-\theta)^j y_{t-j}$$

此时的优化目标变为关于 $\theta$ 的非线性函数，但解得的估计量是一致且渐近有效的：

$$\hat{\theta} = \arg\min_{\theta} \sum_{t=2}^{T} (y_t + \sum_{j=1}^{t-1} (-\theta)^j y_{t-j})$$

4. ARMA（1，1）的估计

考虑以下 ARMA（1，1）过程：

$$y_t = by_{t-1} + \varepsilon_t + \theta\varepsilon_{t-1}$$

其中 $\varepsilon_t \sim \mathrm{WN}(0,\sigma^2)$ 为白噪声过程。参数估计的方法包括三种：两阶段最小二乘法、矩估计法和最大似然估计法。这里主要介绍前两种方法。若使用两阶段的最小二乘回归对参数 $\{b,\theta\}$ 进行估计，首先需要将 ARMA（1，1）写为 AR（∞）的形式：

$$\varepsilon_t = y_t + \sum_{j=1}^{\infty} w_j y_{t-j}$$

利用尽可能多的滞后样本进行最小二乘回归：

$$\hat{w} = \arg\min_{w} \sum_{t=2}^{T} (y_t + \sum_{j=1}^{t-1} w_j y_{t-j})^2$$

计算 AR（∞）的残差：

$$\hat{\varepsilon}_t = y_t + \sum_{j=1}^{t-1} \hat{w}_j y_{t-j}$$

可以得到白噪声的估计量 $\{\hat{\varepsilon}_t, \hat{\varepsilon}_{t-1}, \cdots\}$。其次对 ARMA（1，1）进行回归：

$$y_t = by_{t-1} + \varepsilon_t + \theta\hat{\varepsilon}_{t-1}$$

由此可以得到 $\{b,\theta\}$ 的一致但非有效的最小二乘估计量。第二种方法是利用矩估计量来求解未知参数。

对 $y_t = by_{t-1} + \varepsilon_t + \theta\varepsilon_{t-1}$ 两边同乘 $y_{t-2}$ 并取期望，得到：

$$\gamma_2 = b\gamma_1$$

两边同时除以方差后得到 $\hat{b} = \hat{\rho}_2 / \hat{\rho}_1$。

对 $y_t = by_{t-1} + \varepsilon_t + \theta\varepsilon_{t-1}$ 两边同乘 $y_t$ 并取期望，得到：

$$\gamma_0 = b\gamma_1 + \sigma^2 + \theta\mathrm{E}(\varepsilon_{t-1}y_t) = b\gamma_1 + (1+\theta b + \theta^2 b)\sigma^2$$

对 $y_t = by_{t-1} + \varepsilon_t + \theta\varepsilon_{t-1}$ 两边同乘 $y_{t-1}$ 并取期望，得到：

$$\gamma_1 = b\gamma_0 + \theta\mathrm{E}(\varepsilon_{t-1}y_{t-1}) = b\gamma_0 + \theta\sigma^2$$

可以从以上两个方程中解得 $\hat{\theta}$ 和 $\hat{\sigma}^2$。

# 第三节 条件异方差时间序列

## 一、自回归条件异方差模型

1. 什么是自回归条件异方差模型

在介绍自回归条件异方差模型（autoregressive conditional heteroskedasticity model，ARCH）的具体细节之前，首先介绍一下为何要提出这样一个模型。考虑一个AR（1）过程：

$$y_t = c + by_{t-1} + \varepsilon_t$$

其中 $\varepsilon_t \overset{i.i.d}{\sim} WN(0,\sigma^2)$，$|b|<1$。在对 $y_t$ 进行预测时，可以使用上一期的条件期望 $\mathrm{E}(y_t | y_{t-1}) = c + by_{t-1}$ 来获得最小的均方预测误差（MSE）。考虑 $y_t$ 的条件方差：

$$\mathrm{Var}(y_t | y_{t-1}) = \mathrm{E}(\varepsilon_t^2 | y_{t-1}) = \sigma^2$$

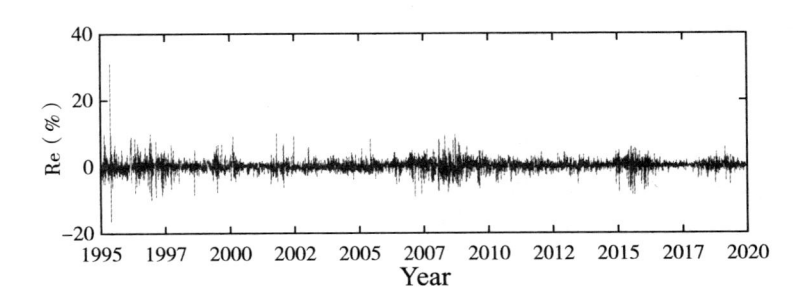

图 4.3 上证指数收益率走势图（1995.01.03-2019.12.06）

可见 $y_t$ 的条件方差为常数，这就意味着无法利用历史信息对方差进行预测。然而，方差作为金融资产最常用的一种风险代理指标，在诸如投资组合优化（portfolio optimization）等金融学领域均有相当重要的应用，如果不能预测方差，那么很多优化问题和交易策略都将无用武之地。那么方差是否具有可预测性呢？对于金融价格序列来说，通常可以观察到方差（波动）本身具有很强的集聚性（clustering）。图4.3是我国上证指数自1995年至2020年的日涨跌幅情况。从图中可看出，如果一段时期内收益率存在较大的波动，那么往往意味着未来也会出现较大的波动；反之亦然。这一现象正说明利用历史波动率来预测未来波动率是可行的。那么，接下来的问题是，如何将滞后历史信息加入模型中呢？

恩格尔在尝试了一些不同的数学形式后，假设随机误差项服从以下关系：

$$\varepsilon_t = \sqrt{h_t}\eta_t$$

其中 $\{\eta_t\}$ 为独立同分布的白噪声序列，$E(\eta_t)=0$，$E(\eta_t^2)=1$。由于期望为零、方差为1，因此 $\eta_t$ 又被称为标准化新息

(standardized innovation)。$h_t$ 为:

$$h_t = \xi + \sum_{i=1}^{m} \alpha_i \varepsilon_{t-i}^2$$

计算随机误差项的条件方差为:

$$\text{Var}(\varepsilon_t | \mathcal{E}_{t-1}) = \text{E}(\varepsilon_t^2 | \mathcal{E}_{t-1}) = \text{E}(h_t \eta_t^2 | \mathcal{E}_{t-1}) = h_t$$

其中 $\mathcal{E}_{t-1} = (\varepsilon_{t-1}, \cdots, \varepsilon_{t-m})$。此时随机误差项的条件方差不再是一个常数,而是一个AR($m$)过程,因此称随机误差项服从 $m$ 阶自回归条件异方差过程(autoregressive conditional heteroskedasticity,ARCH),表示为 $\varepsilon_t \sim \text{ARCH}(m)$。

假设 $\xi > 0, \alpha_1, \cdots, \alpha_m \geq 0$。值得注意的是,ARCH随机误差项 $\varepsilon_t$ 的无条件期望和方差分别为:

$$\text{E}(\varepsilon_t) = 0$$

$$\text{Var}(\varepsilon_t) = \text{E}(\varepsilon_t^2) = \text{E}(h_t)$$

如果 $\alpha_1 + \alpha_2 + \cdots + \alpha_m < 1$,那么 $h_t$ 为宽平稳过程,故:

$$\text{E}(h_t) = \xi + \sum_{i=1}^{m} \alpha_i \text{E}(h_t)$$

因此,$\text{E}(h_t) = \dfrac{\xi}{1 - \sum_{i=1}^{m} \alpha_i}$,即 $\varepsilon_t$ 的无条件方差也为常数。又因为:

$$\text{Cov}(\varepsilon_t, \varepsilon_{t-j}) = \text{E}(\sqrt{h_t h_{t-j}} \eta_t \eta_{t-j}) = \text{E}(\sqrt{h_t h_{t-j}}) \text{E}(\eta_t) \text{E}(\eta_{t-j}) = 0$$

由此可知,即便 $\varepsilon_t$ 存在条件异方差,由于其无条件期望为零,无条件方差为常数,且不存在无条件自相关,因此是宽平稳的。

### 2. ARCH（1）的估计

下面考虑如何估计一个带有ARCH随机误差项的模型。假设AR（1）过程 $y_t = c + by_{t-1} + \varepsilon_t$ 的随机误差项 $\varepsilon_t \sim \text{ARCH}(1)$。由于 $\varepsilon_t$ 为白噪声，因此解释变量 $y_{t-1}$ 与 $\varepsilon_t$ 不相关。此时可以使用最小二乘估计得到参数的一致估计量。但由于 $\varepsilon_t^2$ 与滞后项相关，因此需要利用稳健标准误对估计量的渐近方差进行估计。如果是 $y_t = x_t'\beta + \varepsilon_t$ 的形式，$x_t$ 为宽平稳的外生变量，那么由于 $E(\varepsilon_t | X) = 0$，且 $\varepsilon_t$ 为白噪声，因此由高斯—马尔可夫定理，最小二乘估计量是BLUE。但是对于ARCH模型，利用最小二乘法进行参数估计并不能获得有效的参数估计量，且不便于对ARCH参数进行估计。可以假设随机误差项服从正态分布，从而可以使用最大似然估计对模型参数进行估计，最大似然估计的大样本性质极佳。如果ARCH模型的随机误差项包含高斯标准化新息 $\eta_t \overset{\text{i.i.d}}{\sim} N(0,1)$，那么：

$$\varepsilon_t | \mathcal{E}_{t-1} \sim N(0, h_t)$$

进而有：

$$y_t | y_{t-1}, \mathcal{E}_{t-1} \sim N(c + by_{t-1}, h_t)$$

这表明可以使用条件最大似然估计方法。以包含ARCH（$m$）随机误差项的线性模型为例，下面介绍如何使用条件最大似然估计方法估计模型参数。

首先介绍基本的模型设定：$y_t = x_t'\beta + \varepsilon_t$，$\varepsilon_t = \sqrt{h_t}\eta_t$，$\eta_t \overset{\text{i.i.d}}{\sim} N(0,1)$，$h_t = \xi + \alpha_1\varepsilon_{t-1}^2 + \cdots + \alpha_m\varepsilon_{t-m}^2$，$y_t | x_t, \mathcal{E}_{t-1} \sim N(x_t'\beta, h_t)$，其

中 $\mathcal{E}_{t-1}$ 表示截止至 $t-1$ 时刻的所有历史信息集合。这里的解释变量 $x_t$ 可以包含外生变量或 $y_t$ 的滞后变量。由此，$y_t$ 的条件概率密度函数为：

$$f(y_t \mid x_t, \mathcal{E}_{t-1}) = \frac{1}{\sqrt{2\pi h_t}} \exp\{\frac{-(y_t - x_t'\beta)^2}{2h_t}\}$$

其中，

$$h_t = \zeta + \sum_{i=1}^{m} \alpha_i (y_{t-i} - x_{t-i}'\beta)^2$$

待估参数向量为 $\Theta = (\beta', \xi, \alpha_1, \cdots, \alpha_m)'$，若 $\beta$ 是 $k \times 1$ 的向量，那么共有 $k+m+1$ 个未知参数。如果在 $x_t$ 中不包含 $y_t$ 的滞后项，那么至少需要 $m+1$ 个样本才能够进行条件似然估计。$T$ 个样本的对数似然函数为：

$$\begin{aligned} L(\Theta) &= \sum_{i=1}^{T} \ln f(y_t \mid x_t, \mathcal{E}_{t-1}; \Theta) \\ &= -\frac{T}{2}\ln(2\pi) - \frac{1}{2}\sum_{t=1}^{T}\ln(h_t) - \frac{1}{2}\sum_{i=1}^{T}(y_t - x_t'\beta)^2 / h_t \end{aligned}$$

随后，需要利用合适的优化算法来求解带约束（$\xi > 0, \alpha_1, \cdots, \alpha_m \geq 0$）的优化问题 $\max_{\Theta} L(\Theta)$。然而，在实际操作中要满足这些约束并不容易，因此需要对ARCH过程施加一定的先验模型假设，比如，可将ARCH（4）：

$$h_t = \alpha_0 + \alpha_1 \varepsilon_{t-1}^2 + \alpha_2 \varepsilon_{t-2}^2 + \alpha_3 \varepsilon_{t-3}^2 + \alpha_4 \varepsilon_{t-4}^2$$

简化成ARCH（1）：

$$h_t = \alpha_0 + \alpha_1 (0.4\varepsilon_{t-1}^2 + 0.3\varepsilon_{t-2}^2 + 0.2\varepsilon_{t-3}^2 + 0.1\varepsilon_{t-4}^2)$$

从而降低带约束估计的难度。在利用条件最大似然估计法得到参数估计量后，可以利用条件方差 $E(h_{t+1}|x_t,\mathcal{E}_t)$ 对 $y_t$ 下一期的方差进行样本外（out-of-sample）预测：

$$\text{Predictor} = \hat{\zeta} + \sum_{i=1}^{m} \hat{\alpha}_i (y_{t+1-i} - x'_{t+1-i}\hat{\beta})^2$$

除了高斯分布外，$\eta_t$ 也可以被假设为服从其他标准化的条件精确分布，如 $t$ 分布、正态—泊松混合分布等，随后均可使用条件最大似然估计法对未知参数进行估计。在进行参数估计之前，通常需要检验随机误差项是否服从ARCH过程。由于ARCH可以写为AR（$m$）形式，因此一种检验方法是先对线性模型 $y_t = x'_t\beta + \varepsilon_t$ 进行最小二乘回归，得到残差 $e_t$，再构建一个基于决定系数 $R^2$ 的 $\chi^2$ 统计量进行假设检验。其他检验方法还包括直接估计完整的ARCH回归模型、对 $e_t^2$ 进行序列自相关检验等。

## 二、广义自回归条件异方差模型

### 1. 什么是广义自回归条件异方差模型

在实证研究中经常需要为ARCH设定比较大的滞后阶数，导致待估参数的数目增加。随之而来的一系列参数约束则进一步提高了估计难度，为了得到估计结果，往往需要设置固定的ARCH形式，这无疑降低了模型的实用性。为了增加ARCH模型的灵活性，可以将 $h_t$ 的滞后项引入ARCH过程中，从而得到广义ARCH，即广义自回归条件异方差模型（generalized autoregressive conditional heteroskedasticity model，GARCH）：

对于任意的时间序列过程 $\{\varepsilon_t\}$，其满足以下分解：

$$\varepsilon_t = \sqrt{h_t}\eta_t$$

其中 $\{\eta_t\}$ 为独立同分布的白噪声序列，$E(\eta_t)=0$，$E(\eta_t^2)=1$，$\eta_t$ 独立于 $\{\varepsilon_{t-1},\varepsilon_{t-2},\cdots\}$。如果 $h_t$ 满足以下形式：

$$h_t = \xi + \kappa_1 h_{t-1} + \kappa_2 h_{t-2} + \cdots + \kappa_n h_{t-n} + \alpha_1 \varepsilon_{t-1}^2 + \alpha_2 \varepsilon_{t-2}^2 + \cdots + \alpha_m \varepsilon_{t-m}^2$$

那么称 $u_t$ 服从 GARCH（$n$，$m$）过程。假设 $\eta_t$ 服从正态分布，那么GARCH回归模型的设定为：

$$y_t = x_t'\beta + \varepsilon_t$$

$$\varepsilon_t = \sqrt{h_t}\eta_t, \eta_t \stackrel{i.i.d}{\sim} N(0,1)$$

$$h_t = \xi + \sum_{i=1}^m \alpha_i \varepsilon_{t-i}^2 + \sum_{j=1}^n \kappa_j h_{t-j} = \xi + A(L)\varepsilon_t^2 + K(L)h_t$$

$$y_t \mid x_t, \mathcal{E}_{t-1} \sim N(x_t'\beta, h_t)$$

为了保证方差的非负性，参数需满足以下假设：

$$m \geq 0, n \geq 0$$
$$\xi > 0, \alpha_i \geq 0, i=1,2,\cdots,m$$
$$\kappa_j \geq 0, j=1,2,\cdots,n$$

通常称 $\varepsilon_{t-1}^2,\cdots,\varepsilon_{t-m}^2$ 为ARCH项，$h_{t-1},\cdots,h_{t-n}$ 为GARCH项。

### 2. GARCH转换为ARCH

正如ARMA（$p$，$q$）可以看做MA（$\infty$），GARCH（$n$，$m$）也能够改善ARCH模型所存在问题，在一定条件下，可以转化为ARCH（$\infty$）过程。

$h_t = \xi + A(L)\varepsilon_t^2 + K(L)h_t$ 可以表示为：

$$h_t[1-K(L)] = \xi + A(L)\varepsilon_t^2$$

如果特征方程 $1-K(z)=0$ 的所有根都位于单位圆外，那么可以得到ARCH（$\infty$）：

$$h_t = \xi[1-K(L)]^{-1} + A(L)[1-K(L)]^{-1}\varepsilon_t^2 = \zeta + \sum_{i=1}^{\infty}\tau_i\varepsilon_{t-i}^2$$

在实证研究中，GARCH（1，1）被证明具有很好的预测精度，一个重要的内在原因便是其能够转化为ARCH（$\infty$），从而不涉及ARCH建模中"猜"阶数的过程。在实际使用过程中，GARCH的待估参数个数与ARCH相比大大减少，因此从统计学角度来说，GARCH是更为简约（parsimonious）的模型。当 $n=0$ 时，GARCH退化为ARCH；当 $m=n=0$ 时，$\varepsilon_t$ 为独立同分布白噪声 $\varepsilon_t \overset{\text{i.i.d}}{\sim} N(0,\xi)$。当且仅当：

$$A(1)+K(1) = \sum_{i=1}^{m}\alpha_i + \sum_{j=1}^{n}\kappa_j < 1$$

GARCH（$n$，$m$）为宽平稳的白噪声过程。若 $\varepsilon_t$ 为宽平稳的GARCH（$n$，$m$）过程，那么其期望和方差为：

$$\mathrm{E}(\varepsilon_t) = 0, \quad \mathrm{Var}(\varepsilon_t) = \frac{\xi}{1-A(1)-K(1)}$$

3. GARCH（1，1）的估计

GARCH的参数估计方式与ARCH大致相同，均是求解条件最大似然估计的最大化问题。一个需要注意的问题是，由于包含GARCH项 $h_{t-1},\cdots,h_{t-n}$，因此需要设置初始值才可以开始迭代。以

GARCH（1，1）为例，假设现在有 $T$ 个样本观测 $\{y_t, x_t'\}_{t=1}^T$，服从 GARCH（1，1）的随机误差项的条件方差为：

$$h_t = \xi + \alpha_1 \varepsilon_{t-1}^2 + \kappa_1 h_{t-1}$$

当 $t=2$ 时，$h_2 = \xi + \alpha_1 \varepsilon_1^2 + \kappa_1 h_1 = \xi + \alpha_1 (y_1 - x_1'\beta)^2 + \kappa_1 h_1$。通常使用样本矩 $(1/T)\sum_{t=1}^T (y_t - x_t'\beta)^2$ 作为 $h_t$ 的初始值 $h_1$。而在ARCH（1）中，随机误差项的条件方差为：

$$h_2 = \xi + \alpha_1 \varepsilon_1^2 = \xi + \alpha_1 (y_1 - x_1'\beta)^2$$

因此无需设置初始值。此外，由于这种迭代的特性，可以利用GARCH模型对收益率的方差进行多步的样本外预测。仍以GARCH（1，1）为例，假设 $\varepsilon_t$ 为宽平稳白噪声过程，那么令其无条件方差为：

$$\sigma^2 \equiv \text{Var}(\varepsilon_t) = \text{E}(\varepsilon_t^2) = \frac{\xi}{1 - A(1) - K(1)}$$

代入 $h_t = \xi + \alpha_1 \varepsilon_{t-1}^2 + \kappa_1 h_{t-1}$ 中，得到：

$$h_t = \sigma^2 (1 - A(1) - K(1)) + \alpha_1 \varepsilon_{t-1}^2 + \kappa_1 h_{t-1}$$

进一步有：

$$h_t - \sigma^2 = \alpha_1 (\varepsilon_{t-1}^2 - \sigma^2) + \kappa_1 (h_{t-1} - \sigma^2)$$

假设截止 $t$ 时刻的信息集用 $\mathcal{F}_t = \{h_t, h_{t-1}\cdots, \eta_t, \eta_{t-1}, \cdots\}$ 来表示。那么 $t+k$ 时刻随机误差项条件方差为：

$$h_{t+k} - \sigma^2 = \alpha_1 (\varepsilon_{t+k-1}^2 - \sigma^2) + \kappa_1 (h_{t+k-1} - \sigma^2)$$

由于只知道截止 $t$ 时刻的信息,因此需要利用迭代期望定理来不断进行迭代,以获得预测值: $\mathrm{E}(h_{t+k} - \sigma^2 | \mathcal{F}_t)$。首先基于 $t+k-2$ 时刻的信息集来计算 $h_{t+k} - \sigma^2$ 的条件期望:

$$\mathrm{E}(h_{t+k} - \sigma^2 | \mathcal{F}_{t+k-2}) = (\alpha_1 + \kappa_1)(h_{t+k-1} - \sigma^2)$$

其中,

$$\mathrm{E}(\varepsilon_{t+k-1}^2 | \mathcal{F}_{t+k-2}) = \mathrm{E}(h_{t+k-1}\eta_{t+k-1}^2 | \mathcal{F}_{t+k-2}) = h_{t+k-1}$$

随后利用迭代期望定理,基于 $t+k-3$ 时刻的信息集来计算 $h_{t+k} - \sigma^2$ 的条件期望:

$$\begin{aligned}\mathrm{E}(h_{t+k} - \sigma^2 | \mathcal{F}_{t+k-3}) &= \mathrm{E}(\mathrm{E}(\varepsilon_{t+k-1}^2 | \mathcal{F}_{t+k-2}) | \mathcal{F}_{t+k-3}) \\ &= (\alpha_1 + \kappa_1)^2 (h_{t+k-2} - \sigma^2)\end{aligned}$$

依次类推,基于 $t$ 时刻的信息集来计算 $h_{t+k} - \sigma^2$ 的条件期望为:

$$\begin{aligned}\mathrm{E}(h_{t+k} - \sigma^2 | \mathcal{F}_t) &= (\alpha_1 + \kappa_1)^{k-1}(h_{t+1} - \sigma^2) \\ &= (\alpha_1 + \kappa_1)^{k-1}(\alpha_1(\varepsilon_t^2 - \sigma^2) + \kappa_1(h_t - \sigma^2))\end{aligned}$$

因此,可以利用基于 $\mathcal{F}_t$ 的条件MLE估计得到的参数集,对第 $t+k$ 时刻随机误差项的方差进行预测为:

$$\hat{h}_{t+k} = \hat{\sigma}^2 + (\hat{\alpha}_1 + \hat{\kappa}_1)^{k-1}(\hat{\alpha}_1(y_t - x_t'\hat{\beta})^2 - \hat{\sigma}^2) + \hat{\kappa}_1\hat{h}_t)$$

其中, $\hat{\sigma}^2 = \dfrac{\hat{\xi}}{1 - \hat{\alpha}_1 - \hat{\kappa}_1}$ , $\hat{h}_t = \hat{\xi} + \hat{\alpha}_1(y_{t-1} - x_{t-1}'\hat{\beta})^2) + \hat{\kappa}_1\hat{h}_{t-1}$ , $\cdots$ , $\hat{h}_1 = \dfrac{1}{T}\sum_{t=1}^{T}(y_t - x_t'\hat{\beta})^2$。

### 4. IGARCH

在GARCH的基础上，考虑一种非平稳的特殊情形。假设 $\varepsilon_t \sim$ GARCH（$n$，$m$），那么基本的数据生成过程为：

$$\varepsilon_t = \sqrt{h_t}\eta_t, \quad \eta_t \overset{i.i.d}{\sim} N(0,1), \quad h_t = \xi + \sum_{i=1}^m \alpha_i \varepsilon_{t-i}^2 + \sum_{j=1}^n \kappa_j h_{t-j} = \xi + A(L)\varepsilon_t^2 + K(L)h_t$$

前面假设GARCH（$n$，$m$）随机误差项 $\varepsilon_t$ 为宽平稳过程，其需要满足：

$$A(1) + K(1) = \sum_{i=1}^m \alpha_i + \sum_{j=1}^n \kappa_j < 1$$

然而，很多金融数据的估计结果表明 $A(1)+K(1)$ 非常接近于1。如果假设：

$$A(1) + K(1) = \sum_{i=1}^m \alpha_i + \sum_{j=1}^n \kappa_j \to 1$$

那么 $\varepsilon_t$ 便不再是宽平稳过程，此时称其服从IGARCH（integrated GARCH）过程。此时，$\varepsilon_t$ 的无条件方差将趋于无穷：

$$E(\varepsilon_t^2) = \frac{\xi}{1 - A(1) - K(1)} \to \infty$$

由上一小节知，$\varepsilon_t$ 基于 $t$ 时刻信息集的 $t+k$ 时刻的条件方差为：

$$E(h_{t+k} | \mathcal{F}_t) = \sigma^2 + (\alpha_1 + \kappa_1)^{k-1}(\alpha_1(\varepsilon_t^2 - \sigma^2) + \kappa_1(h_t - \sigma^2))$$

当 $k \to \infty$ 时，$E(h_{t+k}|\mathcal{F}_t)$ 也将趋于无穷。这表明 $t$ 时刻的一次扰动将对 $\varepsilon_t$ 的条件方差产生非常持久的影响。

## 5. EGARCH

在金融市场中,当资产价格波动率上升时,资产价格往往倾向于下降,这种波动率与收益率之间的倒挂现象被称为"杠杆效应"(leverage effect)。一种比较通行的解释是,当公司的股价下降,那么其杠杆率自动上升,导致持有该公司股票的风险增加,从而增加了股价的波动率,这也是这种现象被称为"杠杆"的原因。杠杆现象通常具有非对称性,也就是说股价下跌所导致的波动率上升幅度要大于波动率下降所导致的股价上升的幅度。为此,有学者提出了非对称的EGARCH(exponential GARCH)模型。假设 $\varepsilon_t = \sqrt{h_t}\eta_t$,EGARCH$(m,n)$ 条件方差为指数形式:

$$\ln(h_t) = \xi + \sum_{i=1}^{m}(\theta\varepsilon_{t-i} + \alpha_i(|\varepsilon_{t-i}| - E|\varepsilon_{t-i}|)) + \sum_{j=1}^{n}\beta_j \ln(h_{t-j})$$

通过设置参数 $\theta$ 的不同值,EGARCH允许 $h_t$ 进行非对称的变化,当 $\theta = 0$ 时,EGARCH为对称的过程。此外,由于模型取 $h_t$ 的对数形式,因此 $h_t$ 恒为正,估计EGARCH时无需再设置参数约束。

由于EGARCH过程具有非对称性,正负不同的随机扰动 $\varepsilon_t$ 对股价波动率(条件方差 $h_t$)所产生的影响是不一样的,因此EGARCH能够较好地拟合股票价格的"杠杆效应"。此外,通过在模型中加入 $\varepsilon_t$ 的一次项来解释杠杆效应,即AARCH(asymmetric ARCH):

$$h_t = \xi + \alpha_1\varepsilon_{t-1}^2 + \delta\varepsilon_{t-1} + \kappa_1 h_{t-1}$$

其中 $\delta$ 为可正可负的参数,用来解释收益率波动与收益率之间非对称的倒挂现象。其他的尝试还包括门限ARCH(threshold ARCH,TARCH)、GJR-ARCH等。

## 本章小结

在所有金融数据类型中,时间序列数据最为普遍。然而,由于时间流逝具有方向性,时间序列数据一般不满足独立同分布假设。为了进行估参数、推分布和做预测,一方面,需要利用遍历性来对每个时点上随机变量之间的相依性进行限制;另一方面,由于大多数时间序列模型都具有"自回归"形式,因此需要放宽严平稳假设,转而讨论时间序列能否在特定条件下实现宽平稳。

与严平稳限制分布不同的是,宽平稳只限制随机变量的一二阶矩,因此,在介绍AR、MA和ARMA时,本章主要讨论了它们的期望、方差以及自协方差。如果时间序列是宽平稳的,那么借助相应的大数定理和中心极限定理,就可以基于最小二乘估计和矩估计等算法对参数进行一致估计。在对MA进行估计时,由于白噪声不可观测,必须将其转化为AR的形式;若将所有的滞后项代入,AR亦可转化成MA的形式。这种"对偶性"是时间序列模型的重要性质之一,研究这种性质不但能解决参数估计问题,还有助于理解时间序列的本质。

在金融计量学领域,AR、MA和ARMA一般用于对资产的收益率进行建模和预测。用这些模型进行预测时,资产收益率的条件方差一般为常数,然而现实中不同资产的风险具有很高的异质性和聚集性。为了允许条件异方差的存在,不少学者选择对白噪声进行建模,相继提出了ARCH和GARCH等模型。本章主要介绍了ARCH和GARCH的模型形式和参数估计的思路。与本书的其他模型不同,由于白噪声本身不可观测,最小二乘法不便于对ARCH或GARCH参数进行估计,这时可以使用最大似然估计法。针对不同的金融现象和金融问题,在ARCH和GARCH模型基础上又发展出了IGARCH、EGARCH等模型。新方法的不断涌现,使得波动率预测成为金融计量学的一个重要分支。

## 本章练习题

1. 假设随机过程 $\{y_t\}_{t=1}^{\infty}$ 服从二阶自回归过程AR(2):

$$y_t = c + b_1 y_{t-1} + b_2 y_{t-2} + \varepsilon_t$$

其中 $\{\varepsilon_t\} \sim \mathrm{WN}(0, \sigma^2)$。

(1) 若 $\{y_t\}$ 为宽平稳过程,且 $\mathrm{E} y_t = \mu$,试证明:$\mu = c/(1 - b_1 - b_2)$;

(2) 自协方差为 $\gamma_j = \mathrm{E}(y_t, y_{t-j})$,试证明:

$$\gamma_j = b_1 \gamma_{j-1} + b_2 \gamma_{j-2}$$

(3) 自相关系数为 $\rho_j = \gamma_j / \gamma_0$,试证明:

$$\rho_j = b_1 \rho_{j-1} + b_2 \rho_{j-2}$$

2. 假设随机过程 $\{y_t\}_{t=1}^{\infty}$ 服从一阶移动平均过程MA(1):

$$y_t = \mu + \varepsilon_t + \theta_1 \varepsilon_{t-1}$$

其中 $\varepsilon_t \sim \mathrm{N}(0,1)$ 为高斯白噪声过程。

(1) 试推导 $y_t$ 的自相关函数ACF;

(2) 如果 $\theta_1 = 0.4$,求解一阶自协方差 $\gamma_1$ 和自相关系数 $\rho_1$;

（3）试说明在何种条件下MA（1）可以转换为AR（∞）。

3．考虑以下宽平稳的ARMA（1，1）过程：

$$y_t = c + by_{t-1} + \varepsilon_t + \theta\varepsilon_{t-1}$$

其中 $\varepsilon_t \sim \text{WN}(0, \sigma^2)$ 为白噪声过程。试证明：

（1）$\mu = \text{E}y_t = \dfrac{c}{1-b}$；

（2）$\text{Var}(y_t) = \gamma_0 = \sigma^2(1 + \dfrac{(\theta+b)^2}{1-b^2})$。

4．考虑以下ARMA（1，1）过程：

$$y_t = by_{t-1} + \varepsilon_t + \theta\varepsilon_{t-1}$$

其中 $\varepsilon_t \sim \text{WN}(0, \sigma^2)$ 为白噪声过程。试利用方程组方法估计模型参数 $b$ 和 $\sigma^2$。

5．考虑对 $y_t$ 进行AR（1）的最小二乘回归，如果无截距项的回归结果为：

$$y_t = 0.9998 y_{t-1}$$

那么接下来是否可以使用 $t$ 统计量或 $F$ 统计量来进行假设检验？应该如何进行下一步的统计推断？试进行简要描述。

# 参考文献

[1] 陈强. 高级计量经济学及 Stata 应用 [M]. 2 版. 北京：高等教育出版社，2014

[2] 陈希孺. 近代回归分析：原理方法及应用 [M]. 合肥：安徽教育出版社，1987

[3] 陈希孺. 数理统计学简史 [M]. 长沙：湖南教育出版社，2002

[4] 陈希孺. 数理统计引论 [M]. 北京：中国科学出版社，2007

[5] 陈希孺. 高等数理统计学 [M]. 合肥：中国科学技术大学出版社，2009

[6] 洪永淼. 高级计量经济学 [M]. 北京：高等教育出版社，2011

[7] 李子奈，潘文卿. 计量经济学 [M]. 2 版. 北京：高等教育出版社，2005

[8] 李子奈，叶阿忠. 高级应用计量经济学 [M]. 北京：清华大学出版社，2012

[9] 陆懋祖. 高等时间序列经济计量学 [M]. 上海：上海人民出版社，1999

[10] 苏良军. 高等数理统计 [M]. 北京：北京大学出版社，2007

[11] 周勇. 广义估计方程估计方法 [M]. 北京：科学出版社，2013

[12] Angrist J D, Pischke J. Mostly harmless econometrics: An empiricist's companion[M]. Princeton, NJ: Princeton University Press, 2009

[13] Bollerslev T. Generalized autoregressive conditional heteroskedasticity[J]. Journal of Econometrics, 1986, 31（3）: 307-327

[14] Bollerslev T. On the correlation structure for the generalized autoregressive conditional heteroskedastic process[J]. Journal of Time Series Analysis, 1988, 9（2）: 121-131

[15] Bollerslev T. Modelling the coherence in short-run nominal exchange rates: A multivariate

generalized ARCH model[J]. Review of Economics and Statistics, 1990, 72（3）: 498-505

[16] Bollerslev T, Engle R F, Wooldridge J M. A capital asset pricing model with time-varying covariances[J]. Journal of Political Economy, 1988, 96（1）: 116-131

[17] Box G E P, Jenkins G M, Reinsel G C, et al. Time series analysis: Forecasting and control[M]. New York: Wiley, 2015

[18] Brockwell P J, Davis R A, Fienberg S E. Time series: Theory and methods[M]. Berlin: Springer Science & Business Media, 1991

[19] Dickey D A, Fuller W A. Distribution of the estimators for autoregressive time series with a unit root[J]. Journal of the American Statistical Association, 1979, 74（366）: 427-431

[20] Engle R F. Autoregressive conditional heteroscedasticity with estimates of the variance of United Kingdom inflation[J]. Econometrica, 1982, 50（4）: 987-1007

[21] Engle R F, McFadden D L. Handbook of econometrics: vol.4[M]. Amsterdam: Elsevier, 1994

[22] Engle R F. GARCH 101: The use of ARCH/GARCH models in applied econometrics[J]. Journal of Economic Perspectives, 2001, 15（4）: 157-168

[23] Engle R F, Granger C W. Co-integration and error correction: Representation, estimation, and testing[J]. Econometrica, 1987, 55（2）: 251-276

[24] Engle R F, Kroner K F. Multivariate simultaneous generalized ARCH[J]. Econometric Theory, 1995, 11（1）: 122-150

[25] Engle R F, Lilien D M, Robins R P. Estimating time varying risk premia in the term structure: The ARCH-M model[J]. Econometrica, 1987, 55（2）: 391-407

[26] Engle R F, Yoo B S. Forecasting and testing in co-integrated systems[J]. Journal of Econometrics, 1987, 35（1）: 143-159

[27] Fama E F. Efficient capital markets: A review of theory and empirical work[J]. The Journal of Finance, 1970, 25（2）: 383-417

[28] Frisch R. Editorial[J]. Econometrica, 1933, 1（1）: 1-4

[29] Glosten L R, Jagannathan R, Runkle D E. On the relation between the expected value and the volatility of the nominal excess return on stocks[J]. The Journal of Finance, 1993, 48（5）:

1779-1801

[30] Granger C W J, Newbold P. Spurious regressions in econometrics[J]. Journal of Econometrics, 1974, 2（2）: 111-120

[31] Greene W H. Econometric analysis[M]. 7th ed. Upper Saddle River, NJ: Prentice Hall, 2011

[32] Hamilton J D. Time series analysis [M]. Princeton, NJ: Princeton University Press, 1994

[33] Hannan E J. Multiple time series[M]. New York: Wiley, 2009

[34] Hayashi F. Econometrics[M]. Princeton, NJ: Princeton University Press, 2000

[35] Nelson D B. Stationarity and persistence in the GARCH（1, 1）model[J]. Econometric Theory, 1990, 6（3）: 318-334

[36] Nelson D B. Conditional heteroskedasticity in asset returns: A new approach[J]. Econometrica, 1991, 59（2）: 347-370

[37] Phillips P C B. Understanding spurious regressions in econometrics[J]. Journal of Econometrics, 1986, 33（3）: 311-340

[38] Phillips P C B, Perron P. Testing for a unit root in time series regression[J]. Biometrika, 1988, 75（2）: 335-346

[39] Rao C R. Linear statistical inference and its applications [M]. 2nd ed. New York: Wiley, 2009

[40] White H. A heteroscedasticity-consistent covariance matrix estimator and a direct test for heteroskedasticity [J]. Econometrica, 1980, 48（4）: 817-838

[41] White H. Asymptotic theory for econometricians[M]. New York, NY: Academic Press, 2000

[42] Wooldridge J M. Econometric analysis of cross section and panel data[M]. Cambridge, MA: MIT Press, 2010

[43] Woodridge J M. Introductory econometrics: A modern approach [M]. 5th ed. Boston, MA: Cengage, 2012

[44] Zakoian J M. Threshold heteroskedastic models[J]. Journal of Economic Dynamics and Control, 1994, 18（5）: 931-955